U0398656

阎崇年史学论集

阎崇年 著

清史卷

下

生活·讀書·新知三联书店

图书在版编目（CIP）数据

阎崇年史学论集.清史卷/阎崇年著.—北京：
生活·读书·新知三联书店，2023.4
ISBN 978 – 7 – 108 – 07058 – 6

Ⅰ.①阎…　Ⅱ.①阎…　Ⅲ.①史学－文集②中国历史－清代－文集
Ⅳ.① K0-53 ② K249.07-53

中国版本图书馆 CIP 数据核字（2021）第 007790 号

责任编辑	张　龙
装帧设计	蔡立国
责任校对	张国荣　张　睿　陈　明
责任印制	卢　岳
出版发行	**生活·讀書·新知** 三联书店
	（北京市东城区美术馆东街 22 号 100010）
网　　址	www.sdxjpc.com
经　　销	新华书店
制　　作	北京金舵手世纪图文设计有限公司
印　　刷	山东新华印务有限公司
版　　次	2023 年 4 月北京第 1 版
	2023 年 4 月北京第 1 次印刷
开　　本	635 毫米 × 965 毫米　1/16　印张 58.75
字　　数	656 千字
印　　数	0,001 – 3,000 册
定　　价	298.00 元（上中下）

（印装查询：01064002715；邮购查询：01084010542）

目 录

评康熙帝

　　清朝的康熙帝爱新觉罗·玄烨，是一位有作为的地主阶级政治家。他是清朝定都北京后的第二个皇帝，年号康熙。顺治十八年（1661）正月，顺治帝福临死，康熙帝玄烨立。[1]康熙帝自顺治十八年（1661）至康熙六十一年（1722），在位六十一年，是我国历史上执政时间最长的封建帝王。康熙帝在当时的历史条件下，为维护国家统一、反对偏霸割据，维护领土主权、抗击外来侵略，做出了重要的历史贡献。

一

　　清朝是中国历史上最后一个封建王朝。作为这个王朝的最高统治者康熙帝，实行维护国家统一、抗击外来侵略的政策，有其具体的历史条件。

　　康熙帝袭受皇位后，面临着复杂的社会矛盾。于御外，从

---

[1]《清史稿·圣祖纪一》载："顺治十八年正月丙辰，世祖崩，帝即位，年八岁，改元康熙。"此段记载有二误：其一，清世祖死于丁巳，并非丙辰，《清世祖实录》等可证；其二，清圣祖立于己未，亦非丙辰，《清圣祖实录》等可证。

明朝中叶以来，葡萄牙、西班牙、荷兰和英国等西方殖民者，先后蚕食中国领土，并以通商和传教做手段，渗入中国腹地。葡萄牙占据澳门。西班牙和荷兰一度侵占台湾。沙俄侵入中国黑龙江流域，并在中国西北地区进行骚扰活动。中国的主权和领土完整遭受着严重的威胁。于制内，一方面封建社会进入后期，资本主义的萌芽，商品经济的发展，各族人民经济和文化的交流，对国家统一和领土完整的要求更加迫切；另一方面，特别是明末清初，满汉地主阶级对农民起义的残酷镇压，使土地荒芜，人口剧减。因此，国家统一和领土完整是恢复生产和发展经济的需要，也是各族人民的共同愿望。到康熙帝亲政时，清定鼎北京已经二十四年，但清廷仍面临着内部敌人分裂和外部敌人侵略的严重局面。因此，康熙帝的制内御外政策是：维护国家统一，反对外来侵略。

康熙帝采取上述制内御外政策，绝不是偶然的。明末清初的农民战争，尤其是李自成农民大起义，是康熙帝得以推行制内以维护国家统一、御外以抗击沙俄侵略政策的一个重要的历史条件。

李自成农民起义，是我国封建社会后期规模空前的伟大农民战争。百万农民起义军，驰骋黄河上下，转战大江南北，"其势燎原不可扑"[1]，朱明王朝像纸房子一样倒塌了。这次农民大起义，政治上戳破了明政权的腐烂脓包。起义军"不杀平民，唯杀官"[2]，"明之宗支几百万，歼于贼者十之九焉"[3]，诛

---

[1] 郑廉《豫变纪略》卷三。
[2] 戴笠《怀陵流寇始终录》卷一三。
[3] 温睿临《南疆逸史》卷首。

藩王、锄国戚，贵族豪绅"覆宗绝祀者，不可胜纪"[1]。这次农民大起义，经济上冲击了明王朝的封建生产关系。明朝的皇室及藩王、公主、国公、戚畹、勋臣、中官等，恣夺民田，"渔敛惨毒"[2]。农民起义军踏平了上万座皇帝贵族庄园，明令"霸占土田，查还小民"[3]，许多农民领回被官宦强占的土地。这次农民起义，思想上扫荡了以儒家思想为核心的程朱理学，起义军所到之处，文庙的遗迹"鲜有存者"，儒家的典籍"斯灭无存"[4]。程朱理学受到了一次巨大的社会冲撞。上述一切说明，明末农民战争为历史的继续前进准备了有利条件。

李自成领导的农民战争，是明末清初社会前进的巨大动力。毛主席说："凡属正义的革命的战争，其力量是很大的，它能改造很多事物，或为改造事物开辟道路。"[5]以李自成大起义为主体的明末清初四十年农民战争，扫荡了盘踞在当时中国大地上的皇权、藩王、戚畹、中官和豪绅黑暗势力，冲击了儒家思想的网罗，改造了大量的黑暗事物。这就为国家统一清扫了障碍，也为维护国家主权、抗击外来侵略奠定了基础。同时这次农民大起义，由于沉重打击了朱明贵族和豪强势力，代表中小地主利益的政治力量相对得到某些发展，改变了地主阶级内部的力量对比，这也使康熙帝推行其制内御外政策具有了更为广泛的社会基础。

满族入主中原，建立满、汉、蒙地主阶级联盟，是康熙帝

〔1〕 彭孙贻《流寇志》卷七。

〔2〕《明史》卷七七《食货志一》。

〔3〕 杨山松《孤儿吁天录》卷一六。

〔4〕 康熙《嵩县志》卷一〇。

〔5〕《毛泽东选集》合订本，人民出版社，1962年，第447页。

得以推行制内以维护国家统一、御外以抗击沙俄侵略政策的另一个重要的历史条件。康熙帝是在明末清初农民大起义所造成的有利历史条件下，穿着满洲新兴军事封建主的戎装，登上历史舞台，施展其政治才能的。满族是中国统一多民族国家的一个成员。他们世代居住在白山黑水的广阔地域。到17世纪上半叶，满族正由奴隶制向封建制过渡。天命元年（1616），努尔哈赤建立后金政权[1]，黄衣称朕。此前，努尔哈赤实行"牛录屯田"[2]。天命年间，努尔哈赤又"明赏罚""严法度"[3]，对新统一的叶赫部降民，并不统统变做奴隶，而是给以"房、田、粮谷等物，查其无马者千余赐以马匹"[4]。到天命六年（1621）进入辽沈地区后，实行，"计丁授田"[5]制度，还实行"按丁编庄"法令，"一庄十三男、七牛"，收获的粮食，"二成入官、八成自食"[6]。这显然是封建所有制。与此相适应，在天聪年间，皇太极仿照明朝制度，设立内三院和六部，封建集权的体制已初具规模。满族在清军入关时虽然还拖着一条奴隶制残余的辫子，但其封建制已取代了奴隶制。毛主席指出："历史上奴隶主阶级、封建地主阶级和资产阶级，在它们取得统治权力以前和取得统治权力以后的一段时间内，它们是生气勃勃的，是革命者，是先进者，是真老虎。"[7]以努尔哈赤为首的满洲军事封建

---

[1]《满文老档·太祖》第5册，天命元年正月初一日。

[2]《满文老档·太祖》第4册，乙卯年（万历四十三年）十一月。

[3]《清太祖武皇帝实录》卷四，天命十一年六月二十四日。

[4]《满洲实录》卷六，天命四年八月二十二日。

[5]《满文老档·太祖》第24册，天命六年七月十四日。

[6]《满文老档·太祖》第66册，天命十年十月初三日。

[7]《毛泽东选集》合订本，第1190页。

贵族，就其满族的历史发展来说，还是一个新兴的阶级，也是一个有生气的军事政治势力。清军入关取得全国政权以后，它的阶级地位有所变动，社会基础有所扩大，并在政治、经济、思想、文化等方面受着汉族封建地主阶级的影响。以满洲军事封建贵族为主体的清朝政权，改变不了中国封建社会日益没落的总趋势。但是，与汉族地主阶级相比，满洲新兴军事封建主毕竟还具有革新图强的精神。这对康熙帝推行制内御外政策也有一定的影响。

由上，康熙帝在明末清初农民战争和清军入关定鼎北京所形成的历史趋势之下，实行了制内以维护国家统一、御外以抗击敌人侵略的政策。

二

实现安定统一、反对偏霸割据，是康熙帝制内御外政策的一个大题目。康熙帝擒鳌亲政，拉开了其制内政策的帷幕。

康熙六年（1667），十四岁的玄烨始御门亲政。[1] 当时以辅政大臣鳌拜为首的满洲贵族保守集团，把持朝政，嚣张庙堂。鳌拜以"圣人"自诩，结党专擅，多戮无辜[2]，骄横跋扈，"凡事在家定议，然后施行"[3]，竟然"攘臂上前，强奏累日"[4]，矫旨绞杀辅政大臣苏克萨哈等。鳌拜"率祖制、复旧章"，强令将遵化等正白旗诸庄屯田拨镶黄旗，再圈民地补正白旗。这不仅

---

〔1〕《清圣祖实录》卷二三，康熙六年七月己酉。
〔2〕《清史列传》卷六《鳌拜传》。
〔3〕《清圣祖实录》卷二九，康熙八年五月戊申。
〔4〕《清史稿》卷二四九《苏克萨哈传》。

使旗人牒诉户部[1]，而且广大汉族地区的农民和中小地主闻命之后，旗地待换，民地待圈，田地荒芜，粮草尽绝，"哀号乞免，一字一泪"[2]，从而阻碍了社会生产力的发展，加剧了满汉之间的矛盾，也影响了正常的社会秩序。鳌拜还策划政变，图谋刺杀康熙帝，据《啸亭杂录》载：

> （鳌拜）尝托病不朝，要上亲往问疾。上幸其第，入其寝。御前侍卫和公托，见其貌变色，乃急趋至榻前，揭席刃见。上笑曰："刀不离身，乃满洲故俗，不足异也。"因即返驾。以弈棋故，召索相国额图入谋画。[3]

数日后，伺鳌拜入见日，十六岁的玄烨指挥"布库"（满洲贵族在宫中的角扑武术戏）少年，擒捕鳌拜[4]，寻列其大罪三十，禁锢籍没[5]，并镇压了他的死党。康熙帝清除了一只榻旁的恶虎，从此掌握了实际的权力，并为建立和巩固多民族的、统一的封建中央集权制政权搬掉了一大障碍。

清除鳌拜满洲军事贵族保守集团后，康熙帝展开了削平"三藩"维护国家统一的斗争。三藩是清初鼎踞的三个地方军阀：盘踞云南的平西王吴三桂、盘踞广东的平南王尚之信和盘踞福建的靖南王耿精忠。其中吴三桂权势最大。吴三桂原系明山海关总兵，叛明降清，引满入关，镇压李自成起义。他"好

---

〔1〕《清史稿》卷二四九《苏纳海传》。
〔2〕《八旗通志》卷一八九《朱昌祚传》。
〔3〕昭梿《啸亭杂录》卷一。
〔4〕姚元之《竹叶亭杂记》卷一。
〔5〕《清圣祖实录》卷二九，康熙八年五月庚申。

为人主"[1]，拥兵割据，大搞独立王国。他设藩庄藩田，掠卖人口，自铸钱币，私征赋税[2]，税额比明季增加几十倍。他以"剿寇"为名，搞假战备，及调兵往，又称寇遁。这实际上是为发动武装叛乱进行军事演习。康熙十二年（1673），吴三桂假意疏请移藩，允撤藩诏使至滇，三桂失望；他的一封策划叛乱的密信又被朝廷截获，便狗急跳墙，抢先发动叛乱。数月之间，"掠地陷城，连山接海，首尾相应"[3]，占据六省。耿、尚二藩也相继响应。

三藩之乱，一举滔天。康熙帝主张"天下大权，当统于一"[4]。他以"三藩及河务、漕运为三大事，夙夜廑念，曾书而悬之宫中柱上"[5]，将削平三藩而划一事权列为其政务之首。当时反对撤藩、反对平叛的论见，竟占了上风，在朝廷会议上，"云不可撤者甚多，云宜撤者甚少"[6]。其主撤者仅兵部尚书明珠、户部尚书米思翰和刑部尚书莫洛，寥寥数人而已。康熙帝认为，吴三桂其势已成，"撤亦反，不撤亦反，不若先发制之"[7]。及至吴三桂反，索额图请诛明珠等建议撤藩者。康熙帝曰："出自朕意，他人何罪？"[8]康熙帝一心运筹，举兵平叛。一小撮"割人肉，喂爱犬"的藩镇头子发动叛乱，极不得人心，很快陷于全国清军的包围之中。吴三桂势竭力绌，欲以"称帝"

[1]　刘健《庭闻录》。

[2]　孙旭《平吴录》。

[3]　《固山贝子平浙纪略》。

[4]　《清圣祖实录》卷二七五，康熙五十六年十一月辛未。

[5]　《清圣祖实录》卷一五四，康熙三十一年二月辛巳朔。

[6]　《康熙起居注册》，康熙二十年十二月初九日。

[7]　昭梿《啸亭杂录》卷一。

[8]　《清史稿》卷二六九《明珠传》。

来稳定自己的地位，结果适得其反。康熙十七年（1678）七月，吴三桂在衡州称帝。他日暮途穷来不及盖宫殿，就用黄漆縣瓦画皇宫[1]。但他七月称帝，八月暴死。真是"永夜角声悲不寝，青史难宽白发人"！

康熙帝在平定这场为时八年、蔓延十省的三藩之乱以后，接着又统一台湾。台湾自古以来就是中国的领土。明朝以来，外国殖民者蜂拥侵台。郑成功于顺治十八年（1661）率兵赶走荷兰侵略者[2]，台湾光复。郑成功不愧是我国历史上第一个战胜西方殖民侵略者的杰出民族英雄。郑成功死后，子郑经嗣立。郑经与耿精忠勾结，参与三藩叛乱，"郑、耿二逆通好，分地盘踞"[3]。后兵围潮州，"荼毒海疆"[4]，"杀掠所至，十室九匮"。郑经盘踞的台湾成了一个偏霸王国。但是，在统一台湾的过程中，始终存在着尖锐的斗争。三藩既平，郑经又死："经死，克塽幼，诸部争权，攻之必克。"[5]康熙帝抓住时机，派施琅进军台湾。但是，大军初动，理学名臣梁清标借彗星见，"凡事不宜开端，当以安静为主"[6]，陈疏御案，谏阻兴师。后康熙帝旨准施琅的作战方略，施琅下澎湖、取基隆。康熙二十二年（1683），清军统一台湾。台湾初定之后，弃留两议，廷争未决。李光地以台湾孤悬海外，主张"招徕红毛，畀以其地"[7]。

---

〔1〕 苍弁山樵《吴逆取亡录》。

〔2〕 杨英《先王实录》，永历十五年。

〔3〕 《清三藩史料》（五）。

〔4〕 《皇朝经世文编》卷八五。

〔5〕 连横《台湾通史》卷三〇《施琅传》。

〔6〕 《清史列传》卷九《施琅传》。

〔7〕 《榕村全书》卷末《李光地年谱》。

施琅则力主不可，疏曰：

> 台湾北连吴会，南接粤峤，延袤数千里，山川峻峭，港道纡回，乃江、浙、闽、粤四省之左护。……且此地原为红毛所居，无时不在贪涎，亦必乘隙以图。一为所有，彼性狡黠，善为鼓惑。重以来贩船只，制作精坚，从来无敌于海外。若得此数千里之膏腴，必倡合党伙，窃窥边场，迫近门庭，此乃种祸。……弃留之际，利害攸关。臣思弃之必酿成大祸，留之诚永固边疆。[1]

康熙帝问阁臣，大学士李霨言："台湾孤悬海外，屏蔽闽疆。弃其地，恐为外国所据；迁其人，虑有奸宄生事。应如琅议。"[2]康熙帝以台湾弃取，所关甚大，弃而不守，尤为不可[3]，从施琅议，在台湾设一府三县，隶属福建布政使。这就维护了国家统一，粉碎了外国侵略者垂涎我国领土台湾的阴谋。

台湾统一后，康熙帝又击败了噶尔丹的东犯。噶尔丹是厄鲁特蒙古准噶尔部大牧主。厄鲁特蒙古"皆聚牧天山之北，阿尔台山之南"[4]，以及巴尔喀什湖以东、以南地带。明后期厄鲁特蒙古分为和硕特、准噶尔、杜尔伯特和土尔扈特四部。后准噶尔部势力日渐强大，先据有天山北麓；进兵南疆，"回部及哈萨克皆为其属"[5]，复据有天山南麓。值康熙帝平定三藩和统

〔1〕 连横《台湾通史》卷三。
〔2〕 《清史稿》卷二五○《李霨传》。
〔3〕 《康熙起居注册》，康熙二十三年正月二十一日。
〔4〕 祁韵士《皇朝藩部要略》卷九。
〔5〕 魏源《圣武记》卷四。

一台湾时，噶尔丹已控制天山南北并威胁青海、西藏和喀尔喀蒙古。噶尔丹野心勃勃，正当康熙帝派钦差大臣启程去尼布楚举行边界谈判的时候，他却接受沙俄军火，与侵入黑龙江流域的俄军相配合，发动大规模的武装东犯。噶尔丹扬言"俄罗斯兵且至"[1]，狐假虎威地驱骑越过杭爱山，沿途烧杀抢掠，"数百里一望灰烬，扑面尽黧黑"[2]。喀尔喀蒙古数十万众，"各弃其庐帐器物，马驼牛羊，纷纷南窜，昼夜不绝"[3]，到张家口一带。噶尔丹兵锋逼向乌兰布通（今内蒙古昭乌达盟克什克腾旗南境），朝廷震惊，"京师戒严"[4]。噶尔丹的东犯，威胁着清朝的中央政权，破坏了国家的安定统一。

康熙帝欲亲征噶尔丹，但李光地用《易经》给他算了个不吉利的卦。《啸亭杂录·解易占》载：

> 噶尔丹叛时，侵犯乌兰布通，其势甚急。上命李文贞公占《易》，得复之"上六"。文贞变色。上笑曰："今噶尔丹背天犯顺，自蹈危机，兆乃应彼，非应我也。"[5]

康熙帝谕斥了李光地的"天命论"，认为噶尔丹发动不义战争，自罹危难，凶卦会应在他的身上，遂决意出塞亲征。康熙帝"雪花扑战袍，黄河为马槽"，先后于康熙二十九年（1690）、三十五年（1696）和三十六年（1697），三次率师亲

---

[1] 魏源《圣武记》卷三。
[2] 《西征纪略》。
[3] 《清圣祖实录》卷一三五，康熙二十七年六月庚申。
[4] 刘献廷《广阳杂记》卷一。
[5] 昭梿《啸亭杂录》卷一。

征噶尔丹。首次由东路出古北口，至古鲁富尔坚嘉浑噶山，组织乌兰布通战役，火烧噶尔丹"驼城阵"[1]。二次由中路出居庸关，至克鲁伦河拖讷阿林地方，费扬古大败噶尔丹于昭莫多，斩其妻阿奴并三千级。噶尔丹从者仅数十骑，"鸟兽散回"[2]。再次由西路出昌平，至贺兰山达希图海地方。费扬古疏报：噶尔丹于闰三月十三日在阿察阿穆地方死[3]。之后，康熙五十九年（1720），清军进入西藏，粉碎了策旺阿拉布坦的分裂阴谋。同年，清军师入乌鲁木齐[4]。这就加强了清朝版图的统一。

康熙帝还采取了许多维护国家统一的民族政策、经济政策和文化政策。他对满洲贵族的特权加以必要的限制，对汉族地主分化、笼络，吸收、扩大汉族儒士参加政权机构，满、汉尚书同官同品，设立南书房等，以此来缓和满、汉之间的矛盾；对维吾尔族拉拢王公上层；对藏族同教（喇嘛教）不通婚；对蒙古族既同教又通婚，还通过巡幸塞外、多伦会盟、封爵赏赐和宗室女子下嫁等方法，密切同其上层统治者的关系。特别是多伦会盟，加强了清廷同喀尔喀蒙古的关系。康熙帝说："昔秦兴土石之工，修筑长城。我朝施恩于喀尔喀，使之防备朔方，较长城更为坚固。"[5]这就打破了"夷夏之防"的千年精神壁垒，巩固并发展了国家的统一和民族的团结。他实行一系列恢复和发展经济的措施：诸如治淮理黄，鼓励垦荒，禁止围地，边疆屯田，统一台湾后曾开放海禁，"盛世滋生人丁永不加赋"，

---

〔1〕《出师塞北纪程》。

〔2〕《西征纪略》。

〔3〕《清圣祖实录》卷一八三，康熙三十六年四月甲子。

〔4〕《清圣祖实录》卷二八九，康熙五十九年九月壬申。

〔5〕《清圣祖实录》卷一五一，康熙三十年五月壬辰。

承认"废藩田地予民"以及"禁止八旗包衣佐领下奴仆随主殉葬"[1]等。这些措施的实行，使得关内外受明末清初百年战争破坏的社会生产力，有了较快的恢复和较大的发展。他还开馆修《明史》，诏举博学鸿儒，纂修《古今图书集成》，编绘《皇舆全览图》，孜求天算等新知识，著述《几暇格物编》[2]等。总之，在康熙帝统治时期，政局安定，府库充盈，人口日繁，贮粮有余，文业振兴，国力强盛，为实现国家统一、抗击沙俄侵略准备了条件。

综上可见，康熙帝力排各种干扰，推行制内政策，实现了国家的大一统局面，这是符合中国历史发展总趋势的。同时也说明他吸取了历史上正反两方面的经验，继承了秦以来维护国家统一、反对偏霸割据的制内政策。正如魏源所总结的："我朝自平定四藩（三藩和噶尔丹）以后，不复以兵权、土地世予臣下，凡元功亲王，毕留京师。……各省提、镇、驻防将军，掌兵柄而不擅财赋，与文臣互牵制焉。于封建有其名无其实，于藩镇收其利去其害。损益百王二千年之法，至是而大定。"[3]这就清楚地表明：康熙帝在巩固和发展中华民族统一的事业中，是一位有作为的帝王。

三

维护领土主权，反对外来侵略，是康熙帝制内御外政策的

---

[1] 《清圣祖实录》卷四二，康熙十二年六月乙卯。

[2] 玄烨《几暇格物编》。

[3] 魏源《圣武记》卷二。

又一个大题目。康熙帝抗击沙俄侵略，签订《尼布楚条约》，是其御外政策的史证。

俄国是一个欧洲国家，自古同我国并不接壤。明朝后期，沙俄殖民者越过乌拉尔山迅速向东扩张。明崇祯十六年即清崇德八年（1643），波雅科夫带领一支沙俄侵略军，越过外兴安岭，侵入我黑龙江流域[1]。他们抢劫貂皮，掳掠妇女，扣留人质，焚烧屯舍，甚至灭绝人性地吃人肉。顺治七年（1650），哈巴罗夫步其后尘，率领武装的侵略军窜到黑龙江畔。翌年，哈巴罗夫等窜往黑龙江下游地区，据英国戈尔特《俄国在太平洋的扩张（1641—1850）》所载，他们仅在桂古达尔城就一次杀死达斡尔族男子661人，抢走妇女243人和儿童118人。到顺治年间，沙俄侵占雅克萨（今阿尔巴津），又侵据尼布楚（今涅尔琴斯克）。他们实行赤裸裸的铁血殖民政策。《清圣祖实录》载：

> 向者罗刹，无故犯边，收我逋逃，后渐越界而来。扰害索伦、赫哲、飞牙喀、奇勒尔诸地，不遑宁处。剽劫人口，抢掳村庄，攘夺貂皮，肆恶多端。是以屡遣人宣谕，复移文来使，罗刹竟不报命，反深入赫哲、飞牙喀一带，扰害益甚。[2]

稻叶君山《清朝全史》亦载："盖俄人残酷，为日已久。无端而侵略他人土地，屠戮无辜人民，奸淫掳掠，横暴凶恶。江

---

[1] 拉文斯坦《俄国人在黑龙江》中译本，第11页。

[2] 《清圣祖实录》卷一一九，康熙二十四年正月癸未。

岸人民，莫不含恨切齿，欲醢其肉而歠其血。"[1]

蚕食中国这块"肥肉"，是沙俄政府的一项国策。佩戴沙皇"金质奖章"[2]的殖民者哈巴罗夫蛊惑说："黑龙江一带，金银矿产，遍地皆是；牛马羊貂，逐处成群；土地膏腴，居民丰裕；衣服宫室，俱镂黄金——真人间之宝库，世界之乐国。"[3]他们岂止垂涎黑龙江流域，甚且贪涎长城脚下。康熙十五年（1676），值三藩变乱，清军主力南下，东北边防减弱的机会，沙皇遣使尼果赖至京[4]。俄国使臣曾扬言：只要有两千名俄兵就"能够征服所有地方，直到中国的长城"。

沙俄对中国的侵略和威胁是需要认真对付的。先是顺治年间，清朝军民曾不断予沙俄侵略军以沉重打击。接替哈巴罗夫任俄军指挥的斯杰潘诺夫，于顺治十五年（1658）七月，在牡丹江口一带，被昂邦章京沙尔虎达战败[5]，葬身鱼腹。但清初在黑龙江沿岸要处，未能"多贮粮食，永戍官兵"[6]；致使尚书明安达理、将军巴海等，率军远袭失计，皆因"饷匮班师"[7]。康熙帝亲政之后，首次东巡，视察边情，谕示宁古塔将军巴海，"罗刹虽云投诚，尤当加意防御，操练士马，整备器械，毋堕狡计"[8]。虽不久三藩变乱，中原鼎沸，日理戎机，但他仍留意北徼防务，"细访其土地形胜、道路远近及人物性情，

---

〔1〕 稻叶君山《清朝全史》上册（三），第 113 页。

〔2〕 巴赫鲁申《哥萨克在黑龙江上》中译本，第 38 页。

〔3〕 萧一山《清代通史》第 1 册，第 750 页所引。

〔4〕 《清圣祖实录》卷六一，康熙十五年五月丙戌。

〔5〕 《清世祖实录》卷一一九，顺治十五年七月庚戌。

〔6〕 《清圣祖实录》卷一三一，康熙二十六年十月己巳。

〔7〕 《平定罗刹方略》一。

〔8〕 《清圣祖实录》卷三七，康熙十年十月壬辰。

以故酌定天时地利、运饷进兵机宜"[1]。三藩的削平与台湾的统一，使抗击沙俄侵略军事机宜，摆在康熙帝的面前。然而，朝廷诸臣于"征剿罗刹，众皆难之"[2]。日讲起居注官李光地则强调"'礼之用，和为贵'，以今日用礼者言之，必以和行之，乃可贵也"！他又说：虽有强邻敌国侵逼，犹当修文偃武[3]。但是，康熙帝为根本计，庙堂睿算，"不徇众见，决意命将出师，深入挞伐"[4]沙俄侵略者。

康熙帝不仅制定了抗击沙俄入侵的御外政策，而且亲自主持了两次胜利自卫雅克萨反击战。康熙二十四年（1685）四月，他派都统彭春、副都统郎坦和黑龙江将军萨布素，率军水陆并进，直抵雅克萨城下。大军行前，康熙帝谕示："勿杀一人，俾还故土。"[5]这完全是自卫战争。敌人不堪一击，惨败投降，遂毁雅克萨城。清军毁城撤兵后，俄军又从尼布楚返回雅克萨，筑城种田，屯兵复扰。康熙二十五年（1686），康熙帝在得到俄军复回雅克萨城盘踞的探报后，命黑龙江将军萨布素率军"攻取雅克萨城"[6]。在清军久围强攻之下，雅克萨城俄军危在旦夕。俄国政府派遣代表进行边界谈判。

康熙帝对沙俄侵略采取你侵我打，你和我议的策略。康熙帝在派兵进行第二次雅克萨之战的同时，向俄国沙皇发出咨文："仍望察罕汗（沙皇）撤回其属下，以雅库某地为界，各于

---

[1]《清圣祖实录》卷一二一，康熙二十四年六月癸巳。
[2] 同上。
[3] 李光地《榕村全书》卷三。
[4]《康熙起居注册》，康熙二十四年六月初四日。
[5]《清圣祖实录》卷一二一，康熙二十四年六月癸巳。
[6]《清圣祖实录》卷一二四，康熙二十五年二月丁酉。

界内打牲，互相和睦相处。"[1]沙皇在两次雅克萨战争中吃了败仗之后，才同意坐到谈判桌旁，解决两国边界问题。沙皇派戈洛文为全权代表，康熙帝派领侍卫内大臣索额图等为钦差大臣，共同在尼布楚举行边界谈判。康熙帝在索额图等启行前谕示道：

> 罗刹侵我边境，交战于黑龙、松花、呼马尔诸江，据我属所居尼布潮、雅克萨地方，收纳我逃人根特木尔等。及我兵筑城黑龙江，两次进剿雅克萨，攻围其城。此从事罗刹之原委也。其黑龙江之地，最为扼要。由黑龙江而下，可至松花江，由松花江而下，可至嫩江；南行，可通库尔瀚江及乌喇、宁古塔、席北、科尔沁、索伦、打虎儿诸处；若向黑龙江口，可达于海；又恒滚、牛满等江及净溪里江口，俱合流于黑龙江。环江左右，均系我属鄂罗春、奇勒尔、毕喇尔等人民及赫哲、飞牙喀所居之地。若不尽取之，边民终不获安。朕以为尼布潮、雅克萨、黑龙江上下及通此江之一河一溪，皆我所属之地，不可少弃之于鄂罗斯。[2]

索额图等领旨启行。寻噶尔丹兵犯喀尔喀蒙古报至，遣官将索额图等召还。后康熙帝为了防止沙俄与噶尔丹进一步勾结，又谕示索额图可在谈判中做一些让步："彼使者若恳求尼布潮，可即以额尔古纳（河）为界。"[3]康熙二十八年（1689）七月，

〔1〕《兵部为通告俄国撤回罗刹于雅库立界察罕汗咨文》，康熙二十五年七月三十日，故宫博物院明清档案部藏。

〔2〕《清圣祖实录》卷一三五，康熙二十七年五月癸酉。

〔3〕《清圣祖实录》卷一四〇，康熙二十八年四月壬辰。

中俄两国全权代表在尼布楚举行分界事宜谈判。在谈判过程中，戈洛文"固执争辨"[1]；索额图则摆事实，叙原委，据理"斥其侵踞之非"[2]。双方经过会上谈判，会外协商[3]，中国做出让步，最后于七月二十四日，中俄签订《尼布楚条约》。

《尼布楚条约》是康熙帝御外政策的一个重要成果。它共有7条，仅334字，征引如下：

> 一、将由北流入黑龙江之绰尔纳即乌伦穆河、相近格尔毕齐河为界，循此河上流不毛之地，有石大兴安以至于海，凡山南一带流入黑龙江之溪河，尽属中国，山北一带之溪河，尽属鄂罗斯。

> 一、将流入黑龙江之额尔古纳河为界，河之南岸属于中国，河之北岸属于鄂罗斯。其南岸之眉勒尔客河口，所有鄂罗斯房舍，迁移北岸。

> 一、将雅克萨地方鄂罗斯所修之城，尽行除毁。雅克萨所居鄂罗斯人民及诸物，尽行撤往察汉汗之地。

> 一、凡猎户人等，断不许越界。如有一二小人，擅自越界捕猎偷盗者，即行擒拿，送各地方该管官，照所犯轻重惩处。或十人、或十五人，相聚持械捕猎、杀人抢掠者，必奏闻，即行正法。不以小故沮坏大事，乃与中国和好，毋起争端。

> 一、从前一切旧事不议外，中国所有鄂罗斯之人，鄂

---

[1]《清圣祖实录》卷一四三，康熙二十八年十二月丙子。
[2]《清史列传》卷八《索额图传》。
[3]《张诚日记》中译本，第34页。

罗斯所有中国之人，仍留不必遣还。

一、今既永相和好，以后一切行旅，有准令往来文票者，许其贸易不禁。

一、和好会盟之后，有逃亡者，不许收留，即行送还。[1]

《尼布楚条约》明确规定：第一，中俄两国东段边界以外兴安岭至海、格尔毕齐河和额尔古纳河为界。它从法律上肯定了黑龙江和乌苏里江流域的广大地区都是中国领土。第二，分界之后，原越界之人民及财物，全部撤回。第三，两国行旅商民，可持文票，往来贸易。第四，两国已划定边界，即"永相和好"；越界逃人、立行送还，不以细故滋起争端。

雅克萨之战的胜利与《尼布楚条约》的签订，是康熙帝御外政策的两个重要的史例。它维护了中华民族的尊严，捍卫了中国领土的完整，保持了东北边疆的长期安定，加强了中俄两国的和好邻谊。

同世界上一切事物无不具有两重性一样，康熙帝也具有两重性。他的制内御外政策，对加强国家统一、抗击外来侵略，起过进步的历史作用；但他多次镇压农民起义，时而禁海排外，也起过消极的历史作用。康熙帝的制内御外政策，盖着历史、阶级与民族的烙印。这需要做出历史的分析、科学的说明。本文限于篇幅，留待以后阐述。

（原载《北京师范学院学报》1975 年第 2 期）

---

[1] 《清圣祖实录》卷一四三，康熙二十八年十二月丙子。

康熙：千年一帝

一　三种评价

康熙帝的历史评价，古今中外，众说纷纭。概括说来，主要有十：

第一种观点，对康熙帝历史功过、对康熙朝历史地位，清朝人的评价是赞扬的。清朝皇廷对康熙帝的评价，集中反映在其谥号、庙号上："大清圣祖合天弘运文武睿哲恭俭宽裕孝敬诚信中和功德大成仁皇帝"[1]，共 29 个字[2]。这是对康熙皇帝的最高评价。康熙帝于康熙六十一年（1722）十一月十三日宾天后，雍正帝二十日在大行皇帝梓宫前即皇帝位的当日，命礼部议"尊谥"。二十四日，雍正帝谕曰："我皇考大行皇帝，缵继大统，旧典本应称宗，但经云'祖有功而宗有德'，我皇考鸿猷骏烈，冠古轹今，拓宇开疆，极于无外。且六十余年，手定太平，德洋恩溥，万国来王。论继统则为守成，论勋业实为开创。朕意宜崇祖号，

---

[1]《清高宗实录》卷一四，乾隆元年三月乙巳，中华书局影印本，1985 年。

[2]《清史稿·圣祖纪一》开宗文曰"圣祖合天弘运文武睿哲恭俭宽裕孝敬诚信功德大成仁皇帝"，在"诚信"之下脱"中和"二字。

方副丰功。"[1]因命诸王大臣等，会同九卿詹事科道、文六品以上、武四品以上，详考旧章，从公确议。二十八日，众议：谥号突出"仁"，庙号突出"圣祖"。其仁，《礼记》云："为人君，止于仁。"同心合词，恭上尊称，庙号为"仁皇帝"。其圣祖，古有三祖之例，谥义帝王功业隆盛得称祖，因谓："惟圣字，可以赞扬大行皇帝之峻德；惟祖号，可以显彰大行皇帝之隆功。"所以，尊谥仁皇帝，庙号曰圣祖。雍正帝持针刺中指出血，将奏内"圣祖"二字圈出，康熙帝的尊谥和庙号遂定[2]。

第二种观点，清史馆纂修者的评价。《清史稿·圣祖纪三》论曰："圣祖仁孝性成，智勇天锡。早承大业，勤政爱民。经文纬武，寰宇一统。虽曰守成，实同开创焉。圣学高深，崇儒重道。几暇格物，豁贯天人，尤为古今所未觏。而久道化成，风移俗易，天下和乐，克致太平。其雍熙景象，使后世想望流连，至于今不能已。《传》曰：'为人君，止于仁。'又曰：'道盛德至善，民之不能忘。'于戏，何其盛欤！"[3]这比《清高宗实录》对康熙帝的评价略低一些，如没有"合天弘运""文武睿哲""诚信中和""功德大成"等字样。

第三种观点，康熙帝自我评价。他晚年自我评价说："朕自幼强健，筋力颇佳，能挽十五力弓，发十三握箭，用兵临戎之事，皆所优为。然平生未尝妄杀一人，平定三藩，扫清漠北，皆出一心运筹。户部帑金，非用师赈饥，未敢妄费，谓此皆小民脂膏故也。所有巡狩行宫，不施彩缋，每处所费，不过

〔1〕《清世宗实录》卷一，康熙六十一年十一月乙巳二十四日，中华书局影印本，1985年。

〔2〕《清世宗实录》卷一，康熙六十一年十一月己酉二十八日。

〔3〕《清史稿》卷八《圣祖纪三》，中华书局点校本，1976年，第305页。

一二万金，较之河工岁费三百余万，尚不及百分之一。幼龄读书，即知酒色之可戒，小人之宜防，所以至老无恙。"又说："朕之生也，并无灵异；及其长也，亦无非常。八龄践祚，迄今五十七年，从不许人言祯符瑞应……惟日用平常，以实心行实政而已。"[1]康熙帝的行为，换而言之，没有功劳，也有苦劳。这种评价与清人不乏溢美之词的赞语相比，既更为谦逊，也更为中肯。

第四种观点，辛亥反满派学者的观点，对康熙帝、对康熙朝的历史是否定的，主要的论点说康熙朝是"封建专制"。封建君主专制从秦始皇起，到宣统帝止，共历2132年，三百多位君主，不可一概而论，不可不加分析。历史上的"文景之治""贞观之治""洪宣之治"等，也都是"封建专制"。因此，以"封建专制"而全面否定康熙帝功绩、否定康熙盛世历史的观点是值得商榷的。

第五种观点，康熙朝是专制黑暗的时代。20世纪90年代初，香港回归之前，香港大学要做一个历史研究课题：论黄金时代——康乾盛世。时拟成立一个由香港、北京两方面学者合作的课题组。但课题组主持人说：这个课题要立项，需要经过一个专家委员会审议通过。结果没有被通过，其理由是：康乾时代不是历史的盛世，而是专制黑暗时代。这就启发人们思考一个严肃的课题：康熙朝的历史地位怎样评价？

第六种观点，论者虽认同康熙朝是"辉煌"，却是"落日的辉煌"。这个提法有道理，但值得深究。所谓日升日落，虽可用

---

[1]《清圣祖实录》卷二七五，康熙五十六年十一月辛未，中华书局影印本，1985年。

来喻指兴盛衰亡，但应当有明确的本体。如将讨论限定于清朝，康熙时期将清朝推向了盛世，恰如旭日向中天攀升，显然不能算"落日"。而如将讨论扩展到两千多年的皇朝史，那么所谓"落日"，就是喻指皇朝社会走向没落的历史大势。清朝处于中国皇朝序列的末端，从宏观上当然带有皇朝社会衰落的色彩。但是，中国皇朝社会的衰落，并不自清朝始，更非自康熙始；中国与世界差距的迅速拉大，更不全是且主要不是康熙帝的历史责任。

第七种观点，耶稣会士的评价。法国耶稣会士白晋在给其国王路易十四题名为《康熙帝传》的报告中说："他是自古以来，统治天下的帝王当中最为圣明的君主。"又说：康熙帝不仅在"国内享有绝对的尊严，而且以其具有高尚而贤明的品德、丰富的阅历以及非凡的见地和诚意，受到邻近各国国民的尊敬和颂扬，他在亚洲的所有地方是赫赫有名的"[1]。

第八种观点，康熙五十二年（1713）三月三十日，朝鲜谢恩兼冬至使金昌集、尹趾仁向其国王报告时，评价康熙帝说："清皇节俭惜财，取民有制，不事土木，民皆按堵，自无愁怨。"[2]

第九种观点，"文化大革命"时期造反派观点，认为康熙皇帝是封建地主阶级的总代表，是封建社会最大的剥削者、寄生虫，是人民的罪人、民族的罪人。对康熙帝、康熙朝的历史予以全面否定。

第十种观点，赞成《清史稿·圣祖纪三》"论曰"中的部分论断："早承大业，勤政爱民。经文纬武，寰宇一统。虽曰守

---

[1] 白晋著《康熙皇帝》，赵晨译，黑龙江人民出版社，1981年，第2、63页。
[2] 《李朝肃宗实录》卷五三，三十九年（康熙五十二年）三月丁末三十日，日本学习院东洋文化研究所，1959年。

成，实同开创焉。"这 25 字的评价，还是比较符合历史的。康熙帝及其子雍正帝、孙乾隆帝时期的版图，东濒大海，南及曾母暗沙，西接葱岭，西北到巴尔喀什湖，北达贝加尔湖以东、外兴安岭以南，东北至库页岛（今萨哈林岛），总面积约 1400 万平方公里，是当时世界上幅员最为辽阔、人口最为众多、军事最为强盛、实力最为雄厚的大帝国。康熙大帝吸收了中华多民族的、西方多国家的、悠久而又新近、博大而又深厚的文化营养，具有其时最高的文化素养。这为他展现雄才大略、帝王才气，实现国家一统、宏图大业，陶冶了性情，开阔了视野，蓄聚了智慧，奠定了基础。康熙大帝奠下了清朝兴盛的根基，开创出康熙盛世的大局面。

说康熙帝是中国皇朝史上的千年一帝，不仅指其历史功业，而且含其个人品格。康熙皇帝的个人品格，在中国封建社会后段一千年九十位君主中，内圣外王，修养品格，严于律己，可谓仅见；天性好学，手不释卷，性情仁孝，兼具智勇，为政勤慎，敬天恤民，崇儒重道，博学精深，几暇格物，学贯中西，八拒尊号，知行知止。一个以满洲语为母语的皇帝，其汉文书法，其汉文诗篇（1147 首诗），便是康熙帝人格与学养的一个例证。

目前学术界对康熙帝、康熙朝历史的评价，主要有三种观点：康熙朝是中国皇朝社会一个黑暗的时期；康熙朝是中国皇朝社会一个兴盛的时期；康熙朝是中国皇朝史上一个落日辉煌的时期。

古今中外的伟大人物，都有其杰出的过人之处，也都有其突出的历史贡献。康熙帝以其才华与天赋，智慧与胆识，勤政与谦虚，好学与著述，顽强与坚韧，宽容与简约，在人生旅途中，克服诸多艰难，完成重大使命。康熙帝的文治与武功，学养与行事，都令人称道，也都有特殊贡献。他幼年登极，以智取胜，亲掌朝纲；他崇儒重道，治理中国；他奖励农桑，蠲免田赋；他重视治河，兴修水利；他重视士人，协合满汉；他提倡学术，编纂群书；他勤奋好学，工于诗书；他平定三藩，巩固中原；他重用施琅，统一台湾；他悉心筹划，打败俄军；他善抚蒙古，安定北边；他进兵安藏，加强管理——这是两千年帝王文治武功所罕见的。

我个人观点，不提"雍正盛世"，因为雍正朝十三年，时间太短；也不提"乾隆盛世"，因其"持盈保泰"[1]，无视西方进步，不做社会改革，在国内外争议较大；而认为康熙帝是中国皇朝史上的千年一帝，康熙朝是中国皇朝史上的"康熙盛世"。

我的论点的主要依据，是康熙帝的历史贡献。

二 主要贡献

康熙帝（1654—1722），姓爱新觉罗，名玄烨，是清朝自努尔哈赤起第四代君主、清入关后第二任君主。他八岁继位，在位六十一年。其间，曾经先后智擒权臣、平定三藩、收复台湾、打败帝俄，还有绥服蒙古、抚安西藏，武功盛极一时，前朝无人可比。他重视个人修养，好学习武，敬孝仁爱，手不释卷，克己修身。他又能重视学术、弘扬文化、编纂图书、奖励学者，文治上的成就也很高。

康熙帝六十一年的君主生涯，对中国历史和世界文明的发

---

〔1〕《清高宗实录》卷一二二三，乾隆五十年正月丙寅。

展，做出重大贡献。就其贡献而言，概括说来，主要有五——中华版图奠定、民族关系稳定、中华文化承续、经济恢复发展、社会秩序安定。

第一，中华版图奠定。打开中国地图和东亚地图，看看康熙时的清朝疆域。

在东南，征抚台湾，金瓯一统。明天启四年（1624），荷兰人侵占台湾。顺治十八年十二月十三日（1662年2月1日）[1]，郑成功从荷兰人手中收复台湾。郑成功死后，儿子郑经奉南明正朔。康熙二十二年（1683），康熙帝抓住郑经死后，其子郑克塽年幼、部属内讧、政局不稳的时机，以施琅为福建水师提督，文武兼施，征抚并用，率军收复了台湾。设台湾府，隶属于福建。台湾府下设三县——台湾县（今台南）、凤山县（今高雄）、诸罗县（今嘉义）。派总兵官一员，率官兵八千，驻防台湾。从而加强了清廷对台湾的管辖，并促进了台湾经济文化的发展。

在东北，抵御外侵，缔结和约。黑龙江地域在努尔哈赤和皇太极时已经逐渐归属清朝。清军入关后，沙俄东进侵入中国黑龙江流域地区，占领雅克萨（今阿尔巴津）、尼布楚（今涅尔琴斯克）、呼玛尔（今呼玛）等城。康熙帝统一台湾后，调

---

[1] 《辞海》（上海辞书出版社，2010年）"郑成功"条释文："康熙元年（1662）二月一日，荷兰总督揆一投降，台湾重回祖国怀抱。"这种说法有欠缺：其一，二月一日应是阳历，而不是阴历；其二，1662年2月1日，实际上是顺治十八年十二月十三日。康熙元年正月初一日应是1662年2月18日。事情虽发生在1662年2月1日，却是顺治十八年十二月十三日，本月末为二十九日，这时距康熙元年元日还有16天。因此，从帝王纪年方面，说郑成功收复台湾在顺治十八年（1661）可以，说郑成功收复台湾在康熙元年（1662）不可以；从公元纪年方面，说郑成功收复台湾在1662年可以，说郑成功收复台湾在1661年不可以。

派军队进行两次雅克萨自卫反击战，取得胜利。康熙二十八年（1689），同俄国在尼布楚签订中俄《尼布楚条约》，规定：格尔毕齐河、额尔古纳河以东至海，外兴安岭以南，整个黑龙江流域、乌苏里江以东到海地域（包括库页岛）土地，归中国所有。康熙帝设立黑龙江将军衙门、吉林乌喇将军衙门，加强了对黑龙江地区和乌苏里江地区的管辖，初步奠定后来黑龙江和吉林等行省的规模。

在正北，会盟多伦，善治蒙古。努尔哈赤和皇太极解决了漠南蒙古问题，康熙帝则进一步解决漠北蒙古、初步解决漠西蒙古问题（后雍正和乾隆解决漠西蒙古问题）。从秦汉匈奴到明朝蒙古，两千年古代社会史上的北疆难题，到康熙帝时才算真正得解。康熙帝说："昔秦兴土石之工，修筑长城。我朝施恩于喀尔喀，使之防备朔方，较长城更为坚固。"[1]秦汉以来，长城是中原农耕民族用来防御北方南进势力的屏障；康熙之后，蒙古是中华各民族防御沙俄南进的长城。

在西北，三次亲征，败噶尔丹。康熙帝先后三次亲征，遏制噶尔丹势力东犯，不仅稳定了漠北喀尔喀蒙古局面，也稳定了漠南内蒙古的社会，更有利于中原地区的社会安定。

在西南，进兵高原，安定西藏。清初，顺治帝册封达赖喇嘛，康熙帝又册封班禅额尔德尼，西藏已经完全归属于清朝。康熙帝派兵平定西部蒙古势力对西藏的扰犯，维护西藏的社会安定。

康雍乾盛清时的版图，东濒大海，东南包括台湾，南及曾母暗沙，西南到喜马拉雅山脉，西接葱岭，西北到巴尔喀什湖，

---

[1]《清圣祖实录》卷一五一，康熙三十年五月壬辰。

北达贝加尔湖、外兴安岭，东北至库页岛（今萨哈林岛），后乾隆帝底定新疆，总面积约 1400 万平方公里。特别是对满、蒙、疆、藏、台地区，完全置于清廷长期、全面、有效、稳固的管辖之下。清康熙朝是当时世界上幅员最为辽阔的大帝国。

康熙朝国家一统，国力强盛，周边国家没有出现威胁，也没有出现动荡，仅有的俄国侵犯亦被击退。这既是康熙帝治国的功绩，也是康熙盛世的表现。

第二，民族关系稳定。清代民族关系，从康熙朝开始，是中国皇朝史上最好的时期。在东北，打败俄国的侵略，解决并巩固了自辽河到黑龙江流域各民族的问题及成果。东北的达斡尔、索伦（鄂温克）、鄂伦春、赫哲、锡伯等，前代所谓的"边徼"之野，在清朝则成为"龙兴之地"。在北方，中国自秦、汉以来，匈奴一直是中央王朝北部的边患。明代的蒙古问题，始终未获彻底解决，"边境之祸，遂与明终始云"[1]。己巳与庚戌，蒙古军队两次攻打京师，明英宗皇帝甚至成了蒙古瓦剌部的俘虏。清朝兴起后，对蒙古采取了既完全不同于中原汉族皇帝，也不同于金代女真皇帝的做法，先后绥服了漠南蒙古、漠北喀尔喀蒙古、漠西厄鲁特蒙古。清朝对蒙古的绥服，"抚驭宾贡，夐越汉唐"[2]。在西北，对南、北疆维吾尔族、哈萨克族、蒙古族等统一。在西南，进兵安藏，加强了对西藏的统治。后雍正设驻藏大臣，在西藏驻军，册封达赖喇嘛和班禅额尔德尼，设立金奔巴瓶制度；西南云、贵、川的苗、瑶、彝等，改土归流，加强了对这个地区民族的管理。清朝实现了中国皇朝史上多民

〔1〕《明史》卷三二七《鞑靼传》，中华书局点校本，1974 年。

〔2〕《清史稿》卷五一八《藩部列传一》，中华书局标点本，1977 年。

族国家新的协合。

康熙朝国家一统、国力强盛，多民族协合在一个中华民族大家庭中，没有出现大的民族动荡、大的民族分裂。这既是康熙帝治国的功绩，也是康熙盛世的表现。

第三，中华文化承续。清朝帝王为了钳制知识分子的思想、镇压异端、打击政敌，实行文字狱。清代文字狱始于顺治、康熙，发展于雍正，大行于乾隆，约计百起。康熙帝亲政后重大文字狱，主要有一起，即《南山集》案。这是应当批评的。在文化方面，康熙帝主要做了几件事情：其一，兴文重教，编纂典籍。他重视文化教育，主持纂修了《康熙字典》《古今图书集成》《佩文韵府》《律历渊源》《全唐诗》《清文鉴》《皇舆全览图》等，总计六十余种，二万余卷。特别值得一提的是，康熙帝下令在熙春园设"古今图书集成馆"，用铜活字印刷了一万卷、一亿六千余万字的《古今图书集成》[1]，于雍正初，最后完成。其二，移天缩地，兴建园林。康熙帝先后兴建畅春园、避暑山庄、木兰围场等，雍正、乾隆又兴修或扩修"三山五园"——香山静宜园、玉泉山静明园、万寿山清漪园（后改名颐和园）、畅春园和圆明园等，将中国古典园林艺术推向高峰。其三，引进西学，学习科技，设立被誉为皇家科学院的蒙养斋等。李约瑟博士称康熙帝为"科学的皇帝"。康熙帝同法王路易十四、俄皇彼得大帝等，都有文化往来与交流。

世界四大文明古国——古埃及、古巴比伦、古印度和古中国，其中古埃及、古巴比伦、古印度的文明都中断了，中华文

---

[1] 苗日新《熙春园·清华园考——清华园三百年记忆》（增订本），清华大学出版社，2010年。

明在清朝不仅得到薪火传承，而且延续活力。

康熙朝国家一统、国力强盛，中华文化在交融中传承、在曲折中发展。这既是康熙帝治国的功绩，也是康熙盛世的表现。

第四，经济恢复发展。清军入关后，最大的弊政，莫过于圈占土地，也就是跑马占田，任意圈夺。康熙帝颁令，停止圈地，招徕垦荒，重视耕织，恢复生产。治理黄河、淮河、运河、永定河，并兴修水利。培育新的稻种，取得很大成绩。康熙四十八年（1709）十一月，户部库存银五千万两，"时当承平，无军旅之费，又无土木工程，朕每年经费，极其节省，此存库银两，并无别用。去年蠲免钱粮至八百余万两，而所存尚多"云云[1]。上年十二月，征银27804553两，加上课银2950728两，共征银30755281两[2]。康熙帝既使户部库储充盈，又强调藏富于民——减免天下钱粮共达545次之多，其中普免全国钱粮3次，计银一亿五千万两。

康熙朝国家一统、国力强盛，社会经济在经过战乱、灾荒后，有所恢复，也有所发展。这既是康熙帝治国的功绩，也是康熙盛世的表现。

第五，社会秩序安定。康熙朝社会安定，主要是指康熙二十二年（1683）统一台湾之后，虽然社会矛盾也有，民族纠纷也有，但没有大的、严重的社会动荡。康熙帝很幸运，他生活的后四十年，中国社会处于由乱到治、由弱到强、由分到合、由动到静的历史时期。原有的社会冲突、原有的动乱能量已经释放殆尽，新的社会冲突、新的民族动乱能量还没有积聚起来。

---

〔1〕《清圣祖实录》卷二四〇，康熙四十八年十一月丙子。

〔2〕《清圣祖实录》卷二三五，康熙四十七年十二月。

康熙朝的社会安定，兹举三例：

（1）从康熙二十一年（1682）到六十一年（1722），中原地区四十年间，没有大的厮杀争战，没有大的社会动荡，也没有大的社会危机。在中国两千多年皇朝史上，统一王朝皇帝在位四十年以上的皇帝，只有六位：汉武帝在位五十四年，但有天汉民变；唐玄宗在位四十四年，但有安史之乱；明世宗嘉靖帝在位四十五年，但有庚戌之变；明神宗万历帝在位四十八年，但有萨尔浒大战；清高宗乾隆帝在位六十年，但有王伦起义；但清圣祖康熙帝在位六十一年，中原地区无大乱。所以，自秦始皇到宣统帝，在位期间中原地区连续四十年无战争的，只有康熙帝一朝。

（2）秋决死刑人数比较少。秋决死刑的案件，康熙十二年（1673），"死犯共有八十余名"[1]。后来"决一年之罪犯，减至二三十人"[2]。康熙十六年（1677），终岁断狱死刑，"不过十数人焉"[3]！当时的全国人口，当在一万万以上。当时全国设 18 个省，包括直隶、江苏、安徽、山东、山西、河南、陕西、甘肃、福建、浙江、江西、湖广、偏沅、四川、广东、广西、云南、贵州（以康熙六十年为例）。平均每省每年死刑不到一人。对于一个上亿人口大国来说，一年死刑十余人，数字算是很少。这就说明：当时社会，相当安定。

（3）康熙帝多次四方出巡。他三次东巡、六次南巡、五次西巡、三次北征、四十八次去木兰秋狝、五十三次到避暑山庄。

---

〔1〕《清代起居注册·康熙朝》，康熙十二年三月十一日辛巳，中华书局影印本，2009年。

〔2〕《清代起居注册·康熙朝》，康熙四十五年十二月三十日甲寅。

〔3〕《清代起居注册·康熙朝》，康熙十六年十二月三十日壬申。

试想：如果社会动荡，康熙帝四方出巡，则是不可能的。如康熙帝第五次南巡途经山东，民众扶老携幼，随舟拥道："夹岸黄童白叟，欢呼载道，感恩叩谢者，日有数十万。"[1]又如到江南，史书载：自古帝王不惮跋涉之劳、为民阅视河道，现场指示，亘古未有；缙绅士民，数十万人，欢声雷动，夹岸跪迎[2]。以上两则史料，难免有官员组织民众夹道欢呼以博得圣上喜欢，也难免有官方夸大舆情的现象[3]，但可以透露当时社会比较安定。

康熙朝国家一统、国力强盛、民族协合、文化发展，社会秩序比较安定。这既是康熙治国的功绩，也是康熙盛世的表现。

"盛世"的"盛"是强盛、繁盛、兴盛的意思。康熙朝的后四十年，在中国皇朝史上，确是一个相对兴盛、强盛、繁盛的局面——"兴"，当时是东亚兴隆的帝国；"强"，当时是世界上强大的帝国；"繁"，当时是比欧洲国家繁荣的帝国。

概括地说，康熙帝超越前人的重大贡献是，在中华两千多年皇朝史上，实现了中原农耕文化、西北草原文化、东北森林文化和西部高原文化的空前大融合。

但是，康熙大帝有缺憾也有缺失，有疏误也有错误。这主

---

〔1〕《清圣祖实录》卷二一九，康熙四十四年三月己亥。

〔2〕《清圣祖实录》卷二一九，康熙四十四年三月己未和庚子。

〔3〕李斗《扬州画舫录》记载：乾隆帝南巡到扬州时，"两岸支港汊河，桥头村口，各安卡兵，禁民舟出入。纤道每里安设围站兵丁三名。令村镇民妇，跪伏瞻仰。于应回避时，令男子退出村内，不禁妇女"。这说明："舟车所经"是要戒严的，"桥头村口"是有警跸的，"夹道跪迎"是有组织的。

要表现在五个问题上：于皇位传承，立之过早，立而废，废而立，立而再废，晚年失之于当断未断；于八旗制度，也想改革，改而停，停而改，改而再停，晚年失之于当改未改；于满汉关系，企望合协，亲满洲，疏汉人，合而未协，晚年失之于当协未协；于吏制管理，向往仁善，扬清官，惩贪官，惩而不严，晚年失之于当严未严；于海洋文化，预见外患，严海禁，闭而开，开而再闭，晚年失之于当开未开。这更加导致其儿孙们主宰的大清帝国，以"天朝大国"自诩，持盈保泰，故步自封，逐渐走向衰落。

总上，康熙帝虽有缺失与过失，康熙朝虽有矛盾与危机，但总体而言，康熙帝确是中国皇朝史上的千年一帝。

三　千年一帝

康熙帝能够成为千年一帝，是因为遇到了一个大"天时"。小天时决利钝，大天时出明君。

在国内，康熙帝遇到的"天时"，有四个特点：

第一，金瓯需要一统。从明万历十一年（1583）努尔哈赤起兵，到康熙二十二年（1683），南明最后的象征——台湾郑氏延平郡王郑克塽归清，整整百年。这一百年间，中华大地一直处于战争和分裂状态，人民最重要的历史期待是什么？作为帝王，最重要的历史使命又是什么？答案都是重新实现金瓯一统。

第二，民众需要富裕。战争的破坏，社会的动荡，灾害的降临，给人民生命财产造成了巨大损失：在北方，"一望极目，田地荒凉"；在中原，"满目榛荒，人丁稀少"；在江南，"荒凉景象，残苦难言"；在湖广，"弥望千里，绝无人烟"；在四川，

"民人死亡，十室九空"。就全国而言，国库空虚，民生凋敝，田土抛荒，路暴白骨，村无炊烟，户无鸡鸣。民要富，家要兴，族要盛，国要强。

第三，文化需要融合。自努尔哈赤以"七大恨"告天，打着反抗民族压迫旗帜对抗明朝，到康熙帝即位，再到吴三桂反叛，满汉之间，文化差异，异常凸显，冲突不断。满洲统治者在统一中国的过程中，曾经实行镇压和屠杀的政策。流传到现在的"扬州十日""嘉定三屠""江阴抗清"等故事，就反映了这种暴政和由此引发的汉族军民的强烈反抗。特别是多尔衮摄政以后，在中原地区普遍推行剃发、易服、圈地、占房、投充、捕逃"六大弊政"，更激化了族群矛盾和文化冲突。

第四，天下需要太平。一百年间，地不分南北，族不分夷夏，人不分老幼，民不分贫富，都蒙受着战乱、屠杀、大旱、水患、瘟疫、地震等灾难。黎民百姓，背井离乡，饥寒交迫，奔波流离，历尽苦难，饱经沧桑，他们最渴望天下太平。而实现金瓯一统、民众富裕、文化融合、天下太平的民众百年梦想，既是康熙大帝的责任，也是康熙大帝的荣光。

同时，从中国历史规律来看，大乱之后往往有大治，短命天子之后往往有长寿皇帝。明末清初，数十年战乱，给康熙大帝提供了一个做明君的历史机遇；从满洲贵族集团来看，康熙帝正好处在从"打江山"到"坐江山"的转变——满洲虽占有中原大地，却没有坐稳江山，如果不能恰当处理满汉民族关系，而使族群矛盾激化，有可能会重蹈元朝最后被赶回漠北的历史悲剧。如能缓和各种矛盾，成功实现"转型"，而其"守成"之功，实同"开创"之业。

这些就是康熙皇帝成为一代"大帝"的重要"天时"条件。

康熙帝利用了有利条件，做出历史功绩。那么，怎样评价康熙帝的历史地位呢？

中国有确切文字记载的历史有三千多年。秦王嬴政二十六年（前221），嬴政自以为"德高三皇、功过五帝"，自称始皇帝，从此中国开始有了皇帝；到清宣统三年（1911），辛亥革命推翻清朝，帝制被废除。这段历史有一个特点，就是有皇帝。我将这段历史称作中国皇朝历史。中国皇朝历史，总算为2132年。

这2132年的皇朝历史，有多少位皇帝呢？有人统计共349位皇帝，康熙帝让他的大臣统计奏报说211位皇帝，再加上自康熙到宣统九位，共220位。其统计数字之差异，主要缘于标准不同，这可以不管。我们重在思考这2132年皇朝的历史。

中国两千多年皇朝历史，大体可以分作前后两段。前一段一千年，中国的政治中心主要是在西安。其间政治中心经常东西摆动——秦在咸阳，西汉在长安，东汉在洛阳，唐在长安等，但摆动中心在西安。这一时期先后出现文景之治（文帝在位二十三年，景帝在位十六年）、贞观之治（唐太宗在位二十三年）。《旧唐书·太宗纪下》史臣曰："千载可称，一人而已。"[1] 后一段一千年，中国的政治中心主要是在北京。其间政治中心经常南北摆动——辽上京在临潢（今内蒙古巴林左旗），金都先在上京（今黑龙江哈尔滨阿城区）后在中都（今北京），明都先在金陵（今江苏南京）后在北京，清都先在盛京（今辽宁沈阳）后在北京；就是从今哈尔滨往南，经沈阳、北京、开封、南京，到杭州，但摆动中心在北京。从上述可以看出一个有意思的历史现象：中国两千多年帝国历史政治中心

---

[1] 《旧唐书》卷三《太宗纪下》，中华书局点校本，1975年，第63页。

的摆动，先是东西摆动，后是南北摆动，从而呈现出大"十"字形变动的特点。

就其后一千年来说，辽、北宋、金、南宋、西夏、元、明、清八朝，共九十帝，一个重要的特点是国内的民族纷争与融合。辽—契丹、金—女真、西夏—党项、元—蒙古、清—满洲，八朝中有五朝是少数民族建立的。明朝虽然是汉族人建立的，但朱元璋以"驱逐胡虏、恢复中华"[1]为号召，结果又被"胡虏"所替代。

这里有一个很有意思的历史现象。辽、北宋、金、南宋、元、明、清七朝，共有皇帝八十位。这七朝都有一个民族融合的问题。辽朝与北宋对峙，金朝与南宋对峙，元朝取代金朝，都是民族问题。朱元璋是汉人，他的口号是"驱逐胡虏、恢复中华"，带有浓厚的民族色彩。满洲以"七大恨告天"的民族旗号起兵，取代了明朝；民国孙中山先生又以"驱除鞑虏、恢复中华"[2]为纲领而推翻满洲人建立的清朝。

从辽太祖耶律阿保机神册元年（916），到清宣统三年（1911），总算一千年。折腾来，折腾去，都离不开"民族"二字。

现在回到本题——对康熙帝的评价问题。

先从纵向比较。中国自辽金以降，千年以来，有九十帝。辽九帝、金十帝与北宋九帝、南宋九帝，半壁山河，西夏十帝偏隅一方，凡四十七帝，均不足论。元朝十五帝，太祖成吉思汗，一代天骄，打下基业，武功卓越，略输文采，并未一统，

---

〔1〕《明太祖实录》卷二六，吴王元年（元至正二十七年）十月丙寅，台北"中研院"史语所校勘本，1962年。

〔2〕《中国同盟会总章》第二条，载中国史学会编《中国近代史资料丛刊·辛亥革命（二）》，上海人民出版社、上海书店出版社，2000年，第7页。

更无盛世。元世祖忽必烈，在位三十四年，定鼎大都，武功赫赫，文治稍逊，也无盛世。其他诸帝，均不足论。明朝十六帝，太祖朱元璋，推翻元朝，一统天下，功绩很大；但是，冤案烦苛，史多讥评。明成祖朱棣，雄才大略，迁都北京，派郑和下西洋，派亦失哈下奴儿干，设奴儿干都司，然"靖难"之举，史称之为"篡"；蒙古难题，六次北征，死于道途，抱恨归天。所谓"洪宣"之治，洪熙在位一年，宣德在位十年，都没有形成盛世的局面。至于清朝，共十二帝，可以提及的是"三祖三宗"——清太祖努尔哈赤、世祖顺治、圣祖康熙，太宗皇太极、世宗雍正、高宗乾隆。"三宗"自然位在"三祖"之下。仅以"三祖"而论，清太祖努尔哈赤奠基清朝，未入主中原。顺治帝虽迁都燕京，后期荒唐，英年早逝。算来算去，自辽以降，约一千年，康熙帝的前述五大贡献及其个人品格，迈越古人，千年以来，谁能与比？千年一帝，首推康熙！

再从横向比较。其时，清朝与四邻国家，比较和睦。东面的朝鲜，皇太极时已经向清朝纳贡称臣，其国王受清帝册封。西面的哈萨克、阿富汗都比清朝经济落后，更没有形成气候。南面的越南、泰国、缅甸、马来亚、菲律宾、爪哇等，都比清朝落后、弱小。西南的印度，处于莫卧儿帝国时期，受喜马拉雅山脉阻隔，也没有同清朝发生纠纷与摩擦。清朝北面和东面后来的两大强敌——俄国和日本，在康熙时期都还没有崛起，俄国废除农奴制是在 1861 年（清咸丰十一年），日本明治维新则在 1868 年（清同治七年），都是在康熙朝以后。虽然俄国有些小的动作，但都被击败，没有形成大的威胁。

此时的"西方"，经济方面，工业革命还远没有开始（1765 年哈格里夫斯发明珍妮纺纱机，被公认为工业革命的先声，已是康熙帝的孙子弘历乾隆三十年的事）；文艺复兴以来的欧洲新科技，在明末已经传入一些，康熙帝本人也比较重视学习，但对生产影响重大的科技突破（如蒸汽机的改良等）都发生在康熙朝之后；政治方面，其时欧洲处于民族国家形成时期，主要大国都实行君主制，只有英国在 1688 年（康熙二十七年）"光荣革命"后确立了君主立宪制。但那时英国的力量还基本达不到中国，也没有其他国家效仿英国政体，大英帝国的海上霸主之梦更是迟至 19 世纪才实现。至于美利坚合众国，则是康熙帝死了半个多世纪以后才建立的。所以说，给康熙帝扣上"丧失学习西方、富国强兵机遇"的帽子，是不太公平的。

康熙时代，英国尚未工业革命。法国大革命和美利坚独立，都是乾隆朝的事。俄国和日本的崛起，都在 19 世纪中叶。俄国的彼得大帝，法国的路易十四，与康熙同时代，他们都是当时世界上的伟大君主。但是，康熙时的清帝国是当时世界上幅员最为辽阔、人口最为众多、经济最为雄厚、文化最为昌盛、军力最为强大的大帝国。康熙大帝不仅是中国历史上的千年一帝，而且是世界历史上一位伟大的君主。

但是，清帝国有内在矛盾吗？有。有潜存危机吗？也有。康熙帝晚年谕曰："海外如西洋等国，千百年后，中国恐受其累。此朕逆料之言。"[1] 虽康熙帝预见可贵，但他没有在政策上、制度上做出安排。康熙帝留下的缺憾，致使其儿孙们主宰的大清帝国，和西方列强的差距愈拉愈大。

综上，无论就中国历史做纵向比较，或就世界历史做横向

---

[1]《清圣祖实录》卷二七〇，康熙五十五年十月壬子。

比较，都可以说康熙大帝是中国皇朝史上的千年一帝，也是世界历史上的千年名君。他同俄国彼得大帝、法国太阳王路易十四，同列世界伟大的君主。

（原载《康熙大帝与太阳王路易十四特展——中法艺术交流会·专论》，台北故宫博物院，2011 年）

康熙皇帝与木兰围场

清康熙帝是木兰围场的经始者。"木兰"是满语 muran 的音译，意译为"哨鹿"[1]；"围场"的满语音译是 hoihan，意为设围狩猎之地。康熙皇帝设置木兰围场之经始因素、围猎规程及其社会功能，兹据史料，略作阐述。

一

康熙皇帝设置木兰围场，是多种因素的综合结果。

历史的因素。"围场"一词，《宋史》已见。《宋史·礼志》载："太祖建隆二年，始校猎于近郊。先出禁军为围场，五坊以鸷禽细犬从之。"[2]然而，围猎是北方游猎民族具有军事与经济、社会与游乐功能的重要活动。契丹人畜猎以食，皮毛以衣，车马为家，转徙随时。契丹主秋冬讳寒，春夏避暑，四时行在，谓之"捺钵"。其秋捺钵，至伏虎林。七月中起牙帐，入山射鹿

---

[1] 姚元之《竹叶亭杂记》卷三载："哨者，哨鹿也。哨鹿者着鹿皮，衣鹿角冠，夜半于旷山中吹哨作牡鹿声，则牝鹿衔芝以哺之。"中华书局点校本，1982年，第64页。

[2] 《宋史》卷一二一《礼志二四》，中华书局点校本，1977年，第2840页。

及虎。《辽史·营卫志》中载：

> 每岁车驾至，皇族而下分布泺水侧。伺夜将半，鹿饮盐水，令猎人吹角效鹿鸣，既集而射之。[1]

辽帝不仅设围场射猎，而且设官围场使[2]，以管围场，理猎事。但是，辽亡金兴，建立金朝的女真人也常游猎。《大金国志》记载：

> 金国好田猎，昔都会宁，四时皆猎。海陵迁燕，以都城外皆民田，三时无地可猎，候冬月则出。一出必逾月，后妃、亲王、近臣皆随焉。每猎则以随驾军密布四围，名曰"围场"。待狐、兔、猪、鹿散走于围中，帝必先射之，或以鹰隼击之。次及亲王、近臣。出围者许诸余人捕之。……有三事令臣下无谏：曰作乐，曰饭僧，曰围场。其重田猎如此。[3]

金帝不仅赴围场射猎，而且设官治围场。金宗室完颜奕，以能治围场，受金章宗之委信[4]。上述契丹、女真游猎打围之事，宋末元初文人周密在《癸辛杂识续集》中，做了如下记载：

> 北客云："北方大打围，凡用数万骑，各分东西而往，

---

〔1〕《辽史》卷三二《营卫志》中，中华书局点校本，1974年，第375页。

〔2〕《辽史》卷八《天祚帝纪二》，第332页。

〔3〕《大金国志校证》卷三六，中华书局，1986年，第521页。

〔4〕《金史》卷六六《宗室奕传》，中华书局点校本，1975年，第1569页。

凡行月余而围始合，盖不啻千余里矣。既合，则渐束而小
之。围中之兽，皆悲鸣相吊，获兽凡数十万，虎、狼、熊、
罴、麋鹿、野马、豪猪、狐狸之类皆有之，特无兔耳。猎
将竟，则开一门，广半里许，俾余兽得以逸去。不然，则
一网打尽，来岁无遗种矣。"[1]

上述根据传闻的载述，如"获兽凡数十万"云，显属小说
家言；但描述了北方契丹、女真、蒙古等游猎民族狩猎打围之
习俗。元朝奠都燕京后，忽必烈在大都南郊辟建游猎场。《日下
旧闻考》载记南苑猎场曰：

南海子即南苑，在永定门外。元时为飞放泊，明永乐
时复增广其地，周垣百二十里。[2]

元帝之猎场在大都有，在上都有，在他处亦有。元亡明兴
后，永乐帝自南京迁都北京。明帝为汉族，属农耕文化。明自
永乐帝以降，诸帝多喜静而怠动，娱声色而厌狩猎。但是，满
洲兴起后，康熙帝设置木兰围场，除上述历史因素外，还有其
传统因素。

传统的因素。满洲的先世女真，早在明初即打围放牧。明
永乐帝谕建州首领阿哈出：

---

[1] 周密《癸辛杂识续集》卷上，景印文渊阁四库全书本，台湾商务印书馆，
第3—4页。
[2] 《日下旧闻考》卷七四，北京古籍出版社，1981年，第1231页。

今听朕言，给与印信，自相统属，打围放牧，各安生业，经商买卖，从便往来，共享太平之福。[1]

又谕清皇室直系祖先猛哥帖木儿：

令尔抚安军民，打围放牧，从便生理。[2]

这从一个侧面说明，围猎是满洲先世女真的重要活动。而且，满洲八旗制度的创立，同围猎活动密切相关：

凡遇行师出猎，不论人之多寡，照依族寨而行。满洲人出猎开围之际，各出箭一枝，十人中立一总领，属九人而行。[3]

满洲自努尔哈赤崛起后，出猎行围，官书所载，屡见不鲜[4]。如天命八年（1623）九月十四日，后金汗努尔哈赤"率诸贝勒、福晋及蒙古众贝勒，往山河狩猎"[5]。是行，昼猎夜宿，兼御政事，凡十二日，夜间时宿于山上、时宿于河畔。但《满洲实录》和《太祖实录》，俱缺载后金汗此十二日之行踪与事功。努尔哈赤军猎并重，行军出猎，法令森严，不得逾越。

[1]《李朝太宗实录》卷二，四年四月甲戌。

[2]《李朝太宗实录》卷五，五年三月丙午。

[3]《满洲实录》卷三，民国十九年铅印本，第3—4页。

[4]《满文老档·太祖》第4册，乙卯年（万历四十三年）十月初四日、十二月二十日；第5册，天命元年五月；第49册，天命八年四月十六日、二十日；第59册，天命八年九月十四日；第65册，天命十年七月初七日等。

[5]《满文老档·太祖》第59册，天命八年九月十四日。

他素好打猎，善于治猎，颁行《治猎之谕》，略谓：

> 行军喧哗，敌易察觉。围猎喧哗，兽必逃逸。每遇行
> 猎，同牛录人，得进围底。他牛录人，如不同路，勿进围
> 底，进则罪之。若见兽出，勿于围场内追逐，而由各自所
> 立之地迎射。兽出围场之外，应追截射之。若听任各行所
> 欲，肆意入围拦射，则马快者将兽先获，而马慢者和严己
> 者会有何猎获！故命以先射获之兽，分偿无获兽者。见有
> 伏虎，勿得惊动，应告众人。若地势有利，要围而杀之；
> 若地势不利，则弃而去之。凡众人同猎之兽，其兽肉由同
> 猎者平分。若因贪肉而拒绝助杀，致兽逃逸者，令其赔偿
> 逃逸野兽之肉。[1]

努尔哈赤的《治猎之谕》，成为清帝围猎制度的第一个"家
法"。继努尔哈赤之后，皇太极继承"家法"，率臣出猎，史多
记载。天聪元年（1627），后金汗率诸贝勒大臣，猎于盛京迤东
三百里外，驻跸达十五日[2]；五年（1631），畋猎于辽西十三
山一带[3]；翌年，率军出征，边行边猎[4]；他亲率诸贝勒大臣
官兵行围[5]等。皇太极不仅出畋猎，而且有围场：

> 围场中有厮卒，射中狍。凮从人以为上所射，持至。

---

〔1〕《满文老档·太祖》第4册，乙卯年（万历四十三年）十二月。
〔2〕《满文老档·太宗》第8册，天聪元年九月十五日。
〔3〕《满文老档·太宗》第42册，天聪五年十月二十日。
〔4〕《满文老档·太宗》第57册，天聪六年七月初二日至十九日。
〔5〕《满文老档·太宗》第58册，天聪六年九月二十八日。

上命勿妄取，令诸臣审验。诸臣亦以为上所射，复来献。上视之曰："非朕所射"，命仍给射者。[1]

《清太宗实录》上述记载，意在说明皇太极体恤射者，不自妄取；但透露一个史实——清入关前已有围场。清军入关，移鼎燕京。顺治帝在南苑设围场，《日下旧闻考》载：

> 凡田于近郊，设围场于南苑，以奉宸苑领之。统围大臣督八旗统领等，各率所属官兵，先莅围场布列——镶黄、正白、镶白、正蓝四旗以次列于左，正黄、正红、镶红、镶蓝四旗以次列于右，两翼各置旗以为表，两哨前队用白，两协用黄，中军用镶黄。驾至围场，合围较猎。[2]

由上可见，满洲的围猎有着历史的传承。但是，康熙皇帝设置木兰围场，除前述历史因素和传统因素外，也有习武的因素。

习武的因素。满洲初期，行军出猎，互依互存；治军治猎，相辅相成。清帝以弓马得天下，"首崇骑射"乃是满洲之国策。但自清军入关以后，特别是底定中原以降，满洲贵族逐渐贪图安逸，疏于骑射。于此，顺治帝曾颁严谕：

> 我朝原以武功开国，历年征讨不臣，所至克捷，皆资骑射。今仰荷天休，得成大业。虽天下一统，勿以太平而

---

〔1〕《清太宗实录》卷七，天聪四年十一月甲午，中华书局，1986 年。
〔2〕《日下旧闻考》卷七四，第 1236 页。

忘武备。尚其益习弓马，务造精良。嗣后满洲官民，不得沉湎嬉戏，耽娱丝竹，违者即拿送法司治罪。[1]

倡弓马武备，戒丝竹嬉戏，违者法司治罪，可谓至严至厉。但是，满洲贵族怠于骑射、贪于奢逸之风有增无减。康熙帝即位之后，四大臣辅政，满洲贵族益加骄横。康熙帝亲政前，四年（1665）、五年（1666），年方十二三岁，即往南苑校射行围[2]。但是，满洲贵族在优裕、特权的生活中，多磨损锐气，志意消沉；新一代王公贝勒生长于安乐、悠闲的环境中，多不长骑射，庸碌无能。所以，八旗官兵锐气日减，纪律日弛，弓马日劣，体质日衰，这在削平三藩战争中表现得尤为突出。三藩乱起，形势陡变，清廷失陷滇、黔、川、湘、桂、闽六省，陕、甘动摇，浙、赣不靖。在清廷面临社稷危殆、满洲死生之际，满洲官兵仍贪图名利、畏缩不前。如都统朱满统兵逍遥武昌，六百里之程，竟徐行一月，致岳阳、长沙陷；都统巴尔布则怯懦不前，坐失险要。康熙帝曾颁谕严责曰：

> 用兵地方，诸王、将军、大臣，于攻城克敌之时，不思安民定难，以立功名，但志在肥己，多掠占小民子女，或借名通贼，将良民庐舍焚毁，子女俘获，财物攘取。[3]

至康熙十九年（1680），命将怯懦畏敌将帅严行处治：多罗

[1]《清世祖实录》卷四八，顺治七年三月戊寅，华文书局影印本。
[2]《清史稿》卷六《圣祖纪一》，中华书局点校本，1976年，第172—173页。
[3]《清圣祖实录》卷八二，康熙十八年七月壬戌，华文书局影印本。

顺承郡王、宁南靖寇大将军勒尔锦率军退缩不前、劳师糜饷、贻误事机，着削去郡王并议政，仍行拘禁；贝勒察尼迁延瞻顾、坐失军机，着革去贝勒并议政，为闲散宗室；贝勒、尚书、公兰布不速剿贼、退缩贻误，因其卒于军，着革去镇国公；贝勒尚善与兰布同罪，着革去贝勒；都统朱满着革职、鞭一百、籍没家产；都统鄂内着革职；护军统领伊尔度齐和额司泰、参赞多谟克图、副都统巴喀等，着俱革职、籍没有差[1]。尔后，都统巴尔布、原尚书哈尔哈齐、宗室公瓦山、公倭赫、额驸华善、左都御史多诺、都统觉罗画特、都统穆占、西安将军希福和都统阿密达等，以在平定三藩之战中交战失利等罪，俱革职、遣戌、籍没、入奴有差。康熙帝有鉴于此，而自平定三藩后，为扭转八旗官兵临战而惧、好逸恶劳之习，更为建设一支能征善战、勇于骑射之剽悍军旅，便"用都统赵璟议，以安不忘危，每岁秋冬较猎于塞上"[2]。由是，习武塞上，设置围场。但是，康熙帝设置木兰围场，除前述历史、传统和习武诸因素外，还有气候的因素。

气候的因素。北京盛夏溽暑酷热，但明永乐帝从南京就国燕京，便是从炎热金陵到了清凉世界。其子洪熙帝，生长于金陵，后召至北京，立为皇太子，亦觉夏天比金陵凉爽。但是，清皇室祖居明辽东赫图阿拉，即今辽宁省新宾满族自治县永陵镇老城村。赫图阿拉较北京纬度为高，群山环抱，森林茂密，盛夏季节，比较凉爽。满洲皇帝进关之后，难以忍受北京盛夏的酷热。清摄政睿亲王多尔衮，难耐北京伏夏酷暑，谕建喀喇

---

〔1〕《清圣祖实录》卷九三，康熙十九年十一月辛酉。
〔2〕 金德纯《旗军志》，《辽海丛书》本，1933年，第3页。

避暑城言：

> 京城建都年久，地污水咸。春、秋、冬三季，犹可居
> 止。至于夏月，溽暑难堪。但念京城乃历代都会之地，营
> 建匪易，不可迁移。稽之辽、金、元，曾于边外上都等城，
> 为夏日避暑之地。予思若仿前代造建大城，恐糜费钱粮，
> 重累百姓。今拟止建小城一座，以便往来避暑。[1]

多尔衮的上引谕言，道出其塞外建城避暑的旨趣。后来，
乾隆帝亦就居园避暑，赋之于诗：

> 官居未园居，夏月度两次。
> 炎热弗可当，少壮禁之易。
> 慈闱祝万龄，然终必有事。
> 图兹境清凉，结宇颇幽邃。[2]

此诗直抒乾隆帝园居清凉、以避炎暑之意。所以，虽顺治
帝修葺南海子，康熙帝创修畅春园，但都在燕京，围场不够宽
广，暑夏不够清凉，于是，便寻觅合适地方，开辟木兰围场，
兴筑避暑山庄。

上述四种因素，乃约略言之，实则还多。诸种因素，汇成
一果，即择设木兰围场。围场的选址，需融避暑、游猎、习
武、御政为一。其选址条件——一是气候：燕京迤北，纬度偏

---

〔1〕《清世祖实录》卷四九，顺治七年七月乙卯。
〔2〕《日下旧闻考》卷一六，第223页。

高，林莽气息，夏季凉爽；二是位置：距离京师，远近适宜，便于递送题本，批发谕旨，接见臣工，不旷政事；三是环境：山川水草，景观恢宏，丛林畜兽，肥草牧马，河清泉甘，傍水扎营；四是空间：塞上高原，极为辽阔，地形复杂，便于围猎。所以，康熙帝新围场的设置因素已备，选址条件已明，便着手经始木兰围场。

二

康熙皇帝经始木兰围场，其设置、规制、围猎及特质，于宫史与满学、清史与园林，都是中华文化的鸿篇巨制。

木兰围场的设置，康熙决策，亲自选址。康熙二十年（1681）四月七日，康熙帝出喜峰口，依次驻跸北台、宽城北、达希喀布齐尔口北、察汉河屯、乌兰布哈苏、席尔哈河、拜察、和尔和、巴尔汉、乌郎冈冈、穆雷布尔扯儿、胡西汉台、塔布恩海落思泰和俄伦蒿齐特等地方。先后有蒙古喀喇沁部郡王札锡、镇国公吴特巴喇，翁牛特部镇国公奇塔特，敖汉部郡王札木苏、萨木迫尔，土默特部贝勒额尔得木图、贝子衮齐思札布，科尔沁部亲王鄂齐儿、台吉敦罗布，喀尔喀部台吉丹津等率所属朝见。二十二日，康熙帝在达希喀布齐尔口北原野，御行宫黄幄，设大宴颁赏，郡王札锡等1884人，"因前往相度地势，酌设围场，具有勤劳，故加赏之"[1]。鉴此，康熙二十年（1681）四月二十二日（6月8日），是康熙帝决定设置木兰围

---

[1]《康熙起居注册》，康熙二十年四月二十二日（乙巳），中国第一历史档案馆藏。

场的日子。

《啸亭杂录》记载："木兰在承德府北四百里，盖辽上京临潢府、兴州藩地也，素为翁牛特所据。康熙中，藩王进献，以为蒐猎之所。"[1]其地位置在今河北省围场满族蒙古族自治县境，蒙古高原东南侧，大兴安岭和燕山余脉汇接处，塞罕坝横亘西北，自西北高原海拔 1350 米，向东南倾斜至 750 米。治所为北纬 41°52′，东经 117°44′[2]，七月平均气温为 16℃。其境山环水绕，毗连千里，林木葱郁，水草丰茂，群兽孳畜，暑夏凉爽，被誉为"万灵萃集，高接上穹，群山分干，众壑朝宗"[3]之灵囿胜地。《钦定热河志》载述木兰围场曰：

> 国语谓哨鹿曰木兰，围场为哨鹿所，故以得名。地在蒙古各部落中，周一千三百余里，南北二百余里，东西三百余里，东北为翁牛特界，东及东南为喀喇沁界，北为克西克腾界，西北为察哈尔正蓝旗界，西及西南为察哈尔正蓝、镶白二旗界，南为热河厅界。围场外北为巴林，东为土默特，西为西四旗察哈尔，南则入围场之路也。围场四面立界，曰柳条边。自波罗河屯入围场，有二道：东道由崖口入，即石片子也；西道由济尔哈朗图入。每岁行围，俱出入崖口。[4]

但乾隆二十四年（1759）建行宫于济尔哈朗图，于是东驾

---

〔1〕 昭梿《啸亭杂录》卷七，中华书局点校本，1980 年，第 219 页。
〔2〕《中国市县大辞典》，中共中央党校出版社，1991 年，第 77 页。
〔3〕 颙琰《木兰记》，《石渠宝笈》三编，第 9 本，清内府本。
〔4〕《钦定热河志》卷四五，影印文渊阁四库全书本，台湾商务印书馆，第 7 页。

行围由崖口入，则回銮由济尔哈朗图；若由济尔哈朗图入，则回銮由崖口。遂以为定制。

　　木兰围场的规制，康熙肇始，历朝相因。木兰围场栅界驻八旗，1营统5卡伦，八旗按方位部署，分守其境。木兰围场内有69个围（猎场）[1]，每围相距数十里或数里，围间以山峰或河壑为界。每围以冈阜为依，周围为林草。行围之时，先撒围——以数百人，分翼山林，称"阿达密"，行而不合。次布围——用蒙古1250人为虞卒，中以黄纛为中军，左右分两翼，由王公大臣统领，由远及近，围圈渐合。次合围——其步骤《木兰行围制度》载：

　　　　合围之制，则于五鼓前，管围大臣率领蒙古管围大臣及虞卒，并八旗禁旅，虎枪营士卒，各部落射生手，齐出营盘。视其围场山川，大小远近，纤道绕出围场之后，或三十里、五十里，以及七八十里，齐至看城，则为围合。[2]

　　看城是设在冈阜的黄色御幄。合围之后，渐促渐近，薄至冈阜，北邻看城，以待皇帝莅围。次莅围——康熙帝躬出看城，佩櫜鞬，具弓矢，莅围所，策骑射猎。次罢围——猎毕，场收，回营，罢围[3]。但是，哨鹿之日，制稍不同。皇帝于五更放围之前，御骑猎鹿：

---

〔1〕《钦定热河志》卷四六，第31—35页。

〔2〕 昭梿《啸亭杂录》卷七，上海文瑞楼印行本，第19页。

〔3〕《钦定热河志》卷四七，第1—4页。

亲御名骏，命侍卫等导引，入深山叠嶂中，寻觅鹿群。命一侍御，举假鹿头，作呦呦声，引牝鹿至，急发箭殪毙，取其血吸之。不惟延年益寿，亦以为习劳也。〔1〕

康熙帝早期秋狝时，尝奉太皇太后，驻跸围场东界之威逊格尔，其"所居为桦皮室。蒙古语谓桦皮为威逊，室为格尔也"〔2〕，以其所居之桦皮御屋，音译为围场地名。其实木兰围场中的 69 个围场，因原是蒙古牧放之地，故多用蒙古语称呼。但是，个别围场用满语定名，如永安莽喀围场，乾隆帝《永安莽喀》诗注云：国语"沙"谓之"永安"；"冈"谓之"莽喀"，是地为入崖口第一围场〔3〕。又如永安湃围场，"永安"上文已释，"湃"意为"处"。以上两围场名，为木兰围场中仅有的二处以满语称之的围场。于此，乾隆帝《永安湃围场作》诗注云：

东伊逊崖口内，首围为永安莽喀；西伊玛图口内，首围为此永安湃。围场内，地多仍蒙古名，惟此二处则国语："永安"为"沙"，"莽喀"谓"冈"，"湃"谓"处"，均皇祖所赐名，而以汉字书"永安"，亦协猎场吉语也。〔4〕

康熙帝御定的木兰围场典制，《清会典》载述甚详，此不赘述。但这些典制是在多次行围中，逐渐形成、逐渐完善的。

木兰围场的行围，康熙躬亲，始终如一。康熙帝一生的围

〔1〕 昭梿《啸亭杂录》卷一，上海文瑞楼印行本，第 12 页。
〔2〕 吴振棫《养吉斋丛录》卷一六，北京古籍出版社，1983 年，第 174 页。
〔3〕 弘历《永安莽喀》诗，《钦定热河志》卷四六，第 8 页。
〔4〕 弘历《永安湃围场作》，《钦定热河志》卷四六，第 15 页。

猎，大体上可以分作三个时期：

第一个时期：自康熙四年（1665）至康熙二十年（1681），以南苑行围为主。康熙帝八岁登极，年龄冲幼，初习骑射，不能行围。康熙四年（1665）正月十一日，"上幸南苑行围"[1]，是为康熙帝首次御南苑行围，也是他首次躬御行围。此后幸南苑，岁或一举，抑或两举。但是，自康熙十七年（1678）吴三桂死后，削藩战争态势为之一变，康熙帝行围之场所也在转变。上年，谒孝陵，次喀喇河屯；同年，巡近边，次滦河；翌年，至保定行围。这说明康熙帝行围、巡幸的范围在逐渐扩大，已不局囿于南苑；但新围场的处所尚未确定，至热河巡幸，始定新围场。

第二个时期：自康熙二十年（1681）至康熙四十二年（1703），以木兰围场行围为主，但尚未建成避暑山庄。康熙二十年（1681），康熙帝择定木兰围场为新行围之所。尔后，每年亲往热河行围，仅有两次例外。康熙二十一年（1682），往盛京谒陵，又躬谒永陵，行围乌拉，并泛舟松花江；康熙三十五年（1696），亲征噶尔丹，次克鲁伦河，至拖纳阿林而还。其他或未举行秋狝大典，但均亲往塞外，或巡或猎，或途经木兰围场，或因故途中返京。总之，康熙帝出边北上，二十二载，年无空缺。

第三个时期：自康熙四十二年（1703）至康熙六十一年（1722），建成避暑山庄，行猎木兰围场。自康熙四十二年（1703），承德避暑山庄建成之后，至康熙六十一年（1722）康熙帝病故，凡20余年间，康熙帝每年均至避暑山庄，且每年均

---

[1]《清圣祖实录》卷一七，康熙四年十月癸亥。

至木兰围场行猎，无年间断，无年例外。康熙帝晚年，健康状况甚为不佳，例往木兰围场行猎。康熙六十一年（1722），康熙帝69岁，以抱病之躯，行木兰围场，四月十三日离京，八月二十六日驻跸汗特穆尔达巴汉，史载：

> 汗特穆尔围场在正蓝旗古都古尔卡伦之北，其西则汗特穆尔达巴汉，南则云特穆尔达巴汉，云特穆尔达巴汉之东有崆郭达巴汉。[1]

是日，"赐来朝喀喇沁、翁牛特、敖汉、阿霸垓、科尔沁、巴林、土默特、乌朱穆秦、喀尔喀、苏尼特、扎鲁特、杜尔伯特、奈曼，王、贝勒、贝子、公、台吉等银币、鞍马有差"[2]。这是康熙帝最后一次木兰行围，也是他最后一次觐赏蒙古王公官兵。康熙帝于九月二十八日回驻畅春园，44天后，即十一月十三日，崩逝于园内的清溪书屋[3]。康熙帝四十年的木兰围猎，留下历史的印迹。

木兰围猎的特质，康熙一朝，颇为鲜明。康熙帝择设与行猎的木兰围场，有着历史的特质：

其一，木兰围场设而清朝强。康熙帝一生出塞50余次，至木兰地域48次，举行木兰秋狝大典凡40次。他自康熙二十年（1681）择设木兰围场后，除康熙二十一年（1682）东巡谒陵和三十五年（1696）漠北亲征，没有亲临木兰围场外，其

---

[1]《钦定热河志》卷四六，第11页。
[2]《清圣祖实录》卷二八九，康熙六十一年八月己卯。
[3]《日下旧闻考》卷七六，第1277页。

余 40 年间，都到木兰围场举行秋狝大典。尤在康熙四十二年
（1703）建立避暑山庄后，有时一年两临木兰围场，直至康熙
六十一年（1722）。所以，木兰围场是康熙朝兴盛的产物，也是
康熙朝兴盛的象征。清初，中原鼎定，三藩削平；尔后，台湾
统一，北疆宁静。康熙中期以降，清帝国民族和谐，社会安定，
府库充盈，戎马强盛，屹立于世界的东方。只有这样的政治一
统、社会安定、经济发展、军力强盛的环境，康熙帝才有可能
设立木兰围场，也才有可能行猎木兰围场。

其二，木兰围场兴而清朝盛。康熙帝死后，雍正帝虽登极
后未往避暑山庄及木兰围场，但煌煌谕责"是予之过，后世子
孙当遵皇考所行，习武木兰，毋忘家法"[1]。经过雍正帝十三年
之勤政，清朝益加巩固与发展。乾隆帝登极后，秉承祖训，自
乾隆六年（1741）至六十年（1795）的 54 年间，先后 40 次
往木兰围场举行秋狝大典。其时，乾隆朝较前代更为繁荣与强
盛，从而出现史称"康乾盛世"的局面。由是，木兰围场便成
为"康乾盛世"的一个象征。如果金瓯分裂，社会动荡，民族
纷争，财政竭绌，清帝便不可能设立木兰围场，也不可能行猎
木兰围场。

其三，木兰围场废而清朝衰。嘉庆帝登位之年，便发生白莲
教起义。他在位 25 年，仅往木兰围场行围 12 次，已不及其曾祖
与乃父。且嘉庆帝于嘉庆二十五年（1820）七月二十四日，至承
德避暑山庄，即"圣躬不豫"[2]，翌日，崩于烟波致爽殿。从此，
康熙帝经始的木兰行围，实际上告以结束。道光帝承袭嘉庆帝位

---

〔1〕《钦定热河志》卷二五，第 10 页。
〔2〕《清仁宗实录》卷二七四，嘉庆二十五年七月乙卯，中华书局，1986 年。

后，30 年间未到过木兰围场及避暑山庄。他谕称：

> 我朝木兰秋狝，原以习劳肄武，嘉惠蒙古。朕临御以来，尚未举行。敬念成规，未尝一日敢忘，即我后世子孙，亦当敬谨率由，遵守勿替。惟热河为驻跸之所，一切殿宇房间，规模宏敞，阅年既久，修理不易。前经降旨，传谕该总管等，查明宽大处所，将应行收贮各件，妥为归并。此项房间，毋庸修理。因思异日即举行旧典，驻跸热河，信宿经临，房间座落，亦无需如许之多。其陈设物件，看管兵丁及各庙喇嘛等栖止之所，均应通盘筹画，以归简易。[1]

上述谕旨可见，道光帝一方面口称"敬念成规，未尝一日敢忘"，另一方面则命收贮物件，勿修房间。其后咸丰帝在避暑山庄住居近一年，亦未往木兰行围。同治元年（1862），热河都统瑞麟以"秋狝礼废，请开围荒"，获旨允行。

诚然，木兰围场的兴废同大清王朝的兴衰，虽无必然的联系，但有密切的关系。清朝兴衰的原因固多，但就木兰围场与大清王朝之兴衰关系而言，其兴是清朝强盛的标志，其废则是清朝衰落的表征。这在木兰围场诸多功能的分析中，可以得到有力的证明。

三

康熙皇帝行猎木兰围场，在历史上有着正面的作用。木兰

---

〔1〕《清宣宗实录》卷三〇四，道光十七年十二月己未，中华书局，1986 年。

围场是一个巨大的载体，其诸种功能，交错纷呈。

避暑休憩是木兰围场的第一个功能。清康熙帝开辟木兰围场，兴建避暑山庄，避暑休憩为其首先旨趣，亦为木兰围场之首要功能。清初有作为之君主，不同于明代淫靡之帝王，他们不是靠青楼与仙丹去怡神、去健身，而是寓围猎与弓马以怡神、以健身。康熙帝为承德行宫题匾"避暑山庄"，此点出其兴建避暑山庄与设置木兰围场之真谛。康熙帝《喜岭外水土》诗可为证，诗云："霜凝肥草净无尘，处处泉源漾碧津。食少事多宵旰老，暂偷闲暇养吾身。"[1]乾隆帝径直书云："圣祖仁皇帝以热河为清暑之所。"[2]年老体衰，鬓发如丝，更需避暑，怡养精神，诗云："胜地清凉适，衰年水土宜。非因耽逸豫，实借憩神思。"[3]于此，康熙帝《穹览寺碑文》曰：

> 朕避暑出塞，因土肥水甘，泉清峰秀，故驻跸于此。未尝不饮食倍加，精神爽健，所以鸠工此地，建离宫数十间，茆茨土阶，不彩不画，但取其容坐避暑之计也。[4]

这种"三庚无暑，六月生风，地脉宜谷，气清少病"的佳境胜地，确具避暑休憩之功能。

围猎习武是木兰围场的第二个功能。清康熙帝开辟木兰围场，较猎行围，频岁举行。在木兰围猎之准备、行猎、宴赏过程中，训练八旗官兵长途跋涉、吃苦耐劳、娴习弓马、严守纪

---

[1] 玄烨《喜岭外水土》诗，《钦定热河志》卷二，第7页。

[2] 《钦定热河志》卷一，第1页。

[3] 弘历《六十一年秋出哨》诗，《钦定热河志》卷四五，第8页。

[4] 玄烨《穹览寺碑文》，《钦定热河志》卷八〇，第34页。

律的素质，培养八旗官兵行军野战、摧锋挫锐、协同配合、攻击取胜的能力。经过严格训练的八旗军，在雅克萨、乌兰布通与昭莫多等役中，长途远击，克敌制胜。于此，康熙帝长谕曰：

> 从前曾有以朕每年出口行围，劳苦军士条奏者。不知国家承平虽久，岂可遂忘武备。前噶尔丹攻破喀尔喀，并侵扰我内地扎萨克至乌兰布通。朕亲统大兵征讨。噶尔丹败走，后又侵犯克鲁伦。朕统兵三路并进，至昭莫多剿灭之。今策妄阿喇布坦，无端侵犯哈密地方。朕征发阿尔泰及巴尔库尔，两路兵进剿。策妄阿喇布坦闻之心胆俱碎，乃遣策零敦多卜等，潜往西藏劫掠，毁坏寺庙，土伯特地方，已被残蠹。朕又遣大兵前往，击败策零敦多卜等，复取西藏，救土伯特于水火之中。我兵直抵西藏，立功绝域。此皆因朕平时不忘武备，勤于训练之所致也。若听信从前条奏之言，惮于劳苦，不加训练，又何能远至万里之外，而灭贼立功乎！[1]

清军的训肄，《清史稿·兵志十》专志训练，诸如月习步射、骑射，春、秋二季摆甲步射、骑射与分操、合操，以及卢沟桥演炮、大阅之典等。但是，木兰秋狝是皇帝亲自统率的隆重习武之典。乾隆帝谕明秋狝与习武的关系，曰：

> 古者春蒐、夏苗、秋狝、冬狩，皆因田猎以讲武事。我朝武备，超越前代。当皇祖时，屡次出师，所向无敌，

---

[1]《清圣祖实录》卷二九九，康熙六十一年九月乙酉。

皆由平日训肄娴熟，是以有勇知方，人思敌忾。若平时将
狩猎之事，废而不讲，则满洲兵弁，习于晏安，骑射渐致
生疏矣。皇祖每年出口行围，于军伍最为有益，而纪纲整
饬，政事悉举，原与在京无异。至巡行口外，按历蒙古诸
藩，加之恩意，因以寓怀远之略，所关甚巨。[1]

清军围猎时，登山、涉水，入林、履草，栉风、沐雨，分
进、合围，令行、禁止，因而将士临战能风餐露宿，履冰历沙，
赴机劳苦，人思自效。清朝前期的赫赫武功，同平素习武、木
兰秋狝有着不可分割的关系。

绥柔蒙古是木兰围场的第三个功能。康熙帝在《溥仁寺碑
文》中称："蒙古部落，三皇不治，五帝不服。"蒙古为困扰有
明一代的北部边患。木兰围场的选址，同绥柔蒙古攸关。康熙
帝曰："念热河之地，为中外之交。朕驻跸清暑，岁以为常。而
诸蕃来觐，瞻礼亦便。"[2]康熙帝"岁幸木兰行围，诸蒙古部
落，云集景从"[3]。许多未出痘而不便到京朝觐的蒙古各部王公
等，则编入"围班"，轮流到木兰围场陪同打猎。木兰围场与避
暑山庄，成了塞外诸族聚会之所。康熙帝又在木兰围场西 90 里
之多伦诺尔，召集内蒙古四十九旗、喀尔喀三部诸王公贵族，
举行盛大的多伦会盟，密切清廷同蒙古的关系。康熙帝通过巡
察、随围、接见、封赏、塞宴、赈济、重教、盟会等多种形式，
联络感情，密切关系，从而巩固边防。《清朝文献通考》载述：

---

〔1〕《清高宗实录》卷一三六，乾隆六年二月癸卯，中华书局，1986 年。
〔2〕 玄烨《溥仁寺碑文》，《外八庙碑文注释》，紫禁城出版社，1985 年，
　　　第 1 页。
〔3〕 弘历《虎神枪记》，《钦定热河志》卷四六，第 3 页。

蒙古诸部，献其牧地，以为至尊肄武合围之所。秋时大狝，各王扈从射猎，奔走恐后，畏威怀德，悉主悉臣。盖于讲武示度之中，寓柔远绥远之略。[1]

魏源称："本朝抚绥蒙古之典，以木兰秋狝为最盛。"其时，"岁举蒐狩，车攻马同，以师兵为营卫。凡内外各札萨克，悉率左右，分班扈猎，星罗景从，霆驱雨合。而天子亲御王弧，止齐步伐，三驱田禽，寓绥远于训武"[2]。康熙帝绥柔蒙古，取得成效。高士奇《赐宴喀喇沁诸部落恭纪》诗云：

> 黄幄高张羽卫陈，退方述职尽称臣。
> 金螺酒醴颁三爵，宝碗茶膏遍一巡。
> 问俗远同虞出狩，要盟欲笑汉和亲。
> 长城有险休重设，至治从来守四邻。[3]

康熙帝在上引《溥仁寺碑文》中称，昔时三皇五帝不治不服之蒙古部落，"今已中外无别矣"！此语虽不乏夸张之意，却道出木兰秋狝于绥柔蒙古之重大作用。

行政运作是木兰围场的第四个功能。康熙帝在口外避暑行围期间，经其旨定之内阁大学士及部院大臣等，亦随同前往，处理政务。其留京王公大臣，日诣文华门办事，恭请合符，轮流值宿。非值班者，卯刻而入，申初散去；值宿班者，次晨交

---

[1] 《清朝文献通考》卷一三九，江苏古籍出版社影印本，1988年，第6059页。
[2] 魏源《圣武记》卷三，中华书局点校本，1984年，第100页。
[3] 高士奇《赐宴喀喇沁诸部落恭纪》，《钦定热河志》卷一〇九，第6页。

59

替，合符后出。其行营之制，中为黄幔宫城，外加网城；外为内城，设连帐七十五座，设旌门三，每门树二纛；次为外城，设连帐二百五十四座，置旌门四，每门亦树二纛。各门列旗分值，外周设卫警跸[1]。外城东旁设内阁、六部、都察院、提督等衙门官帐。皇帝罢围后，住行营黄幔城御政。其"行围所有奏章，皆俟上还营后，披览发出，毫无遗滞。……实非汉、唐诸君，较猎于上林、骊山，惟知驰骋田猎之为娱者，所可比拟于万一也"[2]。清帝木兰行围，行政运作如常。承德"去京师至近，章奏早发夕至，综理万机，与宫中无异"[3]。北京与承德间行政运作，后乾隆帝加以规定：各部院题本，每三天一次，由驿递送热河；其各地重要奏折：

> 外省督、抚、提、镇等奏折，着赍折人前赴行在投递。惟进哨以后，仍照例交留京办事处，加封转交内阁，随本呈送。候朕批示发回，仍于留京办事处，交付赍折人祗领。[4]

所以，后来嘉庆帝在《木兰记》中曰："每岁秋狝，不逾三旬，驻营莅政，接见臣工，一如宫中，不致稍旷庶事。"他秉承其曾祖康熙帝之家法，行围御政。康熙二十七年（1688）八月，康熙帝在木兰围场的巴隆桑吉斯台地方，得报噶尔丹大举进犯喀尔喀三部，即急令"见随八旗骁骑兵丁及下五旗护军前

---

[1] 吴振棫《养吉斋丛录》卷一六，第 173 页。
[2] 昭梿《啸亭杂录》卷七，中华书局点校本，1980 年，第 221 页。
[3] 张廷玉《御制恭注避暑山庄三十六景诗恭跋》，《钦定热河志》卷一〇八，第 11 页。
[4] 《清高宗实录》卷八八六，乾隆三十六年六月壬午。

锋，以其半往驻张家口外形势之地，以听调遣；两苏尼特、四子部落、三旗，派兵二千……"〔1〕进行军事部署，即为一例。康熙帝在木兰围场批准中俄《尼布楚条约》〔2〕，又为一例。康熙帝许多重大决策，是在木兰围场崖口行营中做出的。

皇子教育是木兰围场的第五个功能。木兰围场是康熙帝教育子孙、贵胄的课堂。他往返木兰围场行程中，兼以省方问俗、视察民瘼：

> 自出宫以来，观览禾稼，一束不登，人民无不愁困者。朕自春至今，缘兹旱灾，无日不殷忧轸念，而口外尤为可虑。出口阅视，更不堪寓目。方今比户，即以山核桃作粥而食，若时届冬春，何以存活？且闻诸蒙古，所在亦然。〔3〕

康熙帝以巡察之民情，教育诸子孙。后乾隆帝赋诗《示七弟及诸皇子》云：

> 祖制不可忘，勉继在后人。
> 汝观此稼穑，勤哉劳万民。
> 汝观彼部落，何以来相亲。
> 乘马汝安逸，仆役殊苦辛。
> 深宫汝丰裕，蔀屋多窭贫。

---

〔1〕《清圣祖实录》卷一三六，康熙二十七年八月丁卯。

〔2〕约瑟夫·塞比斯《耶稣会士徐日昇关于中俄尼布楚谈判的日记》，商务印书馆，1973 年，第 213 页。

〔3〕《康熙起居注册》康熙二十八年八月十四日（丁丑），中国第一历史档案馆藏。

见猎可悟学，射鹿应怀仁。

絜矩汝其覆，大旨斯略陈。[1]

乾隆帝上诗，道出教育皇家子弟之深旨大义。满洲皇权，世代相传，为求万世，至重教育。在行程、围猎中，诸皇子孙，经雨猎、雪猎，射熊、射虎，受到勇敢、机智、和谐的教育，得到体能、骑射、群体的训练。他引述《清太宗实录》训诫道："朕行围回京之后，恭读《太宗皇帝实录》，内载：昔太祖时，我等闻明日出猎，即豫为调鹰蹴毬。若不令往，泣请随行。今之子弟，惟务出外游行，闲居戏乐"[2]云云。康熙帝通过木兰行围教育子孙，乾隆帝是成功之例。乾隆帝幼龄侍随康熙帝秋狝，登极后循此家法，坚持不渝，曰：

予年十二，侍皇祖行围。维时询之御前诸臣，知皇祖围中弗乘骑者已数年矣。今秋连举十二围，马上命中，不减昔时。仰邀天眷，更加优厚，后岁即不欲乘骑。然秋狝令典，我朝家法所贻，予未致政以前，不敢自逸。届时仍拟率皇子及孙、曾、元等进木兰，令皇子等行围。予于看城临观，或坐而引弓射兽，仿效前规，是亦伊古所无之盛事。[3]

康熙帝以木兰围场作为课堂，在围猎的动态之中，对天潢贵胄进行教育与训练，确是一种既切实可行又行之有效的方法，

---

[1] 弘历《示七弟及诸皇子》，《钦定热河志》卷三，第1页。

[2] 《清高宗实录》卷一五一，乾隆六年九月庚寅。

[3] 《石渠宝笈续篇》第5本，内府本。

也是皇家教育的可贵经验。

文化交融是木兰围场的第六个功能。行围木兰，蒙古进宴。塞宴时，蒙古王公献绰尔齐者（胡笳奏曲人）和什榜者（作乐人），奏乐唱歌，以伴酒食。并依次表演诈马（赛马）、什榜（奏乐）、相扑（摔跤）和教驼（套马）四项具有蒙古草原文化特色的娱乐活动：

诈马——"进宴时，择名马数百，列二十里外，结束鬃尾，去羁鞯，驰用幼童，皆取其轻捷致远。以枪声为节，递施传响，则众骑齐骋，骉骀山谷，腾跃争先，不逾晷刻而达。抡其先至者三十六骑，优赍有差"[1]。

什榜——"蒙古乐名，用以侑食。今俗所谓十番，或因此。杨万里诗有'全番长笛横腰鼓，一曲春风出塞声'之句。盖乐曲各番，本塞外语，而传讹耳。其器则笛、管、筝、瑟、弦、阮、火不思之类。将进酒辄于筵前鞠奏之，鼓喉而歌，酥罗赴节"[2]。

相扑——"相扑之戏，蒙古所最重。筵宴时必陈之。国朝亦以是练习健士，谓之布库，蒙古语谓之布克。脱帽短褚，两两相角以搏，踔仆地决胜负。胜者，劳以卮酒"[3]。

教驼——"教驼攻驹，《周礼》虽载，然后世仅知攻驹，而不能教驼，蒙古则熟习其法，谓之骑额尔敏达。骣马三岁以上曰达，骣额尔敏则未施鞍勒者也。每岁札萨克于所部，驱生马多群至宴所，散逸原野。诸王公子弟雄杰者，执长竿驰絷之，加以羁鞯。始则怒骋趯，或狘突人立，嘶啮雷殷。驭者腾越而

〔1〕 弘历《塞宴四事·诈马·序》,《钦定热河志》卷四八，第21页。
〔2〕 弘历《塞外四事·什榜·序》,《钦定热河志》卷四八，第22页。
〔3〕 弘历《塞外四事·相扑·序》,《钦定热河志》卷四八，第23页。

上，控掣自如。须臾调良，率得名马"[1]。

塞宴之后，"有时上引诸文士，赓唱终夕，以示暇焉"[2]。唱和、相扑、马技、蒙乐，充分显示了满洲、蒙古和汉族的文化交流。而皇帝行围，著文赋诗，篇什蔚为大观，《热河志·艺文志》收录其中部分，成为狩猎文化的鸿篇巨什。随着木兰秋狝与山庄驻跸，热河地区兴文庙、建学宫，文教日昌，礼乐日兴。乾隆帝谕称：

> 热河地方，朕每岁木兰秋狝，先期驻跸。数十年来，户口日增，民生富庶，且农耕蕃殖，市肆殷阗，其秀民蒸蒸向化，弦诵相闻。现已兴建学宫，议定庠额，并命设立考棚。将来人文日盛，已俨然成一大都会。[3]

兴建文津阁，纂修《热河志》，都是塞外亘古未有之盛举。而在避暑山庄之外，修建诸多庙宇；在避暑山庄之内，兴筑康熙三十六景和乾隆三十六景。木兰围场与避暑山庄，展现出满、汉、蒙、藏、维等族五色文化光环，成为中华五千年历史上的一大文化奇观。

开发塞北是木兰围场的第七个功能。木兰行围与山庄驻跸，促成了塞上地区的经济开发。在设置木兰围场与避暑山庄之前，其情状是："夫山庄居塞外，伊古荒略之地。"[4]自设置木兰围场与避暑山庄之后，首先是土地开发：

---

[1] 弘历《塞外四事·教·序》，《钦定热河志》卷四八，第 24 页。

[2] 昭梿《啸亭杂录》卷七，中华书局点校本，1980 年，第 221 页。

[3] 《清高宗实录》卷一〇四八，乾隆四十三年正月乙亥。

[4] 弘历《文津阁记》，《钦定热河志》卷四一，第 3 页。

沿边旷地多，弃置良非策。

年来设屯聚，教以分阡陌。

春夏耕耨勤，秋冬有蓄积。

霜浓早收黍，暄迟晚刈麦。[1]

开垦荒地，种植水稻。康熙帝将在西苑丰泽园亲手培植的"早御稻"，移植到避暑山庄。这种"早御稻"——"米色微红，较长，味甘香，六月早熟。本丰泽园种，移艺山庄。四十余年以来，内膳所进皆此米也。"[2]又移种"乌喇白粟"，《康熙几暇格物编》载：

> 七年前，乌喇地方树孔中，忽生白粟一科，土人以其子播获，生生不已，遂盈亩顷。味既甘美，性复柔和。有以此粟来献者。朕命布植于山庄之内，茎干叶穗较他种倍大，熟亦先时。作为糕饵，洁白如糯稻，而细腻香滑殆过之。[3]

山庄苑内不仅种稻、粟，还种麦、黍，并种果树，如草荔支。草荔支"丛生朱颗，味甘且芳。似普盘而无子，普盘亦内地所无，而塞外恒有此，惟兴安及乌喇乃有之。皇祖时命移植山庄，锡名草荔支。当秋而实，闽贡适至，蠲渴生津，难拟伯仲也"[4]。在《康熙几暇格物编》中，康熙帝对普盘、樱额、倒吊果、花红以及落叶松、枫树等做了载述与研究。他还对粮之

---

〔1〕 玄烨《口外设屯耕植聚落渐成》，《钦定热河志》卷九二，第11页。

〔2〕 《钦定热河志》卷九二，第1页。

〔3〕 《钦定热河志》卷九二，第3页。

〔4〕 弘历《草荔支诗·序》，《钦定热河志》卷九三，第1页。

属的稻、麦、豆、荞麦、玉蜀黍、蚕豆，药之属的薏苡、脂麻，蔬之属的菘、蕨、山葱、山韭、山蒜、萝卜，瓜之属的西瓜、甜瓜、菜瓜、南瓜、寒瓜等皆入诗。此外，还有开矿。先是平泉州有铅矿，封山禁开。康熙五十一年（1712），"许内地民人及蒙古开采"[1]。

以木兰围场和避暑山庄这两个地区为中心，并及塞外驿站沿线地带，土地增辟，户口增加，作坊栉比，商贾连楹，史称：人民殷义，物产充盈，间阎栉比，原隰沃衍。以两间房行宫地域为例：

> 自昔以两间房得名者，今且成聚成都，农鄽布列，烟火相望，鸡犬之声相闻矣！[2]

从上述两间房的变化，可窥塞外经济与文化开发之一斑。而木兰围场与避暑山庄之开发，则更不待言。

康熙皇帝经始的木兰围场，实际运作了康、乾、嘉三朝，凡126年，正值清代鼎盛之期。木兰围场的设置与围猎，避暑山庄的兴建与消夏，民众付出巨大的代价，历史负荷沉重的包袱。然而，它留下的文化遗产，永放光彩；它铸下的历史经验，永著史册。木兰围场兴而清朝盛，木兰围场废而清朝衰，其因其果，启迪思索。

（原载《故宫博物院院刊》1994 年第 2 期）

---

[1]《钦定热河志》卷九六，第 16 页。

[2]《钦定热河志》卷四四，第 25 页。

康熙大帝与避暑山庄

康熙大帝在位六十一年，对中华历史、对世界文明，做出贡献，兹举其要，下列十项，以见一斑：一是削平三藩，巩固中原一统；二是统一台湾，实现海峡两岸金瓯完整；三是取得雅克萨自卫反击战胜利，签订中俄《尼布楚条约》；四是挫败噶尔丹骚乱，加强对西疆的管辖；五是多伦会盟，绥服喀尔喀蒙古；六是两次派兵入藏，在西藏地区施政；七是治理黄河，取得明显效果；八是编纂图书，纂辑《古今图书集成》《皇舆全览图》《律历渊源》和《全唐诗》等；九是学习西方科技，促进东西方文化交流；十是兴建避暑山庄、木兰围场（已有专述）[1]。其中避暑山庄是康熙帝的园林艺术杰作。今年（2003）是避暑山庄建成 300 周年，草撰此文，以作纪念。

一

避暑山庄的兴建，有历史传统与民族文化的背景。

北京在清朝定都之前，先后有蓟、燕、前燕、大燕、刘燕、

---

〔1〕　阎崇年《康熙皇帝与木兰围场》,《故宫博物院院刊》1994 年第 2 期。

辽、金、元、明、大顺十个政权在北京建都，其中有的是方国都城，如先秦的蓟和燕；有的是割据政权的都城，如慕容儁的前燕、安禄山的大燕、刘守光的刘燕；有的是半壁山河的政权都城，如辽朝和金朝[1]；也有的是全国政权的都城，如元朝和明朝。蓟、燕、前燕、大燕、刘燕的皇家苑囿，均不足论。北京正式成为皇都是从辽代开始的，从此皇家园林兴建进入新的时期。

辽朝设立五京，燕京为其一。《辽史·地理志》记载辽所设之五京：上京临潢府、东京辽阳府、中京大定府、南京析津府（又称燕京）、西京大同府。辽朝除实行五京制之外，还实行四时捺钵制。《辽史·营卫志》记载："辽国尽有大漠，浸包长城之境，因宜为治。秋冬违寒，春夏避暑，随水草就畋渔，岁以为常。四时各有行在之所，谓之捺钵。"[2]"捺钵"为契丹语音译，汉译意为"住坐处""行在""行宫"[3]。所以，辽帝在燕京兴建行宫，又在京郊兴建延芳淀苑囿。延芳淀在燕京东南90里的潞阴镇（今通州地区），其规模很大，包括今北京、天津、河北三地交界区域。每年春季，辽帝率队，前往弋猎。《辽史·地理志》记载：

> 延芳淀方数百里，春时鹅鹜所聚，夏秋多菱芡。国主春猎，卫士皆衣墨绿，各持连锤、鹰食、刺鹅锥，列水次，相去五七步。上风击鼓，惊鹅稍离水面。国主亲放海东青

---

〔1〕 阎崇年《北京"十二为都"诹议》，《燕史集》，北京燕山出版社，1997年。

〔2〕 《辽史》卷三二《营卫志》，中华书局点校本，1974年，第373页。

〔3〕 陈述《契丹社会经济史稿》，生活·读书·新知三联书店，1963年，第203页。

鹘擒之。鹅坠，恐鹘力不胜，在列者以佩锥刺鹅，急取其脑饲鹘。得头鹅者，例赏银绢。国主、皇族、群臣，各有分地，户五千。[1]

金朝正式定都燕京。在燕京大建皇家苑囿，但其规模不如辽朝的延芳淀。

蒙古灭亡金朝和南宋之后，建立元朝。元在上都，建有苑囿："内有泉渠川流，草原甚多，亦见有种种野兽，惟无猛兽，是盖君主用以供给笼中海青、鹰隼之食者也。海青之数，二百有余，鹰隼之数，尚未计焉。"[2]忽必烈定都大都后，在南郊兴建飞放泊即南海子，又称南苑。南苑不断变化，《日下旧闻考》引述《明一统志》记载："南海子在京城南二十里，旧为下马飞放泊，内有按鹰台。永乐十二年增广其地，周围一万八千六百六十丈。中有海子三，以禁城北有海子，故别名南海子。"[3]前文的"下马"，意思是很近；"飞放泊"是苑囿的名称，因禁城北有海子即今积水潭，故别称其为南海子，又称为南苑；周围长度，据清朝实测，南海子周围19280丈。《元史·兵志》记载元朝的定制："冬春之交，天子或亲幸近郊，纵鹰隼搏击，以为游豫之度，为之飞放。"[4]清人记载："城南二十里有囿曰南海子，一百六十里，中有殿，殿旁晾鹰台，台临三海子筑七十二桥以渡，元之旧也。"[5]《养吉斋丛录》记述

〔1〕《辽史》卷四〇《地理志》，第496页。
〔2〕冯承钧译《马可·波罗行纪》，商务印书馆，1936年，第277页。
〔3〕《日下旧闻考》卷七五，北京古籍出版社，1985年，第1264页。
〔4〕《元史》卷一〇一《兵志》，中华书局点校本，1976年，第2599页。
〔5〕《日下旧闻考》卷七五，第1266页。

南苑"旧称一百六十里，实止一百二十里"。南海子周围有鹰户，内养獐、鹿、雉、兔，以供皇帝弋猎。

元亡明兴，明朝皇帝为农耕文化，重文轻武，不尚畋猎。南海子除明初永乐帝岁时蒐猎、正德帝偶尔临幸外，闲多用少，几近荒芜。

清朝太祖努尔哈赤习尚牧猎，但不同于辽、金、元三代皇帝，契丹辽主、女真金主和蒙古元主喜欢弋猎，而满洲主崇尚射猎。前者主要是纵鹰捕猎，后者则主要是骑马射猎。因此，清朝需要的苑囿，其范围更广、规模更大、丛林更阔、野兽更多。

满洲的先民建州女真，喜好围猎，崇尚骑射。八旗组织的形成，源自部民的狩猎。《满洲实录》记载八旗制度的起源道："前此，凡遇行师出猎，不论人之多寡，照依族寨而行。满洲人出猎开围之际，各出箭一枝，十人中立一总领，属九人而行，各照方向，不许错乱。"[1]满洲的这种民族习俗，太祖努尔哈赤、太宗皇太极、世祖福临、摄政睿亲王多尔衮、圣祖玄烨、高宗弘历等，世代传承，相沿不衰。

努尔哈赤的射猎，《清太祖高皇帝实录》记载："上出猎，驻跸牧奇。"[2]又记载"上出猎，时雪初霁"云云[3]。努尔哈赤几次迁都，都将"易于射猎"作为条件之一。沈阳具备射猎条件是其迁都的一条重要原因："时而出猎，山近兽多。"[4]努尔

---

[1]《满洲实录》卷三，辽宁通志馆影印本，第3—4页。

[2]《清太祖高皇帝实录》卷四，乙卯年（万历四十三年）十月丁未，中华书局影印本，1986年，第18页。

[3]《清太祖高皇帝实录》卷四，乙卯年（万历四十三年）十一月癸酉，第18页。

[4]《满洲实录》卷八，中华书局影印本，1986年，第8页。

哈赤郊迎出征东海瓦尔喀部凯旋，边迎边猎，凡四日，"以所猎兽百余，所携酒二百瓮，饷从征士卒，并及降附户口"[1]。天命十年（1625）努尔哈赤率军援科尔沁奥巴，"因先经射猎，马羸甚"[2]，别选精骑而往，取得胜利。此期，赫图阿拉、辽阳、沈阳城外，有大片的天然猎场，不需另建大汗狩猎围场。

皇太极的射猎，《清太宗实录》记载，在天聪年间，皇太极每年都有大的出猎活动。天聪元年（1627）十月，皇太极率诸贝勒大臣猎于沈阳东郊 300 里外，历时十五日。天聪二年（1628）十二月，又率贝勒大臣猎于沈阳东北 400 里外，历时十三日，"上亲殪五虎"[3]。天聪三年（1629）十二月，皇太极在北京之战的间隙，在京南良乡、海子地带"且猎且行"[4]。天聪四年（1630）五月和十一月，两次大规模出猎，大贝勒代善、莽古尔泰都坠马受伤。天聪五年（1631）四五月间，皇太极再次出猎，"上行猎于郊外"。天聪六年（1632）五月、九月、十月、十二月，皇太极率诸贝勒大臣先后四次出猎，东到抚顺，西到叶赫，北到开原，南达归化界外。皇太极留下"一矢贯二黄羊"、共"射羊五十八"只的记载[5]。天聪七年（1633）、八年（1634）都有皇太极率诸贝勒大臣出猎的记载。天聪九年（1635）十一至十二月间的一次出猎，历时十七日，

〔1〕《清太祖高皇帝实录》卷九，天命九年四月己卯，第 11 页。

〔2〕《满洲实录》卷八，第 35 页。

〔3〕《清太宗实录》卷四，天聪二年十二月戊子，中华书局影印本，1985 年，第 18 页。

〔4〕《清太宗实录》卷五，天聪三年十二月辛亥，第 11 页。

〔5〕《清太宗实录》卷一二，天聪六年五月丙辰，第 24 页。

"是猎也，上射殪虎四，鹿狍、野豕共一百二十有八"[1]。在崇德年间，皇太极的出猎活动连年不断，但在崇德八年（1643）即他去世之年，因健康状况欠佳，而没有大规模地出猎。其中崇德二年（1637）春季"出猎凡二十六日"[2]；冬季"行猎凡二十三日"，猎获"殪虎四，射野猪、鹿、狍、黄羊一百五十有九"[3]。

射猎被视作清朝的国家根本之策。为此，皇太极告谕诸王贝勒大臣曰：

> 我国家以骑射为业，今若不时亲弓矢，惟耽宴乐，则田猎行阵之事，必致疏旷，武备何由而得习乎！盖射猎者，演武之法；服制者，立国之经。朕欲尔等，时时不忘骑射，勤练士卒。凡出师田猎，许服便服，其余俱令遵照国初之制，仍服朝衣。且谆谆训谕者，非为目前起见也。及朕之身，岂有习于汉俗之理？正欲尔等识之于心，转相告诫，使后世子孙遵守，毋变弃祖宗之制耳！和硕睿亲王多尔衮等皆跪奏曰："皇上谆谆诚谕，臣等更复何言？惟铭刻在心，竭力奉行而已。"[4]

但是，好逸恶劳，耽于安乐，在皇太极时期已经显现端倪。皇太极说：

> 昔太祖时，我等闻明日出猎，即豫为调鹰蹴球，若不

---

〔1〕《清太宗实录》卷二六，天聪九年十二月己卯，第2页。

〔2〕《清太宗实录》卷三五，崇德二年五月戊辰，第8页。

〔3〕《清太宗实录》卷三九，崇德二年十二月癸丑，第29页。

〔4〕《清太宗实录》卷三五，崇德二年四月丁酉，第26页。

令往，泣请随行。今之子弟，惟务出外游行，闲居戏乐。在昔时，无论长幼，争相奋励，皆以行兵出猎为喜。尔时仆从甚少，人各牧马披鞍，析薪自爨。如此艰辛，尚各为主效力。国势之隆，非由此劳瘁而致乎！今子弟遇行兵出猎，或言妻子有疾，或以家事为辞者多矣。不思勇往奋发，而惟耽恋室家，偷安习玩，国势能无衰乎！诸王大臣奏曰："诚如圣谕，臣等谨识弗忘。"[1]

游猎是辛苦的，也是危险的。如崇德四年（1639）十一月辛巳（二十八日），皇太极、代善等到英格布占地方狩猎。和硕礼亲王代善"射獐，马仆，伤足"。皇太极看见后，骑马驰至代善前，下马，亲为裹创，酌金卮，劝代善饮毕，叹曰："此番畋猎，原欲巡省，非为从兽习射也。朕以兄年高，不可驰马，曾屡劝之。兄奈何不自爱耶？"因泣下，遂驻营其地，罢猎。[2]

狩猎的一个重要目的，是获得经济利益。一次，皇太极行猎至开库尔地方，因身体违和，遂驻跸其地。于是诸王、大臣等，奏请停止行猎，车驾回宫，息劳静摄。皇太极曰："朕躬偶尔违和，岂可使如许从猎军士，一无所获，而遂空返耶？尔诸王、贝子、大臣等率之行猎可也。"[3]

以上清太祖、太宗的出猎活动，其目的在于猎获、习武、健身、娱悦。在清入关之前，围猎所获，是其皮毛、肉食需求

---

〔1〕《清太宗实录》卷三〇，崇德元年七月丁卯，第12页。
〔2〕《清太宗实录》卷四九，崇德四年十一月辛巳，第9页。
〔3〕《清太宗实录》卷六三，崇德七年十二月丁丑，第28页。

的一个重要来源。满洲崇尚骑射，通过围猎进行军事演习，培养官兵的勇敢精神、协作能力，增强体能，训练纪律。至于健身和娱悦，列举两例。其一，皇太极关雎宫宸妃海兰珠病逝后，"追悼不已"，诸王、贝勒等"奏请出猎，以慰睿怀"。皇太极允之。其二，皇太极追念宸妃，过于伤悼，"圣怀不怿"。诸王、贝勒、大臣奏言："皇上深居九重，不若出猎，以阅武畅怀。"[1]皇太极应允所请，率领后妃、亲王、贝勒等到叶赫地方出猎。

福临继位后，承袭家风祖制，传承骑射文化。先是，福临在崇德七年（1642），年刚五岁，就随皇父出猎。《清太宗实录》记载："时皇九子甫五岁，射中一狍，众皆称异。"[2]这条史料可能张饰，但说明福临从小受到骑射文化的熏陶。福临到北京之后，据《清史稿·世祖纪》载，顺治亲政前没有"幸南苑"的记录；亲政后的十年间，先后"幸南苑"共23次。顺治十三年（1656），皇弟襄亲王博穆博果尔死，册董鄂氏为皇贵妃，是年"幸南苑"5次。十七年（1660）皇贵妃董鄂氏死，此年没有"幸南苑"的记录。顺治在京外的出猎与阅武，其亲政前只有1次；亲政后共有4次：一次是顺治八年（1651），到故元上都；第二次是同年"上猎于近郊"；第三次是十六年（1659）"上猎于近畿"，到昌平、汤泉、三屯营，并为自己选定墓穴；第四次是十七年（1660），皇贵妃董鄂氏七月病死，顺治心情很坏，十月"幸近郊"，散散心。以上4次记载，真正出猎，只有2次。清朝在南苑举行的大阅

〔1〕《清太宗实录》卷五八，崇德六年十一月乙酉，第16页。
〔2〕《清太宗实录》卷六三，崇德七年十二月丁丑，第28页。

之典，"世祖二次、圣祖十二次、世宗二次、高宗四次、宣宗
□次"[1]。

清初太祖、太宗、世祖三朝，努尔哈赤与皇太极时期，矢
镞风发，战火不断，既无苑囿，也无猎场。他们充分利用大自
然的条件，纵马驰驱，任意出猎。福临虽深居九重，中原尚未
一统，财政颇为拮据，只有利用先朝南苑，没有兴建大的苑囿。
其间，睿亲王虽主建避暑城，未竣身死，被列罪名。所以，清
朝兴建皇家苑囿，到康熙时才得以实现。

二

康熙帝冲龄继承皇位，大权掌握在四辅政大臣手中。康熙
帝亲政后，先后平定"三藩之乱"、统一台湾、取得雅克萨保卫
战胜利并签订《尼布楚条约》、平定噶尔丹的叛乱、绥服喀尔喀
蒙古，清朝江山，空前一统。康熙四十二年（1703），康熙大帝
到热河下营，开始兴建热河行宫。康熙五十年（1711），热河行
宫初步建成，改名为"避暑山庄"。

避暑山庄有八项功能——避暑、行政、游幸、巡狩、射猎、
防疫、宗教、绥蒙。

第一，避暑。避暑山庄主要功能之一是避暑。清太祖努尔哈
赤、太宗皇太极都是女真人的后裔。女真-满洲的骑射文化，给
满洲皇帝以深刻的影响，满洲皇室祖居辽东建州赫图阿拉，冬季
不甚严寒，夏季不甚炎热。满洲皇帝世祖福临虽然入关定居北
京，圣祖玄烨又出生在北京，但骑射文化的影响，仍然根深蒂

---

[1] 吴振棫《养吉斋丛录》卷一六，中华书局标点本，2005年，第178页。

固。他们定居北京，难以忍受燕京盛夏之酷暑。明帝与清帝不同，朱棣由金陵就国北平，脱出金陵火炉之地，入于燕京清凉之境。多尔衮与朱棣相反，由盛京迁居燕京，尤其难耐燕京之溽暑。早在睿亲王多尔衮摄政时，因受不了北京的夏季炎热气候，而在今承德市西 40 里处，兴建喀喇城避暑。康熙《穹览寺碑文》载："喀喇河屯者，蒙古名也，译之即乌城也。"喀喇城，时称喀喇河屯，为蒙古语译音，"喀喇"汉意译为乌或黑，"河屯"汉意译为城。多尔衮兴建喀喇城缘由：京城"春、秋、冬三季，犹可居止。至于夏月，溽暑难堪。但念京城乃历代都会之地，营建匪易，不可迁移。稽之辽、金、元，曾于边外上都等城，为夏日避暑之地。予思若仿前代造建大城，恐糜费钱粮，重累百姓。今拟止建小城一座，以便往来避暑"[1]。这话说得直白无隐。康熙帝御制《避暑山庄记》，并以御书"避暑山庄"四个大字，命名热河行宫，榜额丽正之门。他因京中暑天炎热，而到塞外沐浴清风。其诗序云："每时届炎暑，即赴口外，掖撵视膳，朝夕温清。"[2]他在《溥仁寺碑文》中说："朕驻跸清暑，岁以为常。"[3]康熙帝劳累的躯体，到塞外得到休息。他在《穹览寺碑文》中说："因其地土肥水甘，故驻跸于此，未尝不饮食倍加，精神爽健。"后乾隆帝亦诗云："宫居未园居，炎热弗可当；图兹境清凉，结宇颇幽邃。"这也说的是园居清凉，以避盛暑之意。清人也认为其为避暑之所："康熙戊子，肇建山庄，为避暑所。"[4]汪灏《随銮

---

〔1〕 《清世祖实录》卷四九，顺治七年三月乙卯，中华书局影印本，1986 年，第 7 页。

〔2〕 王志民、王则远《康熙诗词集注》，内蒙古人民出版社，1995 年，第 485 页。

〔3〕 玄烨《溥仁寺碑文》，紫禁城出版社，第 1 页。

〔4〕 吴振棫《养吉斋丛录》卷一八，第 200 页。

纪恩》载："皇上避暑于塞外，兼行秋狝之典。"也是说康熙帝去承德避暑之意。所以，康熙帝以"避暑山庄"命名热河行宫，体现了"避暑"是这座行宫的第一功能。康熙帝在《夏日山庄百花齐放》诗中写道："咫尺雄关一线墙，景风已拂尚芬芳，近都爱此清凉地，逢草逢花莫不香。"[1]这就是说此地夏日清凉，花草因凉而皆香。康熙帝曾说：避暑山庄"风清夏爽，宜人调养之功"。因此，避暑山庄比秀丽的江南、浑厚的秦陇、质朴的东北、物阜的中原，更适宜于避暑休养[2]。

第二，行政。避暑山庄在康熙、乾隆、嘉庆的百余年间是清朝的第二个政治中心。康熙帝兴建"澹泊诚敬殿"，作为临朝听政之所。其内有"依清旷殿"，"召见臣工，往往在此"[3]。康熙帝在避暑山庄，"日理万机，未尝稍辍，与宫中无疑"。其时，跟随康熙到避暑山庄的，有宗室王公、高官显宦、六部九卿、护军侍卫等，山庄之外，修府第，建宅院，避暑山庄成为皇清的行都。康熙帝从四十二年（1703）以后，几乎每年都到避暑山庄。他一般是四五月出口，九十月回宫。每年从北京去木兰围场，在避暑山庄驻留。每年大约有半年的时间，住居避暑山庄。所以乾隆帝在《澹泊诚敬殿门额题记》中说："祖功避暑山庄，夏五来临岁以常。"避暑山庄成为此期的国家政治中心。康熙年间，从北京到围场，先后共建有17处行宫（后增为20处），其中心则是热河行宫。热河行宫，康熙四十二年（1703）

---

〔1〕《清圣祖仁皇帝御制文集》第4集，卷三六，文津阁《四库全书》影印本，第7页。

〔2〕 玄烨《避暑山庄记》，《清圣祖仁皇帝御制文集》第3集，卷二二，文津阁《四库全书》影印本，第12页。

〔3〕 吴振棫《养吉斋丛录》卷一八，北京古籍出版社，1983年，第201页。

建。康熙五十年（1711），热河行宫改扩建工程告竣，康熙帝撰写了《避暑山庄记》，叙述其选址、营建、扩修的过程，以此标志将热河行宫命名为避暑山庄[1]。避暑山庄建有宫殿区，其功能在于处理军政要务。康熙在《芝径云堤》诗中说："若使扶养留精力，同心治理再精求。"[2]就是说避暑山庄同北京宫城具有同样的政治功能。避暑山庄的历史表明，从顺、康到咸、同，清廷许多重要决策、重要事件、重要人物，都或多或少，或直接或间接，同避暑山庄有着关联，其影响一直到晚清的同、光、宣。

第三，游幸。避暑山庄是康熙游幸之所。康熙四十三年（1704）九月，康熙帝在《赋得霜叶红于二月花》诗云："塞鸿初度惊霜信，枫叶流丹树树红。最喜山林清俗念，故应暂却世尘风。"[3]康熙到避暑山庄，避却世俗风尘，超然游兴乐趣。他在避暑山庄读书、翰墨、听戏、垂钓、打猎、赋诗、赏花、泛舟、游山、宴饮等，享尽人间仙境之乐。乾隆帝在《避暑山庄后序碑文》中说："若夫崇山峻岭，水态林姿，鹤鹿之游，鸢鱼之乐，加之岩斋溪阁，芳草古木。物有天然之趣，人忘尘世之怀。较之汉、唐离宫别苑，有过之而无不及也。"[4]避暑山庄经过康乾近百年的修建，辟为宫殿区、湖区、林区，是塞外理想的游幸胜地。康熙题名的三十六景诗便是诗证。康熙三十六

---

[1] 王思治《兴建避暑山庄》，《清朝通史·康熙朝》第5册，紫禁城出版社，2003年，第560页。

[2] 王志民、王则远《康熙诗词集注》，第563页。

[3] 《热河志》卷九三，第29页。

[4] 弘历《避暑山庄后序碑文》，《避暑山庄碑文释译》，紫禁城出版社，1985年，第92—93页。

景：烟波致爽、芝径云堤、无暑清凉、延薰山馆、水芳岩秀、万壑松风、松鹤清越、云山胜地、四面云山、北枕双峰、西岭晨霞、锤峰落照、南山积雪、梨花伴月、曲水荷香、风泉清听、濠濮间想、天宇咸畅、暖溜暄波、泉源石壁、青枫绿屿、莺啭乔木、香远益清、金莲映日、远近泉声、云帆月舫、芳渚临流、云容水态、澄泉绕石、澄波叠翠、石矶观鱼、镜水云岑、双湖夹镜、长虹饮练、甫田丛樾、水流云在。有山有水、有云有霞、有树有花、有日有月、有石有泉、有雪有凉、有馆有亭、有堤有风，真是一幅天然图画。《养吉斋丛录》作者评曰："宇内山林，无此奇丽。宇内亭园，无此宏旷。"[1]

第四，巡狩。避暑山庄兴建的一个目的是居安思危，倡劳戒逸。清太宗曰："我国家以骑射为业，今若不时亲弓矢，惟耽宴乐，则田猎行阵之事，必致疏旷，武备何由而得习乎！盖射猎者，演武之法，……朕欲尔等，时时不忘骑射，勤练士卒。"且告诫道："尔等识之于心，转相告诫，使后世子孙遵守，毋变弃祖宗之制耳！"[2]不崇尚骑射，而耽于逸乐，前车之鉴，祖宗遗训，必相传承，不可忘记。康熙帝针对有人以出口巡狩劳苦军士的条奏，列举三征噶尔丹、西征策妄阿拉布坦、遣军进藏区胜利之事实说："我兵直抵西藏，立功绝域，此皆因朕平时不忘武备，勤于训练之所致也。若听信从前条奏之言，惮于劳苦，不加训练，又何能远至万里之外，而灭贼立功乎！"[3]所以，乾隆帝总结历史经验说："三代以下，享国最长者，莫如

---

〔1〕 吴振棫《养吉斋丛录》卷一八，北京古籍出版社，1983年，第206页。

〔2〕《清太宗实录》卷三四，崇德二年四月丁酉，第27页。

〔3〕《清圣祖实录》卷二九九，康熙六十一年九月乙酉，中华书局影印本，1986年，第1页。

汉、唐、宋、明，然四姓皆一再世而变乱生焉。是岂天心之怠倦，亦人事之偷惰实致之？我皇祖有鉴于此，故自三逆底定之后，即不敢以逸豫为念。巡狩之典，或一岁而二三举行，耗财劳众之论，夫岂不虑？然而凛天威，鉴前车，查民瘼，备边防，合内外之心，成巩固之业，习劳苦之役，惩宴乐之怀，所全者大，则其小者有不必恤矣！"其实，这就是康熙帝"以守还兼创，居安不忘危"的意思。

第五，射猎。避暑山庄和木兰围场，特别是后者，是康熙帝重要的猎场。先是，清太祖时，皇太极回忆说："我等闻明日出猎，即豫为调鹰蹴球，若不令往，泣请随行。"他又说："在昔时，无论长幼，争相奋励，皆以行兵出猎为喜。"[1]康熙帝继续保持这种满洲习俗。他在65岁时说："朕自幼至今，凡用鸟枪、弓矢获虎一百三十五、熊二十、豹二十五、猞猁狲十、麋鹿十四、狼九十六、野猪一百三十二、哨获之鹿凡数百，其余围场内随便射获诸兽，不胜记矣。朕曾于一日内，射兔三百一十八。若庸常人，毕世亦不能及此一日之数也。"[2]

第六，防疫。避暑山庄和木兰围场兼有防疫之功能。康熙帝兴建避暑山庄的一个原因，就是为了防范痘症（天花等传染病）在蒙古、西藏地区的流行。因蒙古游牧地区，空气清新，人烟稀少；中原地带，长城以南，人烟稠密。他们到北京，水土不服，受感染的机会较多。蒙古、西藏、新疆的王公、伯克、贵族、喇嘛等，畏惧关内酷暑和疾疫，又想向皇帝朝觐。蒙、藏、维等王公、喇嘛、伯克等在避暑山庄、木兰围场朝觐，可

---

〔1〕《清太宗实录》卷三〇，崇德元年七月丁卯，第12页。
〔2〕《清圣祖实录》卷二八五，康熙五十八年八月己未，第7页。

以减少传染痘症的概率。乾隆帝在《避暑山庄百韵诗序》云："我皇祖建此山庄于塞外，非为一己之豫游，盖贻万世之缔构也。……而四十八旗诸部落，屏蔽塞外，恭顺有加，每岁入朝，锡赉燕飨，厥有常典。但其人有未出痘者，以进塞为惧，延颈举踵，以望六御之临，觐光钦德之念，有同然也。我皇祖俯从其愿，岁避暑于此，鳞集仰流而来者，无不满志而归。"[1]

第七，宗教。避暑山庄在康熙时兴建溥仁寺、溥善寺。兴寺庙、宣佛教、抚远人、绥蒙古。康熙帝在《溥仁寺碑文》中说："朕思治天下之道，非奉一己之福，为合天下之福为福；非私一己之安，遍天下之安为安。"康熙帝了安天下，合众心，提倡佛教，兴修佛寺。其目的在于"以佛氏施仁之因果，共诸藩保巩固之休"。后经乾隆帝兴建普宁寺、安远庙、普乐寺、普陀宗乘之庙、须弥福寿之庙、殊像寺，从而形成避暑山庄外八庙。

第八，绥蒙。避暑山庄是康熙帝抚绥蒙古的重要场所。蒙古王公每年要朝见清朝皇帝，分为"年班"和"围班"两种。前者，主要是已经出过痘症的蒙古王公，称之为"熟身"，每年末轮班进京朝见皇帝；后者，主要是未出过痘症的蒙古王公，称之为"生身"，每年夏秋轮班到木兰围场随从行围，随后到避暑山庄觐见皇帝。正如乾隆帝诗云："万幕拱黄城，千山绕御营。朝家修武备，藩部输忠诚。"康熙帝通过蒙古王公的随围、觐见、赏赐、宴饮、乐舞等，直接同他们会面，密切情谊，安定边塞。所以，乾隆帝说："自秦人北筑长城，畏其南下，防之愈严，则隔绝愈盛，不知来之乃所以安之。我朝家法，中外

---

[1]《热河志》卷二五《行宫一》，第19页。

一体，世为臣仆。皇祖辟此避暑山庄，每岁巡幸，俾蒙古未出痘生身者，皆得觐见、宴赏、锡赍，恩益深而情益联，实良法美意，超越千古。"[1]康熙帝每年在避暑山庄期间，蒙古王、贝勒、贝子、公、台吉，朝觐皇帝，施恩联情，促进民族的情谊。乾隆帝在普陀宗乘之庙大红台上千佛阁碑，以满、汉、蒙文撰写碑记，其汉文说："山庄者，我皇祖圣祖仁皇帝，宠嘉群藩，岁岁行边展觐，燕赉频繁。而朕勤思绍闻，惟此锡类联情，眷然顾省弗谖者也。"[2]因之，避暑山庄成为清帝同蒙古王公贵族"宠嘉群藩"和"锡类联情"的处所。

三

避暑山庄暨外八庙在经济、军事、文化、民族、建筑、生态、园林、宗教、文物、艺术等十个方面具有重要价值。避暑山庄暨外八庙被列为世界文化遗产名录，更具有深远的国际影响。本文于避暑山庄暨外八庙的诸多价值，不展开全面论述，只就其经济、园林艺术、民族与历史四点，略作阐述。

其一，避暑山庄暨外八庙与热河地区的经济发展。热河地带，如《辽史》所载：

> 长城以南，多雨多暑，其人耕稼以食，桑麻以衣，宫室以居，城郭以治。大漠之间，多寒多风，畜牧畋渔以

---

〔1〕 弘历《出古北口·诗注》，《热河志》卷二一，第21页。

〔2〕 弘历《千佛阁碑记》，《外八庙碑文注译》，紫禁城出版社，1985年，第83页。

食，皮毛以衣，转徙随时，车马为家。此天时地利所以限南北也。[1]

到元、明以至清初，热河地带仍是蒙古一片荒地。康熙帝在《溥仁寺碑文》中说："名号不掌于职方，形胜无闻于地志。"[2]自兴建避暑山庄之后，热河广大地带，经济日渐发展，人口日益增多，商贾熙拥而至，蔚然成为都会。先是，康熙皇帝每年来避暑山庄，随行大批官员、成千上万的官兵，他们的衣食住行，各项供应，需求很大。每年"凡秋狝率于山庄驻跸数十日，万骑云屯，百货骈集，阛阓殷赈，拟于京师"。避暑山庄俨然"为一大都会矣！"[3]由于皇帝每年都来避暑山庄，于是在这个地区，一些行商变成坐商。随之，出现买卖街。到乾隆时，承德"买卖街在山庄西，最称繁富，南北杂货，无不有"[4]。

朝鲜使者朴趾源亲历避暑山庄，据其目睹热河的宫殿与市井情状而写成的《热河日记》记载："既入热河，宫闱壮丽，左右市廛，连亘十里，塞北一大都会也。"又载："商贾辐辏，酒旗茶旌，辉映相望，里闾栉比，吹弹之声，彻夜不休。"

在热河地区，农业得到长足发展："一川禾黍，万户耕桑"，"万家烟景，鳞次栉比"。康熙帝在《烟波致爽》诗中形容说："生理农桑事，聚民至万家。"[5]

---

[1] 《辽史》卷三二《营卫志》，第 373 页。

[2] 玄烨《溥仁寺碑文》，《热河志》卷七九，第 3 页。

[3] 吴振棫《养吉斋丛录》卷一八，北京古籍出版社，1983 年，第 200 页。

[4] 吴锡麟《热河小记》，《小方壶舆地丛书》本。

[5] 玄烨《烟波致爽》，《热河志》卷二六，第 2 页。

所以，热河地带，数十年来，户口日增，市肆繁盛，农桑种植，烟火万家，承德俨然成为塞外的一大都会。其行政建制，由隶属于内务府的围场总管大臣、热河总管大臣，到雍正元年（1723）设立热河厅。

其二，避暑山庄是康熙帝园林艺术的杰作。避暑山庄暨外八庙，由康熙帝经始，乾隆帝发展，历百余年的雕琢，终于大成。避暑山庄暨外八庙的建筑与艺术，借天借地，因山因水，移江南园林美景，展北国林莽雄姿，将中华田园、草莽、森林、高岭等文化，取精撷华，熔冶一体，成为园林艺术的奇葩。有人赞其景胜曰："自有山川开北极，天然风景胜西湖。"园林的造诣，艺术的佳趣，真是"万树攒绿，丹楼如霞，谓之画境可，谓之诗境亦可，而诗与画逊真境远矣"[1]。后将《避暑山庄三十六景图》制成铜版，印装成册，风靡欧洲，西人赞叹。

其三，避暑山庄暨外八庙增进了民族的聚合与融汇。我国自秦始皇到清宣统，中央皇朝处理同四域民族的关系，以唐朝和清朝为最好的两个朝代，但唐朝有"安史之乱"。清朝处理蒙、疆、藏有成功的历史经验，如破解了自秦始皇以降两千多年中央皇朝没有解决的匈奴－蒙古难题。在清朝，努尔哈赤和皇太极解决了漠南蒙古（内蒙古）难题，康熙帝解决了漠北蒙古（喀尔喀蒙古）难题，乾隆帝又解决了漠西蒙古（厄鲁特蒙古）难题。康熙帝说：

　　昔秦兴土石之工，修筑长城。我朝施恩于喀尔喀，使

---

[1]　吴振棫《养吉斋丛录》卷一八，第205页。

之防备朔方，较长城更为坚固。[1]

民谚云："明修长城清修庙。"昔日修筑万里长城为了防御蒙古，今日蒙古成为抵御外来侵略之长城。清朝不修长城，协合各部蒙古。

乾隆五十七年（1792）秋，蒙古四十九旗以及喀尔喀、青海等未出痘的生身王公贵族齐聚避暑山庄，是一次民族大盛会，弘历作《赐蒙古王公等宴》诗曰：

> 青海何曾阻玉关，清秋来觐忘途艰。
> 可无三接酬诚素，况复万几当务闲。
> 未习朝仪瞻北阙，许随典属祝南山。
> 嘉宾旨酒同和乐，仁祖怀柔想像间。[2]

总之，为民族，为边疆，民族和谐，中华一统，避暑山庄暨外八庙的历史功能，以诗概括为："行围既训士，怀远已巡边"[3]，"所期绥内外，即以靖封疆"[4]。

清朝对边疆民族的基本政策是，首重于利，附之以力。于此，皇太极讲过一个故事：

> 昔科尔沁部土谢图额驸有名马曰"杭爱"，朕曾以甲十副往易之，彼察哈尔汗（林丹汗）强索之，止予一胄。从

---

[1]《清圣祖实录》卷一五一，康熙三十年五月壬辰，第13页。

[2] 弘历《赐蒙古王公等宴》，《热河志》卷一五，第31页。

[3]《热河志》卷一五，第22页。

[4] 同上书，第27页。

此，科尔沁诸贝勒与之解体。察哈尔汗又以一胄，遗阿噜济农，索马千匹。阿噜济农曰：此直欲拘衅而来侵伐耳。与之马五百。从此，阿噜诸贝勒亦为解体。科尔沁卓哩克图亲王有一鹰，能横捕飞鸟，察哈尔汗又遣人往索，卓哩克图亲王欲不与，土谢图额驸劝令与之。既取其鹰，一无所偿，并送鹰之人亦不令见，如此人心何从而服？今各处蒙古，每次来朝，皆厚加恩礼，因此俱倾心相附，虽去犹恋恋。而蒙古各国，亦从此富足安闲。由此揆之，以力服人，不如令人心中悦服之为贵也。[1]

其四，历史文化遗产。清朝前期的"三祖三宗"即太祖努尔哈赤、太宗皇太极、世祖福临、圣祖玄烨、世宗胤禛、高宗弘历诸帝，在处理民族事务时，重视心附。如康熙帝的多伦诺尔会盟，是一个生动而成功的典范性史例。又如乾隆帝说：

> 朕自乾隆八年以后，即诵习蒙古及西番字经典，于今五十余年，几余究心讨论，深识真诠。况本朝之维持黄教原因，众蒙古所皈依，用示尊崇，为从宜从俗之计。[2]

乾隆帝30多岁以后，为了工作，也为修养，学习蒙古文、藏文经典，并学习维语，同不同民族、宗教首领交谈，而用其

---

[1] 祁韵士《皇朝藩部要略》卷一，筠渌山房本，第27页。
[2] 《清高宗实录》卷一四二七，乾隆五十八年四月辛巳，中华书局影印本，1986年，第3页。

本民族语言，并熟悉佛教经典，以此作为维系民族之间交流与协合的手段。

总上，清帝对待蒙、藏、维、回等民族之事，有力服、利服、礼服、心服等抚绥策略。所谓抚绥民族，当是予之以利，施之以礼，化之以心，附之以力，心服则是清朝治理民族、宗教、边疆策略的基本经验。

四

一座避暑山庄，一部清朝历史。清朝创造避暑山庄，避暑山庄映现清史。避暑山庄兴，则清朝兴；避暑山庄衰，则清朝亡。清朝的历史，经过兴起、强盛、衰落、覆亡四个时期，避暑山庄则是清朝兴盛衰亡历史的一面镜子。

清朝兴起时期，太祖努尔哈赤、太宗皇太极和世祖福临，弓马为本，重戎习武。避暑山庄的起点正是顺治帝时摄政睿亲王多尔衮。顺治六年（1649），多尔衮在提出兴建喀喇城理由时说：京城"春、秋、冬三季，犹可居止。至于夏月，溽暑难堪。但念京城乃历代都会之地，营建匪易，不可迁移。稽之辽、金、元，曾于边外上都等城，为夏日避暑之地。予思若仿前代造建大城，恐靡费钱粮，重累百姓。今拟止建小城一座，以便往来避暑"[1]。这应是避暑山庄兴建的序幕和前奏。

清朝在康熙、雍正、乾隆三朝，达到鼎盛时期。时避暑山庄暨外八庙相继建成。康熙帝到避暑山庄 53 次，乾隆帝到避暑山庄 49 次。避暑山庄暨外八庙是清朝兴盛历史的见证。

---

[1]《清世祖实录》卷四九，顺治七年七月乙卯，第7页。

清朝到嘉庆、道光、咸丰三朝，是走向衰落时期。嘉庆、道光、咸丰三帝，其中嘉庆帝和咸丰帝死于避暑山庄。这作为避暑山庄衰落的标志，是历史的必然，还是历史的偶然，可以不去讨论。在这个时期，于外，英国军舰打开国门，英法联军侵入北京；于内，白莲教民烽火，太平天国军队，两度危及清朝江山社稷，虽被镇压下去，却大伤元气。避暑山庄暨外八庙是清朝衰落历史的见证，其突出事例，是道光帝关闭避暑山庄，停止木兰秋狝。

先是，乾隆帝恐后世子孙不明修建避暑山庄的初衷和安不忘危的深意，告诫说：

> 此意蓄之久而不忍言，今老矣，终不可不言，故书之，既以自戒，仍敬告我后人。若后人而忘予此言，则与国休戚相关之大臣，以及骨鲠忠直之言官，执予此言，以谏之可也。设谏而不从，或且罪之者，则是天不佑我国家，朕亦无如之何也，已矣！[1]

道光帝违背上述祖制，做出停止木兰秋狝的重大决策。道光四年（1824）正月初八日，道光帝以粮食收成歉薄为由，谕旨停止木兰秋狝：

> 谕内阁：今岁秋狝木兰，允宜遵循成宪，肄武绥藩，然不可不审度时事，量为展缓。所有今岁热河，亦著停止。此朕不得已之苦衷，非敢耽于安逸也。直省文武大吏，务

---

〔1〕《热河志》卷二五，第11页。

当体朕之心以为心，惩黜昏墨，奖劝贤能，凡有益于民者，尽心讲求，广为抚恤，期吾赤子共免颠沛流离之苦，以佐朕顺时休养之至意。[1]

遇有特殊原因，暂停木兰秋狝，亦情亦理，非谓不可。此谕一下，大臣无言，言官失语，遂为定宪。后来，道光帝发布谕旨，进行解释。

谕军机大臣等：我朝木兰秋狝，原以习劳肄武，嘉惠蒙古。朕临御以来，尚未举行。敬念成规，未尝一日敢忘，即我后世子孙，亦当敬谨率由，遵守勿替。惟热河为驻跸之所，一切殿宇房间，规模宏敞，阅年既久，修理不易。前经降旨，传谕该总管等，查明宽大处所，将应行收贮各件，妥为归并。此项房间，毋庸修理，因思异日即举行旧典，驻跸热河，信宿经临，房间座落，亦无需如许之多。其陈设物件，看管兵丁及各庙喇嘛等栖止之所，均应通盘筹画，以归简易。着文庆、耆英奉到此旨，或审案之暇，或结案之后，亲赴各该处，督同该总管等，逐一查勘。所有陈设等件，何者应行归并存贮，何者应行运送来京，分别开单，随折呈览。至房间既议归并，看管兵丁，较为省便，其应撤兵丁，嗣后应如何安置，或拨给闲田耕种，俾资糊口。至各庙喇嘛，前经理藩院奏明，陆续裁撤。现在裁撤几何，其庙宇年久倾圮者，旧有佛像，自应归并供奉。

---

[1]《清宣宗实录》卷六四，道光四年正月壬申，中华书局影印本，1986年，第6—7页。

其不堪栖止之庙宇，应作何办理，均着该侍郎等，悉心体察情形，妥议章程，据实具奏。将此谕，令知之。[1]

这是一篇道光帝违背清廷祖制的谕旨，也是道光帝关闭避暑山庄、停止木兰秋狝的史证。道光帝放弃"习劳肄武"的传统，加快了清朝衰落的步伐。

在道光朝，不仅关闭避暑山庄，停止木兰秋狝；而且减少南苑大阅，租卖南苑土地。例如，道光帝以节俭费用为由，不去热河行宫，停止木兰秋狝，要在南苑驻围。实际上，他派大阿哥、惠郡王住宿南苑行围，而自己呢？并未见到道光皇帝在南苑行围习武的记载。这就表明：在道光帝秉政的整整三十年间，道光帝秉政的第一个十年，虽不到木兰秋狝，却派大阿哥、惠郡王到南苑行围；道光帝秉政的第二个十年，"实录"只有"幸南苑""住南苑"的记录，却不见"驻围"或"行围"南苑的记载。道光帝秉政的第三个十年，出现租卖南苑田地的现象。南苑为讲武重地，却出现租垦土地的现象。这里举两条史例。

其一，谕内阁："昨降旨饬令载铨、裕诚，将南苑新旧开垦地亩，何人任内开垦若干等情，分晰详查，据实具奏。"[2]虽经严查，却屡禁不止，且愈演愈烈。

其二，谕内阁，载铨等奏："南苑禁地，私开地亩数顷，恐尚不止此数，该管苑丞等，难保无知情故纵，通同舞弊情事。"[3]

---

[1]《清宣宗实录》卷三〇四，道光十七年十二月己未，第22—23页。

[2]《清宣宗实录》卷三〇九，道光十八年闰四月壬辰，第23页。

[3]《清宣宗实录》卷三八三，道光二十二年十月甲辰，第25页。

南苑的衰落，还可举二例：

其一，南苑坍塌围墙，改用土坯成砌。[1]

其二，有人潜入南苑，抢劫牲口财物。[2]

天子眼皮底下的南苑，作为皇家行宫御苑，管理之疏漏，问题之严重，何遑于避暑山庄！

清朝同治、光绪、宣统三朝，是走向覆亡时期。清朝末期三位皇帝登极时，一个6岁、一个4岁、一个3岁，何谈"习劳肆武"，又何谈"弓马骑射"！

由上可见：避暑山庄兴，则清朝盛；避暑山庄衰，则清朝亡。由是，可以得出一个结论，一座避暑山庄，一部清朝历史。

总上，康熙帝经始，乾隆帝鼎盛，嘉庆帝转衰——避暑山庄暨外八庙，因其文物与艺术价值被列入世界文化遗产，而其历史价值则见证了清朝的兴盛衰亡。

（为纪念避暑山庄建立300周年而作）

---

〔1〕《清宣宗实录》卷七三，道光四年九月甲寅，第31页。

〔2〕《清宣宗实录》卷三八三，道光二十二年十月甲辰，第26页。

康熙南巡与碧螺春茶

康熙南巡与碧螺春茶有什么关系呢？我分三个题目，进行交流。

一

康熙南巡，主要期待有六：一是治河通漕，二是收揽士心，三是宣扬皇威，四是巡视吏治，五是访察问俗，六是观光赏景。康熙先后六次南巡：

（1）第一次南巡，康熙二十三年（1684）九月辛卯二十八日启行，到十一月庚寅二十九日回京，共60天。途经河间、济南、桃源、高邮、扬州、镇江、苏州、江宁（南京），登泰山、祭孔庙、亲祭明孝陵等。

（2）第二次南巡，康熙二十八年（1689）正月丙子初八日启行，到三月丙戌十九日还京，共71天。途经济南、泰安、扬州、苏州、杭州、绍兴、江宁，亲祭大禹陵、二次亲祭明孝陵等，并到高家堰，巡视中河、下河。

（3）第三次南巡，康熙三十八年（1699）二月癸卯初三日启行，到五月乙酉十七日回京，共103天。途经河西务、天津、济南、高邮、宝应、扬州、镇江、无锡、杭州、苏州、江宁等。皇太后随同。

（4）第四次南巡，康熙四十二年（1703）正月壬戌十六日启行，到三月庚申十五日回京，共 59 天。途经良乡、德州、济南、泰安（登泰山）、宿迁、淮安、扬州、苏州、杭州、江宁、济宁、天津等。

（5）第五次南巡，康熙四十四年（1705）二月癸酉初九日启行，闰四月辛酉二十八日回宫，共 109 天。途经张家湾、天津、济南、淮安、扬州、苏州、松江、杭州、江宁等。康熙皇帝为了阅视黄河中河南口改建工程，他说："两河告成，特来巡阅。"率皇子向明孝陵行礼。阅高家堰。

（6）第六次南巡，康熙四十六年（1707）正月丙子二十二日启行，到五月癸酉二十二日回畅春园，共 118 天。途经东安、静海、沧州、德州、济宁、济南、清口、扬州、江宁、苏州、杭州。进一步巡视治黄工程。

康熙六次南巡总计 520 天。其中，发生两个故事。

第一个故事。康熙南巡至江宁，江宁知府陈鹏年（1662—1723）是个清官，下令将暗娼老窝端掉，改为乡约讲堂，堂内张写《圣谕十六条》，堂中悬挂"天语丁宁"匾。有人告发他"不敬莫大"，就是对皇帝的不敬，没有比这再大的。定罪"论斩"。正好是康熙第五次南巡到江宁。江宁织造曹寅向康熙免冠叩头，为陈鹏年求情：跪地不起，不停磕头，阶石有声，至血被额。康熙命其起身，免陈鹏年死，到北京武英殿修书处效力。如果不是碰上康熙南巡，陈鹏年可能命归西天。后来陈鹏年主持将镇江摩崖刻石《瘗鹤铭》，从长江中打捞上来，今藏镇江碑林博物馆。陈鹏年曾官苏州知府、河道总督。黄河决口，陈鹏年"自请前往堵筑，寝食俱废，风雨不辞，积劳成疾，殁于工所。闻其家有八旬老母，室如悬磬"。雍正帝说："此真'鞠躬尽瘁，死而后已'之臣！"[1]

第二个故事。康熙与碧螺春的故事。

康熙第三次南巡，正值宋荦任江苏巡抚，君臣两人有"碧螺春"的故事。

康熙巡视太湖，宋荦进献当地名茶"吓杀人香"。康熙询问此茶之名，认为其原名难登大雅之堂，因其出自碧螺峰，故赐名为"碧螺春"。

康熙以内府所制豆腐一品赐给宋荦，并派御厨到宋荦衙署厨房去向宋荦厨师传授做法，作为宋荦后半辈子食用。可能是康熙想到宋荦年纪大了，牙口不好，吃点软而有营养的食品，便将自己喜欢吃的豆腐一品送给宋荦，还"全程服务"，教给烹调技艺。宋荦以此为殊荣，曾把这件事写入自己的《筠廊偶笔》里。

康熙与宋荦之间，不似君臣拘谨，而是随意沟通。第四次南巡，赐江苏巡抚宋荦御书"督抚箴"一幅。第五次南巡，赐江苏巡抚宋荦御书对联、匾额，赐"福""寿"字，衣服一袭、帽子一顶、砚台一方，又蒙赐诗。宋荦三次接驾南巡，年老致仕回乡，享年八十。

上述故事说明，江苏巡抚宋荦给康熙送碧螺春茶，康熙给宋荦送豆腐一品，交互往来，一君一臣，加深了解，增进情谊。康熙六次南巡，广泛接触汉族官员，对增进君臣了解、消解君臣隔膜，起了不可估量的作用。

---

[1]《清史列传》卷一三《陈鹏年传》。

二

宋荦的父亲宋权（？—1652），河南商丘人，进士，任明朝顺天府巡抚，刚上任三天，崇祯帝吊死。他投降清朝，仍任原官。他上疏给摄政睿亲王多尔衮，提出三条建议：一是给崇祯帝发丧，二是免除明末加派粮饷，三是选贤任能，都被接纳。后升任大学士，病故。[1]

宋荦（1634—1713），因父曾任内国史院大学士，顺治四年（1647），应诏以大臣子列三等侍卫，逾岁考试，注铨通判。经常出入宫廷，熟悉朝章典制。康熙朝历官知府、布政使、巡抚、尚书等官，几与康熙一朝相始终。

康熙三年（1664），授湖广黄州通判。八年（1669），丁母忧。十六年（1677），补理藩院院判。十七年（1678），迁刑部员外郎，出榷赣关，还迁本部郎中。二十二年（1683），授直隶通永道。

康熙二十三年（1684），令湖广、江西、安徽、江苏动支芦课购铜，每斤六分五厘，江苏非产铜之地，越江西、湖广各关购买，每斤至一钱六七分，较定价昂贵过半。牒请巡抚田雯奏停采买。部议不准，得旨再议，仍照各关每斤一钱例行。

二十六年（1687）二月，擢山东按察使。十月，迁江苏布政使，司库亏银366000余两，宋荦揭报督抚察劾，前布政使刘鼎、章钦文两人分追完补。

二十七年（1688）二月，宋荦以钱局铜斤旧系各关采买，每斤定价一钱。四月，擢江西巡抚。六月，行至彭泽，闻江西抚镇标兵赴湖广会剿叛贼夏逢龙，次九江，以乏饷哗。宋荦檄发湖口

---

〔1〕《清史列传》卷七八《宋权传》。

县库银 1000 两，委道员赍给行月军粮，众兵乃前进。宋荦至南昌甫数日，有首告旧裁督标兵李美玉、袁大相散布号纸，煽诱3000 余人，联合夏逢龙谋劫仓库，宋荦遣游击赵永吉擒至，鞫实，即斩以徇众。疏言："擒获叛犯李美玉、袁大相谋劫仓库，合伙湖广，供吐确凿，即押赴市曹正法，以慰人心，以安反侧。其煽诱多人，未经指实，应免深究。"事下所司知之。十月，疏言："江西每年采买竹木、紫竹，取给于饶州，猫竹通派于阖省，檀楠木轮解于南康、九江。名虽官捐，其实累民。请嗣后动支正帑，并严禁借端措勒等弊。"又报宁州、宜春等十二州县夏末徂秋亢阳不雨，兼之螟螣为虐，委令各府确勘轻重分数，请蠲十分之二三。十二月，疏言："各省在监罪囚，俱有支给口粮之例，虽起解囚徒，向无额设钱粮。伏读康熙二十六年恩诏：'凡解部及递解外省各犯，按程给与口粮。'仰见圣慈矜恻，无微不周。江右路当孔道，解部及递解各犯，络绎不绝，应给何项粮米，尚未有部文。请照囚粮之例，亦在常平仓内交给，按日行五十里为一程，每犯日给米一升。其道里远者逐程加给。"

二十八年（1689）四月，疏言："近奉谕旨，藩库于年终奏销时，巡抚躬自察盘。如有亏空，立行纠参。法严且密，诚万世可遵也。惟是粮、驿二道，各有经收支放，既不在藩库之内，为巡抚察盘所不及；而各府库内，亦有收贮钱粮。似应一并清厘，请于每年奏销及离任之日，二道责成藩司察盘，知府责成道员察盘，可永杜侵挪亏空之弊。"

三十年（1691）三月，疏言："近来在外汉军文武官员解任裁缺者，并其家口概催归旗，既立限期，复令取经过州县印结，逐程递送，点验家口，竟与罪犯相似。所当区别定例，凡因赃私黜革及侵挪钱粮解部比追者，仍逐程递送取结；其丁忧降调裁缺候补等员，免其递送取结，止给到京定限咨文，自知违限处分，不敢后期，益感戴皇仁体恤矣。"

诸疏并下部议行。

三十一年（1692）六月，调江苏巡抚。

三十五年（1696）七月，疏报苏、松所属沿海地因六月朔遇飓风骤雨，潮水泛溢，田舍被淹，俱经地方抚绥，劝谕补种，唯崇明县田荡被淹，勘确成灾。九月，疏报江宁府属之六合、上元、句容，松江府属之上海，镇江府属之丹徒，七月内山水陡发，秋禾俱淹，请照例蠲免，并动支贮谷赈恤饥民。又疏报淮、扬、徐三属二十州县及三卫滨河之地，值秋雨连绵，黄、淮交涨，田地俱沉水底，其被灾十分田亩额赋，请破格全蠲，并移江宁仓米 10 万石，镇江截留漕米 95000 余石，凤阳仓麦 66000 余石，散赈。事并得旨允行。

三十八年（1699）二月，康熙南巡，至苏州，御书"怀抱清朗""仁惠诚民"两匾额赐之。

四十二年（1703）二月，南巡回銮，谕嘉其居官安静。

四十四年（1705）四月，驻跸苏州，赐"福""寿"二大字，题云："江宁巡抚宋荦年逾古稀，步履壮健，故特书'福''寿'二字赐之。"又允宋荦请御书"世有令仪"以额其家祠。宋荦在任三逢巡幸，叠蒙宠锡无数，详见奏谢疏中。

先是，请豁吴县太湖旁坍地 1070 余亩，额粮 180 石、银 170 两有奇。户部议湖旁坍没数逾十顷，似有虚捏，驳令详察。至是，复以积年沉水额赋难征复请，得旨，允豁除。五月，疏言：苏、松、常、镇四府州县有本任经征钱粮完及九分以上，因接征前任旧欠不完，概行降调者，请改为降留。部议不准，命九卿等再议，准留任一年催征，如仍不完，乃调用。十一月，升吏部尚书。

四十七年（1708）闰三月，以衰老乞罢，康熙曰："宋荦才品优长，前者巡抚江西，敬慎持己，加意爱民。在任十有四年，地方相安无事，简秉铨衡，正资料理。览奏，以衰老求罢，情词恳切，着以原官致仕。"濒行，赐诗，有云："久任封疆事，苏台净点尘。"

五十三年（1714）三月，赴京祝圣寿，诏加太子少师，赐诗有"世家耆德自天全"之句。九月，卒于家，年八十。遗疏至，得旨："宋荦宣力年久，敬慎自持，勤劳素著。予告以来，尚期优游颐养，忽闻溘逝，深为轸恻！下部议恤。"[1] 著作有《漫堂年谱》《西陂类稿》《筠廊偶笔》等。

三

"碧螺春"茶产于我国著名风景旅游胜地今江苏苏州的吴中区东山镇碧螺村洞庭东山，所以又叫"洞庭碧螺春"，是中国著名绿茶之一。太湖辽阔，碧水荡漾，烟波浩渺，山清水秀。太湖洞庭山有洞庭东山与洞庭西山。

康熙《苏州府志》记载："洞庭东山，周五十余里。本名莫里山（今呼为莫釐），相传隋莫釐将军居之；一名胥母，则谓子胥尝迎母于此也。以洞庭在西，故今称为洞庭东山。"又记载："洞庭西山，周八十余里，一名包山，以四面水包之，或谓包公尝居之。……其称洞庭，则以湖中有金庭、玉柱，左太冲赋云：指包山而为期，集洞庭而淹留。山居太湖中，遥望一岛而重冈，复岭萦洲，曲溆灵踪异迹，殆不可穷。房云：不游洞庭，未见

---

[1]《清史列传》卷九《宋荦传》。

山水，信非虚也。"[1]

洞庭东山位于太湖之滨，犹如巨舟伸进太湖岛（今为半岛），西山与东山相隔水面约 10 里，屹立湖中的岛屿，气候温和，冬暖夏凉，空气清新，云雾弥漫，是茶树生长得天独厚的环境，加之采摘精细，加工考究，形成了别具特色的品质特点。洞庭东山的自然环境为碧螺春茶生长提供了良好的生长条件。这里湖光山色相映，果园茶林相间，碧螺春就在花团锦簇中迸发新芽，花香果香陶冶着碧螺春的天然美质。碧螺春的采摘需十分及时，高级碧螺在春分前后便开始采制，清明时正是采制的黄金时节，谷雨后只加工一般绿茶了。采摘标准为一芽一叶初展，称为"雀舌"。茶区山水相依，茶果间作，云雾弥漫，温暖湿润，茶树在浓荫如盖的果树下茁壮成长。真是"入山无处不飞翠，碧螺春香千里醉"。

茶史钩沉，洞庭山是古老的茶区，早在唐宋时期就见经传。这里产的小青茶，被列为贡品。有苏轼的诗句为证："无疑泉香夸绝品，小青茶熟占魁元。"

为什么叫碧螺春茶呢？碧螺春茶名的来源，主要有五：

其一，神话故事。相传很早以前，西洞庭山上住着一位名叫碧螺的姑娘，东洞庭山上住着一个名叫阿祥的青年。男女两人，真心相爱。有一年，太湖中出现一条残暴的恶龙，扬言要占有碧螺姑娘，阿祥决心与恶龙拼一死战。一天晚上，阿祥操起渔叉，潜到西洞庭山同恶龙搏斗，斗了七天七夜，双方都筋疲力尽，阿祥昏倒在血泊中。碧螺姑娘为报答阿祥的救命之恩，亲自照料他。可是阿祥的伤势一天天恶化。一天，姑娘找草药来到了阿祥

---

[1] 康熙《苏州府志》卷九《山阜》。

与恶龙搏斗的地方，忽然看到一棵小茶树长得特别好，心想：这可是阿祥与恶龙搏斗的见证，应该把它培育好。至清明前后，小茶树长出了嫩绿的芽叶，碧螺采摘了一把嫩叶，回家泡给阿祥喝。说来也奇怪，阿祥喝了这茶水后，身体居然一天天好了起来。阿祥得救了，姑娘心上沉重的石头也落了地。就在两人陶醉于爱情的幸福之中时，碧螺的身体却支撑不住了，她倒在阿祥怀里，再也没有睁开双眼。阿祥悲痛欲绝，把姑娘埋在了洞庭山的茶树旁。从此，他努力培育茶树，采制名茶。"从来佳茗似佳人"，为了纪念碧螺姑娘，人们就把这种名贵茶叶取名为"碧螺春"[1]。

其二，民间传说。1927年，徐珂的《可言》记下了有关的民间传说：相传碧螺春茶不用火焙制，采后以薄纸裹之，放于女郎胸前，等干了取出泡饮，所以虽纤芽细料，而无焦卷之患。清人梁同书《碧螺春》诗云："此茶自昔知者希，精气不关火焙足。蛾眉十五采摘时，一抹酥胸蒸绿玉。纤褂不惜春雨干，满盏真成乳花馥。"[2]

中国文人的想象力实在太丰富了，而且，以香艳诗句写茶事，也有点出人意料，但不管怎么说，碧螺春是出尽了风头。碧螺春也并非浪得虚名，它以纤细条、螺旋形、毛茸茸、花果香而著称，品质特别高。

杨维忠先生编的《康熙赐名碧螺春》一书，收集有关民间传说版本多种。[3]

其三，坊里传闻。一位朋友相告：洞庭西山水月寺的碑文

---

〔1〕 张忠良《中国世界茶文化》，时事出版社，2006年，第84—85页。
〔2〕 《频罗庵遗集》。
〔3〕 杨维忠编《康熙赐名碧螺春》，东山历史文化研究会印本。

曰：有一位和尚按照佛祖释迦牟尼卷发的形状，在洞庭西山采摘茶叶，经过揉捏、焙干至玉片。为了证实这一传闻，便到今金庭镇（西山）水月禅寺，踏访四通石碑：一为《水月寺中兴记》，明正统十四年（1449）立，赐进士及第、翰林院修撰张益撰文；二为《重修水月禅寺大雄宝殿记》，清乾隆四十四年（1779）立；三为《重建水月禅寺大慈宝阁碑记》，清乾隆四十五年（1780）立；四为《苏州洞庭山水月禅院记》，宋苏舜钦撰文，2006年严艺林重书立碑。水月禅寺的这四通碑文，都找不到上述记载，因此存疑。

其四，望茶生义。据当地文史专家言：碧螺春的"碧"，是绿色的意思；"螺"，是茶叶像螺蛳一样卷曲；"春"是春天所产，因之茶名叫"碧螺春"。

其五，文献记载。太湖东山有一座碧螺峰，峰的石壁缝里，生长数株野茶。每年当地人提着竹筐来采茶，以供日用，数十年间，没见异常。康熙某年，按季节采茶，有一人因采茶较多，筐里装不下，便揣在怀里，茶得热气，发出异香，采茶人争呼："吓杀人香！""吓杀人"是吴中的方言，于是就把这种茶叫"吓杀人"。从此以后，每到采茶时节，当地男女老幼，都要沐浴更衣，前来采茶。新茶不用筐装，而是放在怀里。有一人叫朱元正，独精制法，尤称妙品，每斤值银三两。康熙三十八年（1699），第三次南巡车驾到太湖，巡抚宋荦特进献当地色香味俱佳的名茶。康熙品茶后，问茶名，答"吓杀人"。康熙嫌这茶名粗俗，赐名"碧螺春"。

（1）《柳南随笔》的记载。其作者王应奎，字东溆，号柳南，江苏常熟人，生于康熙二十二年（1683），八次入闱，皆不中式，退隐山中，堆书及肩，埋头诗文。他在《柳南随笔》中记载：

"洞庭东山碧螺峰石壁，产野茶数株。每岁土人持竹筐采归，以供日用，历数十年如是，未见其异也。康熙某年，按候以采，而其叶较多，筐不胜贮，因置怀间，茶得热气，异香忽发，采茶者争呼'吓杀人香'。'吓杀人'者，吴中方言也，因遂以名是茶云。自是以后，每值采茶，土人男女长幼，务必沐浴更衣，尽室而往，贮不用筐，悉置怀间。而土人朱元正，独精制法，出自其家，尤称妙品，每斤价值三两。己卯岁（康熙三十八年），车驾幸太湖，宋公购此茶以进，上以其名不雅，题之曰'碧螺春'。自是地方大吏岁必采办，而售者往往以伪乱真。"〔1〕

（2）清乾隆年间成书的《太湖备考》记载："茶出东西两山，东山者胜。有一种名碧螺春，俗呼吓煞人香，味殊绝，人矜贵之，然所产无多，市者多伪。"〔2〕

（3）清嘉庆年间成书的《清嘉录》记载："谷雨前，邑侯采办洞庭东山碧螺春茶入贡，谓之茶贡。"〔3〕

（4）《朗潜纪闻》的记载。其作者陈康祺，字均堂，浙江鄞县人，生于道光二十年（1840），咸丰十年（1860）进士，官至刑部员外郎。曾官江苏昭文（今属常熟）县知县，后侨居苏州。他在《朗潜纪闻》中记载：洞庭东山碧螺峰石壁，岁产野茶数株，土人称曰："吓杀人香。""吓杀人"三字，吴谚，见《柳南随笔》。康熙己卯，车驾幸太湖，抚臣宋荦购此茶以进。上以其名不雅驯，题之目"碧螺春"。自是地方有司，岁必采办进奉矣。〔4〕

---

〔1〕 王应奎《柳南随笔 续笔》卷二，中华书局，1997 年。

〔2〕 《太湖备考》卷六。

〔3〕 《清嘉录》，中华书局，2008 年，第 8 页。

〔4〕 陈康祺《朗潜纪闻初笔》卷四，中华书局，1997 年，第 69 页。

（5）民国初年成书的《吴县志》记载："东山有一种碧螺春最佳，俗呼吓煞人香。"

（6）民国九年（1920）成书的《洞庭东山物产考》，也记载了碧螺春茶。苏州太湖洞庭东山与西山产茶，早有记载。但碧螺春茶的名称，清朝以前，未见记载。

（7）《清宫遗闻》的记载："洞庭东山碧螺峰石壁，岁产野茶数株，土人称曰：吓杀人香。（'吓杀人'三字，吴谚，见《柳南随笔》）。康熙己卯，车驾幸太湖，抚臣宋荦购此茶以进。圣祖以其名不雅驯，题之曰：'碧螺春'。自是地方有司，岁必采办进奉矣。"[1]

（8）《中国名茶志》主要沿袭并概括王应奎《柳南随笔》的上述记载。

综上记载，可以看出：

第一，碧螺春茶的名称，据现今见到的文献记载，最早出现于清初。

第二，碧螺春茶名来源，比较可靠的出处是王应奎的《柳南随笔》。

第三，碧螺春茶最早的记载在康熙朝。

查康熙《苏州府志》的《物产》一节，没有记载茶，也没有记载碧螺春茶。不能据此说苏州洞庭东山与西山没有碧螺春茶，但可以说明当时的碧螺春产量不多，影响不大。

查宋荦自编《漫堂年谱》，在康熙三十八年、四十二年、四十四年，记载三次接驾。在接驾中，记载康熙同宋荦的君臣对话：

---

[1]《清朝野史大观》卷一《清宫遗闻》，上海书店，1990年，第19—20页。

问："多少年纪？"

答："年六十有六。"

问："齿好么？眼好么？"

答："灯下看文书，要用眼镜。"

后康熙送宋荦一副眼镜，一品豆腐，并说："朕有自用豆腐一品，与寻常不同。因巡抚是有年纪的人，可令御厨太监传授与巡抚的厨子，为他后半世受用。"[1]

但没有记载康熙御赐碧螺春茶名一事。《漫堂年谱》没有记载御赐碧螺春茶名，不能证明没有此事，因为可能有此事而宋荦认为不重要而缺载。

陈康祺著《朗潜纪闻》时间比王应奎著《柳南随笔》要晚。因此，《柳南随笔》与《朗潜纪闻》可视为两条材料，也可视为同一材料。因此，王应奎著《柳南随笔》中"碧螺春"条的真实性、可靠性，仍需要佐证。

康熙对宋荦的评价："宋荦才品优长，前者巡抚江西，敬慎持己，加意爱民。在任十有四年，地方相安无事。简秉铨衡，正资料里。"康熙赠宋荦诗曰："久任封疆事，苏台净点尘。"[2]

康熙与碧螺春的史事与故事，流传久远，影响至今。

---

[1] 宋荦《漫堂年谱》"七十二岁条"。
[2] 《清史列传》卷九《宋荦传》。

附　　　　《苏州大讲坛》序

苏州图书馆邱冠华馆长打来电话，嘱我为将要出版的《苏州大讲坛》前面写几句话。我既感谢，又很不安。不安的是我于苏州图书馆何德何功，堪此重任！然而，我一向敬重邱馆长，语云"恭敬不如从命"，虽内心不安，却勉强为之。

我生长在北方，在孩提时常听大人讲："上有天堂，下有苏杭。"后来学了历史，也学了地理，对人间天堂的苏州和杭州更加向往，想走一趟，去看一眼。

机会终于来了。那是1966年，"红色风暴"狂吹全国。当时我没有"资格"参加红卫兵，不能免费乘火车外出串联；自己是学明清史的，对京杭大运河情有独钟，又想借串联去考察。不乘火车串联也罢，骑自行车考察更为方便。于是，便骑自行车从北京天安门出发，沿京杭运河，直到杭州。途经苏州，住在当时作为"接待站"的沧浪亭。夜间，一轮明月当空，竹影摇曳窗前，诗情画意，如梦如幻。白天，骑着自行车，看阊门、逛虎丘，去灵岩山、礼寒山寺，游园林、串街巷。姑苏胜景文萃，留下美好印象。

近年，苏州图书馆主办的"苏州大讲坛"，有声有色，饮誉四方。目前已形成16个系列，举办现场讲座308场，卫星直录播讲座368场，直接和间接参与人数超过了10万。2009年3月，"苏州大讲坛"荣获由江苏省委宣传部授予的"江苏优秀讲坛"称号。笔者有幸受邀前去演讲《康熙南巡与碧螺春茶》。但在讲前，苏州地方文献需要查核，洞庭东山地理需要踏勘，邱馆长和馆里诸君都给予关照和帮助，从中更加体会到明人揭示的做学问八字真言："读万卷书，行万里路。"

更令我对苏州难忘的是，去年"烟花三月下扬州"的季节，我到"扬州讲坛"演讲，应邱馆长之约，同上海图书馆的陈凌康主任、常熟图书馆的包岐峰馆长四人，在苏州又见一炊烟的山庄品茶，忘却尘俗，如临仙境。茶饮之间，兴致勃然，谈起了"苏州大讲坛"。它始于 2001 年，屈指一算，已近十年。过去图书馆同读者间只有一个"阅读平台"，现在多了"网络平台"，更复建起"讲坛平台"。苏州图书馆的"苏州大讲坛"，颇具特色，举例有三：

其一，占天时，贵在先。近年来，办讲坛，大江南北，蔚然成风。举国提倡学习型城市，这对各地图书馆来讲，是难得的天时。苏州图书馆办"苏州大讲坛"，起步早，执先鞭，成效显著，影响深远。这些讲座的内容，既有对宏观政治经济的阐述，又有对文学名家名篇的鉴赏；既有对民族民间文化的传播，又有对百姓实际生活的关注；既有对建筑园林文化的品读，又有对儿童文学的推介，等等，内容丰富，抢占先机，长期持续，办得精彩。

其二，占地利，贵在用。苏州历史悠久，园林幽美，风景秀丽，人文荟萃，文化繁兴，交通便利。特别是明清两代，苏州园林甲于天下，士子文人出类拔萃。苏州图书馆不仅占有地利，而且善用地利——既利用本地的空间资源，又借用外地的空间优势，邀请全国各地以至于海外的著名专家学者，来到苏州图书馆同读者进行面对面的学术与文化的交流。本书精选于300 多场现场讲座，内容广博，以飨读者。本书收录的 25 位作者中，苏州以外的作者有 9 位，占总数的 36%。这就是苏州图书馆贵用地利——既贵用本土的地利，又贵借外乡的地利。上述数字，可为例证。

其三，占人和，贵在爱。"苏州大讲坛"赢得了广大听众的喜爱，受到了全国媒体的关注，博得了社会各界的认可，得到了专家学者的肯定。究其原因，主要在于：苏州图书馆，全体同仁，重视人和。办好一个图书馆，关键在于"敬"与"爱"：敬天、敬地、敬人、敬己，爱书、爱馆、爱业、爱人。儒家讲"仁爱"，佛家讲"慈悲"，耶教讲"博爱"，都可以归结到一个"爱"字。在图书馆，这个"爱"突出体现为爱图书、爱读者。"爱"字的繁体字作"愛"，其简、繁体字的主要区别在于，简体"爱"字把繁体"愛"字的"心"字给简掉了。这难道是、或许是、抑或是现在社会中某些人"爱心"欠缺的一个文字学上的解释吗！然而，苏州图书馆恰恰在为读者服务的实践中，把爱的"心"找了回来。"苏州大讲坛"在爱图书、爱读者方面，奉献爱心，做得出色。

一个城市的发展，一个学习型城市的建设，不仅在于它的历史、建筑、园林和财富，更在于它的精神、文化、教育和素养。图书馆是培育民族高尚精神、提升国民文化素养的终身课堂。"苏州大讲坛"已成为读者与听众获取丰富知识、提高文化素养、共享文化成果和增添社会活力的有效载体。《苏州大讲坛》则是这个载体的一枚朱果。

朱熹《春日》诗云："胜日寻芳泗水滨，无边光景一时新。等闲识得东风面，万紫千红总是春。"愿苏州图书馆如春日景色，生机日新：讲坛越办越好，爱心越献越多，人气越聚越旺，影响越来越大。

［原载《苏州大讲坛》（1），文汇出版社，2010 年］

盛清社会与扬州文化

盛清的康熙、雍正、乾隆三朝，扬州文化，位置凸显，尤为繁盛，出现高峰。本文以扬州文化中的三个史例——康熙朝编修《全唐诗》、雍正朝蒋衡书写"十三经"和乾隆朝纂修《四库全书》为主，兼及其他，就盛清社会与扬州文化的关系，钩稽史料，略加探讨。

一

康熙朝编修《全唐诗》，功在当朝，影响至今。《全唐诗》在扬州刻印，既是扬州文化的一次展演，也是扬州文化的一大贡献。

《全唐诗》为康熙帝敕编。康熙帝喜欢诗，著有《圣祖仁皇帝御制诗集》初集、二集、三集、四集，共 176 卷，现能看到康熙帝的诗词有 1147 首。[1]写诗的人，自然爱诗，也喜读诗。康熙帝御定《全金诗》74 卷；《御定四朝诗》即宋、金、元、明的诗 312 卷，收作者 5800 人；《御定题画诗》120 卷；《御定

---

〔1〕 王志民、王则远校注《康熙诗词集注》，内蒙古人民出版社，1995 年。

历代赋汇》140 卷、"外集" 20 卷、"逸句" 2 卷、"补遗" 22 卷，合计 184 卷；《御选唐诗》32 卷等，共计 722 卷。

唐诗是中国诗歌史上的一个高峰，康熙帝喜欢并学习唐诗。他在文化史上做的一件盛事，就是敕编《全唐诗集》，尔后定名为《御定全唐诗》，凡 900 卷。唐人诗集，从北宋以来，虽有选录的总集，却无唐诗的全集。明朝浙江海盐人胡震亨编的《唐音统签》，其汇编之唐诗，虽初具规模，却尚多遗漏。清初扬州泰兴人季振宜编辑《全唐诗》717 卷[1]，稿方成，而身故，存写本，未付梓。康熙帝亲自敕编，以内府所藏唐人诗集为基础，借鉴《唐音统签》、季振宜写本《全唐诗》，参考残碑断碣，诗笺篇什，稗史杂书，汇集唐诗 48900 余首，作者 2200 余人，汇成《御定全唐诗》。这部诗集，"根据诸本，一一校注，尤为周密，得此一编，而唐诗之源流、正变、始末厘然。自有总集以来，更无如是之既博且精者矣"[2]。《全唐诗》至今仍是许多学人特别是诗人插架的必备之书。

《全唐诗》的刊印，由时任江宁织造、通政使司通政使曹寅负责，在扬州天宁寺刻印。现中国第一历史档案馆珍藏的《奏为〈全唐诗集〉定期于天宁寺开局刊刻等事》（康熙四十四年五月初一日），记载了这件事情。清宫珍藏原文件记载：

> 江宁织造、通政使司通政使臣曹寅谨奏：臣寅恭蒙谕旨，刊刻《全唐诗集》。命词臣彭定求等九员校刊。臣寅已

〔1〕 季振宜《全唐诗序》，《全唐诗季振宜写本》第 1 册，《故宫珍本丛刊》第 621 册，海南出版社，2000 年，第 1 页。
〔2〕 《四库全书总目》卷一九〇，中华书局，1965 年。

行文，期于五月初一日天宁寺开局，至今尚未到扬，俟其到齐校刊，谨当奏闻。又，闰四月二十三日，有翰林院庶吉士臣俞梅，赴臣寅衙门，口传上谕，命臣俞梅就近校刊《全唐诗集》。钦此。奏请圣旨。钦遵。咨行江苏巡抚臣宋荦，移咨吏部、翰林院衙门，俟刊刻完日，该衙门一并具本奏闻。康熙四十四年五月初一日。

（朱批）知道了。[1]

这一年恰为康熙帝第五次南巡，往返途经并驻跸扬州。在扬州诗局开设后，康熙帝亲自钦派江浙翰林彭定求、俞梅、汪士铉、汪绎、徐树本、沈三曾、杨中讷、查嗣瑮、车鼎晋、潘从律十位等[2]，被称为"十翰林"或"十学士"。康熙帝还就书的凡例、刻板、纸张、装潢、进度等发出谕旨。《全唐诗》"于康熙四十六年（1707）四月十六日书成。谨装潢成帙，进呈圣览。（朱批）知道了"[3]。曹寅奏称："此皆皇上圣心独运，定为必传之书。"[4]在扬州编纂刻印的《全唐诗》，写刻一丝不苟，前后字体一致，"散帙编摩，订疑晰误"[5]，校勘精细，纸墨精

---

[1] 中国第一历史档案馆、扬州市档案局（馆）编《清宫扬州御档选编》第1册，广陵书社，2009年，第19—20页。

[2] 彭定求《南畇老人自订年谱》，《北京图书馆藏珍本年谱丛刊》第86册，北京图书馆出版社，1999年。

[3] 《进全唐诗表》，《全唐诗》，上海古籍出版社，1986年。

[4] 《江宁织造曹寅奏谢列名全唐诗刊刻衔名折》（康熙五十年三月初十日），中国第一历史档案馆编《康熙朝汉文朱批奏折汇编》第3册，档案出版社，1985年，第375页。

[5] 彭定求《翰林院修撰东山汪君墓志铭》，《四库全书存目丛书》集部第246册，齐鲁书社，1997年，第742页。

良，装潢美观，书林典范，乃"成一代之书"[1]，至今仍被誉为清代雕版史上的佳作。

在扬州编纂刻印《全唐诗》资费的来源，学者多认为出资"盐羡"，但有学者认为："应肯定扬州诗局的经费来自国库。"[2]

在扬州除刊刻《全唐诗》外，还刻印《佩文韵府》。先是，颜真卿的《韵海镜源》已失传，凌氏、阴氏的韵书，不够完备；至是，康熙帝敕编较前人更为完备的《佩文韵府》。在敕编《佩文韵府》过程中，康熙帝不仅原则指示，而且参与编审——文臣"每缮初稿，先呈御览"，阅后"点摘阙疑，……亲加批乙，宣付诸臣，再三稽考"[3]。随后，又有《御定韵府拾遗》120卷。康熙五十年（1711），康熙帝《御定佩文韵府》444卷，凡18000余页，也在扬州天宁寺刊刻告竣。《奏为御颁〈佩文韵府〉在扬州刊刻工竣装箱进呈等请旨事》（康熙五十二年九月初十日），记载此事。其文曰：

> 臣李煦跪奏：窃臣煦与曹寅、孙文成，奉旨在扬州刊刻御颁《佩文韵府》一书，今已工竣。谨将连四纸刷钉十部，将乐纸刷钉十部，共装二十箱，恭进呈样，再连四纸应刷钉若干部、将乐纸应刷钉若干部，理合奏请，伏乞批

[1] 章宏伟《十六——十九世纪中国出版研究》，上海人民出版社，2011年，第476页。

[2] 《江宁织造曹寅奏报全唐诗集月内可以刻完折》（康熙四十五年七月初一日），中国第一历史档案馆编《康熙朝汉文朱批奏折汇编》第1册，档案出版社，1985年，第389页。

[3] 《四库全书总目》卷一三六。

示遵行，解送进京。臣煦临奏可胜悚惕之至。康熙五十二年九月初十日。

（朱批）此书刻得好的极处。南方不必钉本，只刷印一千部，其中将乐纸二百部，即足矣。[1]

此期在扬州刊刻的第三部要籍是《御批资治通鉴纲目》。北宋司马光编纂《资治通鉴》，南宋朱熹则对其剪枝挺干、撰纲列目，而成《资治通鉴纲目》，便于简明阅读，益于资政治国。康熙帝说：司马光"编辑《资治通鉴》，论断古今，尽得其当"[2]。朱熹因读《资治通鉴》以作纲目，康熙帝因读《资治通鉴纲目》以作"御批"，而成《御批资治通鉴纲目》。康熙帝说自己仔细阅读"通鉴纲目"三遍，并对其析疑正漏[3]，折中权衡，亲加评定，御批著论，成《御批资治通鉴纲目》，凡五十九卷、前编一卷、外纪一卷、举要三卷、续编二十七卷[4]。这部《御批资治通鉴纲目》，也在扬州天宁寺刊刻竣工。

在清宫档案中，有《奏为遵旨刷印〈御批资治通鉴纲目〉事》折片，对此做出记载：

管理苏州织造、大理寺卿、兼巡视两淮盐课监察御史臣李煦谨奏：恭请万岁万安。前臣煦遵奉圣旨，刷印《御批资治通鉴纲目》不必用套，草钉送来，钦此钦遵。臣

[1] 中国第一历史档案馆、扬州市档案局（馆）编《清宫扬州御档选编》第1册，第43页。

[2] 《清圣祖仁皇帝庭训格言》，圣训第九十四条，清雍正八年，内府刻本。

[3] 《御批历代通鉴辑览·序》，清武英殿刻本。

[4] 《四库全书总目》，第755页。

熙鸠工刷钉六百部，从水路解运进呈，谨奏以闻。康熙
四十九年三月十九日。

（朱批）知道了。[1]

上列康熙朝扬州文化中的刊刻《全唐诗》《佩文韵府》和
《御批资治通鉴纲目》三例盛事，以及康熙帝《御制诗集》在扬
州刊刻，说明扬州的雕印水平、精美装订和文化氛围，在清代
文化史上占有重要地位，并为中华文化发展做出贡献。

在《清宫扬州御档选编》的康熙朝 32 件档案中，直接与文
化有关的档案 8 件，占本书收录档案的四分之一[2]，可见扬州
文化的一斑。

还有，康熙朝纂修、雍正朝成书的《古今图书集成》，乾隆
帝谕旨将其一部"发往扬州天宁寺行宫"[3]贮藏。

此外，嘉庆朝的《全唐文》1000 卷，也在扬州进行慎校抽
补、雕刻梨版、刊印装订、完竣呈送。"选编"中收录嘉庆朝有
关《全唐文》的奏折 4 件：

---

[1] 《清宫扬州御档选编》第 1 册，第 34 页。

[2] 如：《奏为御批高旻寺碑文事》（康熙四十三年十二月初二日）、《奏为僧
人纪荫出任高旻寺主持事》（康熙四十三年十二月初十日）、《康熙帝御书
"贤守清风"匾额悬挂平山堂等事》（康熙四十四年四月至闰四月）、《奏
为〈全唐诗集〉定期于天宁寺开局刊刻等事》（康熙四十四年五月初一
日）、《奏为曹寅奉佛到扬州日期及前往普陀寺安置等事》（康熙四十七年
三月二十九日）、《奏为遵旨刷印〈御批资治通鉴纲目〉事》（康熙四十九
年三月十九日）、《奏为御颁〈佩文韵府〉在扬州刊刻工竣装箱进呈等请
旨事》（康熙五十二年九月初十日）、《奏为遵旨斋戒择日在扬州天宁寺内
延僧讽经力保皇太后圣体康宁事》（康熙五十六年十一月初七日）。

[3] 《清宫扬州御档选编》第 3 册，第 186 页。

其一，《奏为承刊〈钦定全唐文〉在事诸臣及附近江浙官绅冀得捧函快诵请赏准各臣分印事》（嘉庆二十一年十月二十七日）。先是，嘉庆十九年（1814）六月十九日，将内府《全唐文》写本 1000 卷、总目 4 卷，计 100 函套，交两淮盐政在扬州刊校印装。[1]

其二，《奏为遵旨校刊〈钦定全唐文〉完竣及装函进呈事》（嘉庆二十一年十月二十七日）。奏折中称，锦套陈设本二十四部，每部装成一百套；石青杭细套赏赍本一百部，并日后将版片存贮运库。[2]

其三，《奏为校刊〈钦定全唐文〉告成奉旨赏还顶戴谢恩事》（嘉庆二十一年十二月十一日）。奏折请将该书赏给江浙等处官绅等，自备纸墨工价，分印赏赐。[3]

其四，《奏为遵旨办理改装〈全唐文〉书函并分赴江浙文汇等阁安放事》（嘉庆二十四年正月二十五日）。所云"改装"一事，系呈送的《全唐文》"每部一百函，每本皆有衬纸"，其函数较多，命将内府陈设之书各部，"撤去衬纸，每部改装五十函"；又在扬州文汇阁、镇江文宗阁、杭州文澜阁各贮存一部。[4]

扬州除刊刻诗书外，还有蒋衡书写经文盛事。

---

[1]《奏为承刊〈钦定全唐文〉在事诸臣及附近江浙官绅冀得捧函快诵请赏准各臣分印事》（嘉庆二十一年十月二十七日），《清宫扬州御档选编》第 4 册，第 327 页。

[2]《奏为遵旨校刊〈钦定全唐文〉完竣及装函进呈事》（嘉庆二十一年十月二十七日），《清宫扬州御档选编》第 4 册，第 328 页。

[3]《奏为校刊〈钦定全唐文〉告成奉旨赏还顶戴谢恩事》（嘉庆二十一年十二月十一日），《清宫扬州御档选编》第 4 册，第 331 页。

[4]《奏为遵旨办理改装〈全唐文〉书函并分赴江浙文汇等阁安放事》（嘉庆二十四年正月二十五日），《清宫扬州御档选编》第 4 册，第 339 页。

二

雍正朝蒋衡在扬州书写的"十三经",后勒石竖碑,矗立于国子监,不仅是中华文化珍宝,而且是世界文化遗产。

雍正朝与扬州的文化关系,在《清宫扬州御档选编》的雍正朝6件档案中,直接与文化有关的档案有2件:其一是,《遵旨覆奏拟以明纯为扬州高旻寺方丈并安排该员进京等事》(雍正十二年四月初一日);其二是,《奏为扬州安定书院修理完竣并延师课训事》(雍正十三年十月十八日)。以上两件关于"寺院"和"书院"的折片,说明雍正朝对扬州文化的关注。然而,雍正朝扬州的一件文化盛事,就是蒋衡在扬州琼花观抄写"十三经"。

蒋衡(1672—1742)[1],江苏金坛人,初名衡,改名振生,字拙存,号湘帆,晚号拙叟人、拙老人。祖、父皆精书法,幼承家学,自小临摹,尤工行楷,苦练有成。科试落第后,便四处游学,寻师访友,切磋书艺,足迹半海内,尝"观碑关中,获晋、唐以来名迹,临摹三百余种",刻成《拙存堂临古帖》28卷。

非历磨炼,难以大成。蒋衡科试不第,转意游学,研工书法。史书记载:"先生好远游,既不遇,遂东诣曲阜、谒孔陵,至会稽,涉西江,历嵩少,导荆楚,登黄鹤矶,过大庾岭,升白鹤峰,访东坡故宅,抵琼海,观扶桑日出,登雁门山,历井陉,逾龙门,为终南华之游,浴骊山温泉,登慈恩寺雁塔,纵

---

[1] 蒋衡卒年,见有两说:其一,《清史列传·蒋衡传》:"(乾隆)八年,卒,年七十二。"按:乾隆八年为1743年。其二,王一宁著《清代书法大家蒋衡及其家族》载述:"乾隆七年(1742)蒋衡病死,终年70岁。"(载《金坛文史选萃》上册,金坛市政协文史委员会编,2000年)

观碑洞金石遗刻，所至以笔墨自随，赋诗作画，或歌哭相杂，至不能自止。"[1]在游学历程中，蒋衡长见识，展胸怀，摩碑刻，强意志，逐渐发愿要书写"十三经"。但他书写"十三经"是在长安碑林发愿的。

他在长安观摩碑林时，痛觉唐代"开成石经"出于众手，杂乱不齐，于是决心重写"十三经"——《周易》《尚书》《毛诗》《周礼》《礼记》《仪礼》《春秋左传》《春秋公羊传》《春秋穀梁传》《论语》《孟子》《孝经》和《尔雅》。决心下定，矢志不移。雍正四年（1726）授英山教谕，力辞不赴。后又催促就职，仍以病老为由，上书求免。他在"邗江之琼花观"[2]，专心写经。"邗江"，古为邗沟，《左传·哀公·哀公九年》："秋，吴城邗，沟通江淮。"杜预注："于邗江筑城穿沟。"[3]汉名邗沟为邗江。史载：秦置广陵县，隋改邗江县，元废。清人顾祖禹《读史方舆纪要》引《太平寰宇记》载："在（扬州）西四里蜀岗上。"[4]今扬州市邗江区，以古邗江得名[5]。可见，"邗江之琼花观"其地在扬州。琼花观在扬州何处？在今扬州市文昌中路360号。[6]

琼花观，为扬州历史名胜之一。原为古后土祠（庙），建于西汉成帝元延二年（前11）。北宋政和年间（1111—1118），徽

---

〔1〕《国朝耆献类征初编》卷四三三《蒋衡传》，光绪十六年刻本。

〔2〕《国朝耆献类征初编》卷四三三《蒋衡传》。

〔3〕《左传·哀公·哀公九年》，《十三经注疏附校勘记》，中华书局影印本，1980年。

〔4〕顾祖禹《读史方舆纪要》卷二三，上海书店影印本，1998年。

〔5〕《辞海》（第六版缩印本），"邗江"条，上海辞书出版社，2010年，第696页。

〔6〕笔者在蒋鸿青先生陪同下，同爱新觉罗·启骧和李昧辛夫妇考察琼花观遗址记录。

宗赵佶赐额"蕃釐观",遂改名为"蕃釐观"。后因观内有一株琼花,树茂花繁,洁白可爱,故又称"琼花观"。文人墨客,多有诗颂。宋臣韩琦诗曰:"维扬一株花,四海无同类。"刘敞诗则云:"东风万木竞纷华,天下无双独此花。"欧阳修任扬州知府时,在观内筑"无双亭"赏花,并诗曰:"琼花芍药世无伦,偶不题诗便怨人。曾向无双亭下醉,自知不负广陵春。"琼花美誉,驰名遐迩。[1]当年琼花观内,亭台楼榭,轩坊花石,几焚几建,遗韵犹存。今扬州以琼花为市花。这里在清雍正年间,成为蒋衡书写"十三经"的重要场所。

蒋衡在扬州琼花观,青灯相伴,中正灵静[2],勤奋不辍,笃志写经。自雍正四年(1726)至乾隆二年(1737),历时十二年,手抄"十三经",楷书工整,60余万字,终于大功告成。《清史稿·蒋衡传》记载:"键户十二年,写十三经。乾隆中,进上,高宗命刻石国学,授衡国子监学正,终不出。"[3]

大成垂名,常在身后。蒋衡所书"十三经",身后五十年,乾隆帝前命将蒋衡所书写的"十三经"刻石,贞珉工竣,御制序文,立于太学,以垂万世。

蒋衡书写"十三经"的成功,得到三位贵人的鼎助:

第一位是扬州富商马曰琯。马氏出资两千金,将其手书"十三经"装裱成册。史载:"扬州马曰琯为出白金二千锾,装潢成三百册,五十函。"[4]

第二位是江南河道总督高斌。乾隆四年(1739),高斌将蒋

〔1〕《蕃釐观简介碑》,碑在琼花观内,笔者抄录。
〔2〕蒋衡《书法论》,见《国朝耆献类征初编》卷四三三,第53页上。
〔3〕《清史稿》卷五〇三《蒋衡传》,中华书局点校本,1977年,第13888页。
〔4〕《清史列传》卷七一《文苑传二》,中华书局点校本,1987年,第5856页。

衡手书的"十三经"上奏："总河高斌奏称，江南镇江府金坛县贡生蒋振生，依石经式，手书'十三经'正文，计三百册，共五十函。谨先进《易经》二函，可否将全册五十函进呈？"得旨进呈后，经武英殿儒臣详加校阅，奏报的结论是：其《易经》两册，经审查，"字画尚属端楷"。而后，得旨："令高斌将全册五十函，送交武英殿，再加校定。"又经审定："经文果无讹误，字画一律端好。"于是，"大学士等以该生年近七旬，志在尊经，请赏给国子监学正职衔。其手书'十三经'，请用枣木板镌刻刷印，以备颁发。疏入，报闻。"[1]

第三位是乾隆皇帝。蒋衡手写"十三经"进呈后，乾隆帝先要将其雕版印刷，但受阻未果。于是，乾隆五十六年（1791），命以蒋衡手书"十三经"为底本，刻石太学，定名"乾隆石经"。乾隆五十九年（1794），石碑镌刻成，立于国子监。全部刻石碑189通，加"谕旨"告成表文碑1通，共190通，现藏于北京孔庙和国子监博物馆内。

蒋衡手书、乾隆刻石的"十三经刻石"，即"乾隆石经"，其规模之宏大，楷法之工整，笔力之雄健，毅力之坚韧，学志之专一，价值之珍贵，国内仅有，世界也无，从而成为中国也成为世界文化艺术宝库中的稀世珍品。

此外，今存扬州大明寺东墙外之"淮东第一观"五字，每字约一米见方，笔力遒劲，挥洒廓大，为蒋衡手书。

蒋衡书写"十三经"时一度寓居扬州，死后葬于扬州大明寺外斜坡下。他死后，扬州文化在乾隆朝又有新的发展。

---

[1]《清高宗实录》卷九九，乾隆四年八月庚寅十六日，中华书局影印本，1985年。

三

乾隆帝继位之后，扬州文化之地位和贡献，远超康熙和雍正时期。在《清宫扬州御档选编》的乾隆朝 102 件档案中，直接与文化有关的档案 45 件，约占其总数的 44%。其中与书籍等相关的档案 21 件，约占总数的四分之一。而与《四库全书》有关的档案 10 件，约占同书相关档案的近 50%。乾隆朝扬州文化的一个特点，是同纂修《四库全书》密切关联。这主要表现在两个方面：一方面是《四库全书》原本大量来自扬州；另一方面是《四库全书》藏书七阁之一扬州文汇阁。

扬州为《四库全书》的重要书源之一。先是，扬州有怀素真迹[1]、米芾手卷[2]和苏轼墨迹[3]等珍贵文物进献，在征集书籍编修《四库全书》时，乾隆帝自然想到扬州。

《四库全书》之原书大量来自扬州。"选编"中，收录扬州等藏书御档 7 件，如《奏为采选书籍二百九十一种派专差赍送事》（乾隆三十八年闰三月三十日）、《扬州商人马裕家藏好书挑交四库全书总裁事》（乾隆三十八年四月十九日）、《上谕编四库全书征集民间旧书事》（乾隆三十八年五月十七日）、《奏为已得书籍专差赍送事》（乾隆三十八年六月初八日）、《奏为续得书籍专差赍送事》（乾隆三十八年六月二十四日）、《奏为恭

---

[1] 《奏为遵旨觅得藏经纸等物并将家传怀素等真迹恭呈御览事》（乾隆三十五年五月二十六日），《清宫扬州御档选编》第 2 册，第 147 页。

[2] 《奏为遵旨觅得米芾手卷等物于装修船上附带进京并请免开价值事》（乾隆三十五年闰五月初二日），《清宫扬州御档选编》第 2 册，第 148 页。

[3] 《奏为觅得宋苏轼墨迹手卷等恭呈御览事》（乾隆三十五年九月初三日），《清宫扬州御档选编》第 2 册，第 149 页。

进书籍事》（乾隆三十八年七月十一日）和《奏为续购各书专差赍送事》（乾隆三十八年九月二十八日）等。仅以扬州商人马裕为例。

扬州商人马裕家中藏书丰富，乾隆帝有所耳闻："上谕：前以办理《四库全书》，闻扬州商人马姓家内藏书颇富，曾传谕李质颖，令其就近妥协访问借抄。"[1]其书为借抄，用毕应发还。但有些书用完存库，并未归还。后乾隆帝谕旨："所有底本，将来俱应存贮翰林院衙门。"[2]马裕家藏书，经过核查，共1385种。

朝廷对马裕家藏书有个了解过程，马裕对朝廷"借书"也有个信任过程。以"选编"所载4件御档为例：乾隆三十八年四月十九日，两淮盐政李质颖奏报，马裕家先检出133种，后又检出62种，共计195种。但乾隆帝认为马裕"未免心存畏惧，又惮将善本远借"，故乾隆帝在上谕中强调将书"上紧抄进，仍将原本给还"，并令李质颖"善为询觅"[3]。而后，马裕进呈书目，选取210种，督臣高晋续选62种，又检出370种。再后将马裕家1385种书籍，选取776种呈送。到同年五月十七日，内阁奉上谕，江浙督抚及两淮盐政共购求书籍四五千种，而马裕一家拣选之书约占江浙督抚及两淮盐政购求书籍总数的近20%，数量之大，殊为可观[4]。

《四库全书》不仅书源之一在扬州，而且书藏之一也在扬州。

扬州文汇阁为《四库全书》的七阁藏书之一。《四库全书》

---

[1]《清宫扬州御档选编》第3册，第164页。

[2]《清高宗实录》卷一二八二，乾隆五十二年六月戊申十二日。

[3]《清宫扬州御档选编》第3册，第164—165页。

[4] 同上书，第167页。

七份写本陆续告竣之后，分别贮藏于北四阁——紫禁城文渊阁、圆明园文源阁、避暑山庄文津阁和盛京沈阳文溯阁，南三阁——扬州文汇阁、镇江文宗阁和杭州文澜阁[1]。杭州为浙江省会，也是杭州将军驻地；镇江在江南；而扬州既不在江南，也并非省会，更不是将军驻地——江宁（南京）为江宁将军驻地、六朝古都，苏州为江苏巡抚驻地、人文荟萃，但《四库全书》并未藏在江宁和苏州，却藏在江北的扬州，当别有一番深意。

《四库全书》南三阁之一为扬州文汇阁。"选编"收录档案3件，即《奏为扬州天宁寺等地藏书楼盖造完竣请旨颁赐御书匾额事》（乾隆四十四年十月二十六日）、《上谕〈四库全书〉告竣分贮扬州大观堂之文汇阁等处事》（乾隆四十七年七月初八日）和《奏为遵旨交办文宗文汇二阁书籍事》（乾隆五十五年十一月初九日）。

到乾隆四十七年（1782）七月初八日，《四库全书》的头份已经告竣，其第二、第三、第四份，限于六年之内，按期抄写完毕，分贮于文渊阁、文溯阁、文源阁和文津阁。乾隆五十五年（1790），"上谕：《四库全书》现在头分已经告竣，其二三四分，限于六年内，按期葳事，并特建文渊、文溯、文源、文津等阁，以供藏庋。因思江浙为人文渊薮，允宜广布流传，以光文治，现特发内帑银两，雇觅书手，再行缮写全书三分，分贮杨〔扬〕州大观堂之文汇阁，镇江金山寺之文宗阁，

---

〔1〕《四库全书》底本藏于翰林院。见《清高宗实录》卷一三五五，乾隆五十五年五月癸卯二十三日。但有学者以未见实物传存而质疑之。

杭州圣因寺内拟改建文澜一阁，以昭美备。"〔1〕其扬州大观堂已经贮藏《古今图书集成》，命在其空格里收储《四库全书》，如不敷用，再行添补。着闽浙总督兼浙江巡抚陈辉祖等督办，其费用由两浙商人捐办。〔2〕

在办理过程中，发现存在问题。乾隆五十二年（1787）六月，乾隆帝谕道："朕前披阅文津阁所贮《四库全书》，看到其中讹谬甚多。令大学士将文渊、文源二阁所贮书籍一体校阅，其讹舛处不一而足。如阎若璩《尚书古文疏证》一书，有引李清、钱谦益诸说未经删削，并有连篇空白页，实属草率已极。着将承办之总校、分校等，交部议处。凡有违碍，即行修改，再行赔写抽换，务期完善等语。"并命武英殿提调、总校陆费墀对文澜、文汇、文宗三阁三份"所有面页、装钉、木匣、刻字等项，俱着陆费墀自出己赀，仿照文渊等三阁式样罚赔，妥协办理"〔3〕。《四库全书》南三阁的三份全书，到乾隆五十五年才算告竣。

陆费墀时已身故，事情却有了变化。乾隆五十五年十月，"谕军机大臣等，前因江、浙两省，为人文之薮，特将《四库全书》添办三分，发交扬州、金山及杭州文宗、文汇、文澜三阁藏贮，所有装潢庋架等事，俱交两淮、浙江盐政办理。嗣因陆费墀总理《四库全书》，草率错误，获咎甚重，即罚令出赀承办。陆费墀本系寒士，家无担石，向在于敏中处，藉馆为业，谅不过千金产业耳！今所办三阁书匣等项，及缴出罚银一万两，

---

〔1〕《清宫扬州御档选编》第3册，第207页。
〔2〕同上书，第208页。
〔3〕《清高宗实录》卷一二八二，乾隆五十二年六月戊申十二日。

计其家赀已不下二三万，若非从前在四库馆提调任内，苞苴馈送，何以有此多赀？现在陆费墀业已身故，所有插架、装匣等事，若令伊子接办，恐未能谙习。且身后所遗家业，想已无多，亦难措办。此时三分书俱已校对完竣，自应全行发往三处藏弆，未便稽延。着传谕海宁、全德，即仿照前次发去装潢、书匣等式样制造，专派妥商办理。并着海宁查明陆费墀原籍现有田房产业，加恩酌留一千两之数，为伊家属养赡，如尚有余赀，即作为添补三阁办书之用。海宁、全德务须认真督率该商等经理，妥速葳工，毋任迟延草率。"〔1〕

乾隆五十五年十一月初九日，《四库全书》扬州、镇江两份已经抄写告竣，并已校对，其装订、装潢、书匣、书架，按照内府所发式样，由地方办理。〔2〕此事，《清高宗实录》记载："谕：《四库全书》荟萃古今载籍，至为美备。不特内府珍藏，藉资乙览，亦欲以流传广播，沾溉艺林。前因卷页浩繁，中多舛错，特令总纂等复加详细雠校，俾无鲁鱼亥豕之讹。兹已厘订葳工，悉臻完善。所有江、浙两省文宗、文汇、文澜三阁，应贮全书，现在陆续颁发藏庋。该处为人文渊薮，嗜古好学之士，自必群思博览，藉广见闻。从前曾经降旨，准其赴阁检视抄录，俾资搜讨。但地方有司，恐士子等翻阅污损，过为珍秘，以阻其争先快睹之忱。则所颁三分全书，亦仅束之高阁，转非朕搜辑全书，津逮誉髦之意。即武英殿聚珍版诸书，排印无多，恐士子等亦未能全行购觅。着该督抚等，谆饬所属，俟贮阁全

---

〔1〕《清高宗实录》卷一三六五，乾隆五十五年十月戊辰二十一日。

〔2〕《奏为遵旨交办文宗文汇二阁书籍事》（乾隆五十五年十一月初九日），《清宫扬州御档选编》第3册，第327页。

书排架齐集后，谕令该省士子有愿读中秘书者，许其呈明，到阁钞阅，但不得任其私自携归，以致稍有遗失。……互为抄录传之日久，使石渠天禄之藏，无不家弦户诵，益昭右文稽古嘉惠士林盛事，不亦善乎！"[1]

事过四年，又起波澜。《清高宗实录》记载，乾隆五十九年（1794）七月，谕曰："朕披阅《通鉴辑览》内，唐开元五年九月，令史官随宰相入侍，群臣对仗奏事条下，引贞观旧制，诸司皆正邪奏事。又注称：唐大明宫含元殿为正邪，亦谓之南邪等语。心疑笔误，因查诸旧史，乃知俱将牙字误作邪字。更检阅字书，牙与衙字，本属通用。至邪字从无与牙字相通之义，甚为舛错。所有原办《通鉴辑览》之总裁、纂修、校对等官，现经军机大臣查明，原书首卷开列衔名内，现存各员，如阿桂、孙士毅、纪昀、彭元瑞、毕沅、吴省钦等，本应交部议处，姑念成书已久，事隔多年，阿桂等及其余纂修校对各官，着一体加恩，免其交部。至武英殿刊本，及《四库全书》缮本，俱查明改正外，所有颁行各直省刻本，并盛京，江、浙省文溯、文宗、文汇、文澜四阁存贮缮本，亦着各该督抚府尹等，一律改正。"[2]

贮藏《四库全书》的文汇阁，在扬州大观堂旁侧。据《扬州画舫录》云："御书楼在御花园中，园之正殿为大观堂，楼在大观堂之旁，恭贮《钦定图书集成》全部，赐名文汇阁，并'东壁流辉'匾。……文汇阁凡三层，枓廇楹柱之间，俱绘以书卷，最下一层，中供《图书集成》，书面用黄色绢。两畔皆经

---

[1]《清高宗实录》卷一三五五，乾隆五十五年五月癸卯二十三日。

[2]《清高宗实录》卷一四五六，乾隆五十九年七月乙未初十日。

部，书面用绿色绢；中一层，尽史部，书面用红色绢；上一层，左子右集，子书面用玉色绢，集用藕荷色绢；其书帙多者，用楠木作函贮之，其一二本者，用楠木板一片夹之，束之以带，带上有环，结之使牢。"[1]

文汇阁本《四库全书》的数量，《续金山志》载文宗阁本数量，虽不尽同，却资参考。其数量为：经部 947 匣，5402 本；史部 1625 匣，9463 本；子部 1583 匣，9084 本；集部 2042 匣，12398 本。总目录计 22 匣，127 本。[2]

但是，时间仅过五十多年，扬州文汇阁所藏《四库全书》便遭厄难。

扬州文汇阁贮藏的《四库全书》，毁于战火。在一份《扬州阖属士民公告启》中说："敬启者：扬州自二月二十三日，贼匪陷城，所有绅士百姓，逃出者居半，被陷者居半。其逃出者虽弃其家，尚存其命；而坐陷者，或悬梁、或投井、或自焚、或被掳，全家覆没者，不知凡几，惨何可言！贼匪始而搜掳，既而焚烧。两月以来，城内外殆将烧尽。是昔日之花团锦簇，今日之断井颓垣，真有目不忍睹，耳不忍闻者！"[3]在这场战火中，"扬城已为灰烬"[4]。扬州城的建筑与文物，遭到焚毁，甚为可叹。文汇阁及其贮藏的《四库全书》，焚烧殆尽，殊为可惜！

---

〔1〕 李斗《扬州画舫录》卷四，中华书局，1960 年，第 103—104 页。
〔2〕 参见吴哲夫《四库全书纂修之研究》，台北故宫博物院，1990 年，第 148 页。
〔3〕 见《呈贼匪陷毁扬州城早将误国害民之帅撤回阖属士民公告启》（咸丰三年五月十二日），《清宫扬州御档选编》第 5 册，第 414 页。
〔4〕 《呈扬州城战况记事单》（咸丰三年五月十二日），《清宫扬州御档选编》第 5 册，第 416 页。

当时繁华城市有"两京两州"即北京、南京和扬州、苏州之誉。在两京、两州中，选在扬州设诗局刻印《全唐诗》，同盛清扬州文化有关。盛清时期的扬州文化，之所以发达，主要是由于——其一，舆地因素：濒临长江、淮河、黄河、运河，东为海，系水陆交通枢纽，扼南北漕运咽喉；其二，历史因素：近2500年文化积累，尤其是隋唐、明代和清朝（前期）的三次繁盛；其三，政治因素：康熙皇帝和乾隆皇帝都曾六次南巡，驻跸扬州；其四，经济因素：两淮盐商，财货积厚，捐纳重金，赞助书籍出版；其五，人文因素：人文荟萃，文化昌盛；其六，工艺因素：雕版印刷，技艺高超。所印之书，康熙帝赞誉为"此书刻得好的极处"。

总之，盛清时期扬州文化，已经成为历史。然而，综观盛清扬州文化，仅从《全唐诗》、"十三经刻石"和《四库全书》三个文化实例，可以看出盛清社会与扬州文化的互动关系——扬州文化既拥簇盛清文化的繁荣，盛清文化也催促扬州文化的繁华；扬州文化为中华文化历史的发展和繁荣做出了自己的贡献。

附　　　《盛清社会与扬州研究》序

我对陈捷先教授心仪很久，却相见恨晚。

20世纪70年代，海峡阻隔，信息不通。先生已经出版和发表《满洲丛考》和《清史杂笔》等多部专著和多篇论文，我却对先生的学术研究信息一无所知。

20世纪80年代，我作为清史访问学者到了美国。在进行学术访问和交流期间，我在图书馆的书架上，在同友朋的交谈中，才看到或听到"陈捷先"这个名字，也才看到《满洲丛考》这部书。那个时候，我的重点研究领域是清朝开国史，所以对陈先生的学术成果和学术活动格外关注。

1989年我倡议建立北京社会科学院满学研究所，接着筹备"首届国际满学研讨会"。这期间，我同陈先生不断有通信、传真和电话联系。1992年，我在北京前门饭店主持召开"首届国际满学研讨会"，陈先生当时正在筹备第35届国际阿尔泰学会议，难以分身，但还是寄来《三田渡满文清太宗功德碑研究》的论文。随后我在《满学研究》第1辑，刊出陈先生的这篇论文，并在"满学家"专栏里，载文介绍陈捷先教授和神田信夫教授两位国际满学界的大家。然而，我和陈先生仍没机会见面。

直到同年秋后，应陈捷先教授邀请，我同王锺翰、韦庆远、王戎笙、冯尔康、徐艺圃、刘耿生、林岷一行，作为大陆第一批社会科学工作者，登上美丽的台湾岛，出席陈捷先教授主持的"海峡两岸清史档案学术研讨会"，我和陈先生终于有了第一次握手，第一次拥抱。

从此开了先河，我后来多次赴台交流。每念及此，感激捷公。

性情率真，袒露肺腑，是陈先生给我留下的第一个印象。

我因长期受着无形绳索的捆绑、政治运动的拷打，夹着尾巴做人，谨小慎微，万分拘谨。到台湾第一个感受是，陈先生等学人开朗豪放，言所欲言，纵情畅饮，通宵达旦。

治学认真，著作等身，是陈先生给我留下的又一个印象。陈先生早在1956年就毕业于台湾大学历史学系，1959年获台湾大学历史研究所硕士学位，后应邀到美国哈佛大学做访问学者。先生六十年如一日，勤奋研究，笔耕不辍。《满文清实录研究》《满文清本纪研究》《满文档案资料概述》（*Manchu Archival Materials*），近年出版《蒋良骐〈东华录〉研究》《清史论集》，以及清十二朝的《清史事典》，还有《努尔哈齐写真》《皇太极写真》《顺治写真》《康熙写真》《雍正写真》和《乾隆写真》等，尤其是后者，一人之力，连出六册。

满腔热忱，肝胆相照，是陈先生给我留下的再一个印象。陈先生于我，可谓亦师亦友，多次来京，欢快相聚，倾心交谈。我也多次受邀飞抵台湾，出席学术活动。屈指算来，已有八次。记得2004年10月20日，陈捷先教授提出两岸学者共同编著出版"清代台湾"丛书的重要倡议，同我和冯尔康先生商量，三人一拍即合。对于《清代台湾》一书，陈先生不仅主持全局，拟定编写体例，通审全稿，并撰写为全书之纲的《通纪》篇，概述清朝以前的台湾历史，重点阐述清代台湾的历史与文化，特别叙述清代台湾与中央政府的关系。这部书稿，历时五年，多方协作，终于由九州出版社出版。

2009年，应台北故宫博物院周功鑫院长、冯明珠副院长邀请，我到台北出席"两岸故宫第一届学术研讨会——为君难：雍正其人其事及其时代"。会间，我和冯尔康先生又发现了新的缘分——原来我们俩是同年同月同日生。在高兴之际，同为扬州籍的两位清史才子——陈先生和冯先生共商于 2010 年在扬州举办"盛清社会与扬州"学术研讨会。这次学术盛会，得到扬州市王燕文书记、谢正义市长等领导的支持，按期举行，圆满结束。会间，又套出一个主意，就是以此次会议论文为基础，再约请未及与会的先生撰写文章，合作出版一本论文集。事情也巧，一算年份，恰是陈捷先教授八十华诞，大家相约以此论集作为向陈捷先教授八十大寿敬示的一个学术纪念。

现在，《盛清社会与扬州研究》文集即将出版，谨遵操持此事的冯明珠副院长之嘱，撰写上文，忝做小序。

（原载《盛清社会与扬州研究》，远流出版公司，2011 年）

论雅克萨之战

清康熙二十四年（1685）和二十五年（1686），中国军民为反击沙俄侵犯祖国东北领土、蹂躏北疆各族人民，进行了著名的雅克萨之战。清朝军民在自己国土上抗击沙俄侵略者的雅克萨战争，是一场正义的、自卫的、反侵略战争。

雅克萨之战的历史背景、战争概貌和重要意义是什么呢？

一

雅克萨自卫反击战是沙俄侵略我国东北广大领土的必然产物。

外兴安岭以南、黑龙江以北、乌苏里江以东的广阔地域，自古以来就是中国的领土。这里土地肥沃，森林茂密，鱼产丰富，鸟兽繁多。如民谣所说："棒打獐子瓢舀鱼，野鸡掉到饭锅里。"中国的汉、满、蒙古、索伦、赫哲、达斡尔、鄂伦春、费雅喀等各族人民，世世代代在这里捕鱼打猎、采集放牧、耕农植谷、生息繁衍，开发着祖国的东北边疆，创造出灿烂的古代文明。早在远古时代，他们就同中原地区的人民有所联系。至晚到 8 世纪前期，唐朝就在黑龙江流域设置了黑水州都督府等行政机构[1]。历经辽、金、元、明几个王朝,一直在这里行使有效的管辖。明永乐七年(1409),设置奴儿干都指挥使司[2],治所在辽代奴儿干城旧址,即黑龙江下游恒滚河口对岸附近特林地方。其下有408个卫、所。[3]明制,外卫官员"凡袭替、升授、优给、优养及属所军政、掌印、金书报都指挥使司,达所隶都督府,移兵部"[4]。奴儿干都指挥使司是明朝的地方军政机构,其辖境东起鄂霍次克海,西迄斡难河(鄂嫩河),南濒日本海,北达外兴安岭。奴儿干都司的设置,加强了明廷对黑龙江和乌苏里江流域广大地区的管辖。

明朝的建州左卫指挥使努尔哈赤,崛兴辽东,四方征抚,于万历四十四年(1616),建立后金政权[5]。努尔哈赤以赫图阿拉为中心,通过四十余年的统一战争,统一了女真各部,并基本统一了东北地区。其中包括乌苏里江以东的渥集部和瓦尔喀部,黑龙江中游地区的萨哈连部和萨哈尔察部,以及黑龙江下游两岸的使犬部和鱼皮部。因为在这一地区居住的赫哲、费雅喀和吉烈迷等族人,用犬狩猎、拉船和拉雪橇[6],并用鱼皮做衣[7],所以俗称使犬部和鱼皮部。努尔哈赤死后,其子皇太极袭受汗位,继续统一东北地区。天聪元年(1627),黑龙江萨哈尔察部60人至盛京朝贡。[8]天聪五年(1631),黑龙江虎尔哈

〔1〕《旧唐书》卷一九九下《鞑靼传》。
〔2〕《明太宗实录》卷九一,永乐七年闰四月己酉。
〔3〕《明史》卷九〇《兵志二》。
〔4〕《明史》卷七六《职官志五》。
〔5〕《满文老档·太祖》第5册,天命元年正月甲申。
〔6〕罗曰褧《咸宾录》卷二。
〔7〕吴振臣《宁古塔纪略》。
〔8〕《清太宗实录》卷三,天聪元年十一月辛巳。

部托思科等至盛京朝贡。[1]天聪八年（1634），世居精奇里江（结雅河）流域的达斡尔首领巴尔达齐内属[2]，后被授为后金的额驸。同年，在尼布楚（涅尔琴斯克）周围游牧的蒙古茂（毛）明安部归附后金。[3]崇德二年（1637），黑龙江索伦部博穆博果尔等至盛京朝贡[4]，其驻居的雅克萨（阿尔巴津）地区归入后金。两年之后，皇太极派兵往雅克萨及其以西地带[5]，将黑龙江上游地域完全置于后金－清的统治之下。努尔哈赤和皇太极经过半个多世纪的征抚，终于接管了明朝黑龙江、乌苏里江流域的广大地区，在那里委任首领，设官镇守，分部管辖，征收赋税。所以，崇德七年（1642），皇太极庄严诏告天下：

> 予缵承皇考太祖皇帝之业，嗣位以来，蒙天眷佑，自东北海滨，迄西北海滨，其间使犬、使鹿之邦，及产黑狐、黑貂之地，不事耕种、渔猎为生之俗，厄鲁特部落，以至斡难河源，远迩诸国（部），在在臣服。[6]

这里的"东北海滨"系指鄂霍次克海，"西北海滨"系指贝加尔湖，"斡难河"即鄂嫩河。就是说，东起鄂霍次克海，西到贝加尔湖，南临日本海，北至外兴安岭的广大地区，已被后金－清政权重新统一。这时整个黑龙江流域还没有出现过一支

---

〔1〕《清太宗实录》卷九，天聪五年七月甲戌。
〔2〕《清太宗实录》卷一八，天聪八年五月丙戌。
〔3〕《清太宗实录》卷二〇，天聪八年十月辛丑。
〔4〕《清太宗实录》卷三五，崇德二年闰四月庚戌。
〔5〕《清太宗实录》卷五一，崇德五年三月己丑。
〔6〕《清太宗实录》卷六一，崇德七年六月辛丑。

俄国军队，也没有出现过一个俄国居民。

俄国是一个欧洲国家，本来同中国并不接壤。明万历九年（1581），俄国叶尔马克的扩张铁蹄东进，翌年越过乌拉尔山。后来沙俄打败库程汗，占领伊斯堪城，征服了西伯利亚汗国。俄国殖民者继续东进，到达鄂毕河流域，万历三十二年（1604），建托木斯克。而后，又东进至叶尼塞河流域，万历四十七年即天命四年（1619），建叶尼塞斯克；崇祯元年即天聪二年（1628），建克拉斯诺亚尔斯克。俄国殖民者再往东进，到达勒拿河流域，崇祯五年即天聪六年（1632），建雅库茨克（勒拿堡寨）。后俄国政府分别在叶尼塞斯克和雅库茨克设立督军和统领。叶尼塞斯克和雅库茨克成为俄国殖民者侵入我国东北地区的两个重要据点。

从雅库茨克伸出的一只扩张触角，先后由波雅科夫、哈巴罗夫和斯捷潘诺夫率领的三股殖民军，侵入我国黑龙江流域。崇祯十六年即崇德八年（1643）冬，波雅科夫带领 92 个武装哥萨克，舍舟登橇，翻越外兴安岭，进入黑龙江流域。他们抢掠粮食，强索貂皮，焚烧村屯，绑架头人，甚至灭绝人性地"吃掉了五十个"[1]被其杀害的当地居民尸肉。这伙"吃人生蕃"受到当地达斡尔人的抵抗，死伤惨重，冻馁交加，于顺治三年（1646），狼狈地逃回雅库茨克。继波雅科夫之后，顺治七年（1650），哈巴罗夫带领 70 人组成的"远征队"，经勒拿河转奥廖克马河纤舟而行，进入达斡尔头人阿尔巴西的驻地雅克萨等地。后哈巴罗夫在雅克萨附近，令将全部男俘淹死，将他们的妻子、女儿以及貂皮、财物，按照哥萨克的习俗劈分。他还掐

---

〔1〕　瓦西里耶夫《外贝加尔的哥萨克（史纲）》中译本，卷一。

死不肯受其奸污的达斡尔头人希尔基涅伊的妻子。哈巴罗夫一伙制造了惨绝人寰的桂古达尔血案：攻占桂古达尔寨堡后，血洗全寨，共杀死男子 661 人，抢走妇女 243 人、儿童 118 人，合计 1022 人，仅有 15 个达斡尔人幸免于难[1]！哈巴罗夫等后又进至精奇里江（结雅河）口附近的托尔加城。该城首领托尔加是索伦部长、额驸巴尔达齐的亲戚，早已向清进贡。哈巴罗夫袭占托尔加城后，对城主托尔加施以酷刑，"放在火上烧，用鞭子抽打"[2]，而后将托尔加城付之一炬。托尔加见城焚民亡，不堪凌辱，便引刀自尽。悲号的黑龙江水会永远做桂古达尔和托尔加血案的历史见证。哈巴罗夫一伙受到当地居民强烈反抗后发生内讧，他被殴打一顿，揪掉胡须，押回莫斯科。继哈巴罗夫之后，斯捷潘诺夫于顺治十年（1653），侵入黑龙江及其支流松花江流域。他们捕捉人质，掳掠妇女，劫夺貂皮，无恶不作。但是，恶有恶报。顺治十一年（1654）在松花江口[3]，翌年在呼玛尔（呼玛）[4]，顺治十四年（1657）在尚坚乌黑[5]，清朝军民给斯捷潘诺夫以沉重打击。顺治十五年（1658），镇守宁古塔昂邦章京沙尔虎达率领清军，在牡丹江口一带，大败斯捷潘诺夫，毙俘 270 人，斯捷潘诺夫也葬身鱼腹。沙尔虎达因功得到察叙[6]。顺治十七年（1660），镇守宁古塔昂邦章京巴海，在伯力（哈巴罗夫斯克）以北的古法坛村附近大败敌军，"斩首

---

〔1〕 拉文斯坦《俄国人在黑龙江》中译本，第 17 页。
〔2〕 巴赫鲁申《哥萨克在黑龙江上》中译本，第 29 页。
〔3〕 何秋涛《朔方备乘》卷六一。
〔4〕 《平定罗刹方略》一。
〔5〕 何秋涛《朔方备乘》卷首五。
〔6〕 《清世祖实录》卷一一九，顺治十五年七月庚戌。

六十余级，淹死者甚众"[1]。在中国军民的不断打击下，黑龙江流域的俄国侵略势力曾被一度肃清，而执行沙俄殖民政策的急先锋——波雅科夫、哈巴罗夫和斯捷潘诺夫，已被永远地钉在历史的耻辱柱上。

从叶尼塞斯克伸出的另一只扩张触角，在黑龙江中下游沙俄殖民势力受挫之后，便侵入贝加尔湖以东尼布楚和雅克萨地区。顺治十一年（1654），别克托夫受叶尼塞斯克统领巴什科夫之命，率领一支百人的队伍，占领了尼布楚[2]。但别克托夫在尼布楚遭到根特木尔等的反抗，未能站住脚而退走。四年后巴什科夫奉沙俄政府之命，率军重占尼布楚，并筑尼布楚城，即涅尔琴斯克堡。后设尼布楚总督。尼布楚成为沙俄在黑龙江中上游地区的殖民扩张重心。沙俄殖民者又从尼布楚染指雅克萨。

雅克萨，是满语音译，意译为河岸坍塌成半圆形的河湾子。它原是我国达斡尔首领阿尔巴西的驻地。《清圣祖实录》载"雅克萨系我国虞人阿尔巴西等故居，后为所窃据"[3]，即被俄国殖民者所占领，把它叫作阿尔巴津。雅克萨位于黑龙江上游左岸，与额穆尔河口隔江相对。城堡西部朝向黑龙江，位置在高峻台崖上[4]，其周围是一片开阔的农田、牧场和沼泽。崇德二年（1637）雅克萨归入清后，崇德四年（1639）清又出兵雅克萨[5]，将其

---

[1] 《清世祖实录》卷一三八，顺治十七年七月丙子。

[2] 拉文斯坦《俄国人在黑龙江》中译本，第31页。

[3] 《清圣祖实录》卷一四三，康熙二十八年十二月丙子。

[4] 马克《黑龙江旅行记》中译本，第100页。

[5] 《清史稿》卷二二五《索海传》，卷二二七《萨穆什喀传》《伊逊传》《叶克舒传》和《谭布传》，卷二三三《巴奇兰传》，卷二四一《法谭传》和《蓝拜传》。

完全置于统辖之下。清军入关之后，东北防务空虚。顺治七年（1650），哈巴罗夫侵据雅克萨，不久退出。康熙四年（1665），流放犯切尔尼果夫斯基率领一支84人的侵略军，重占了雅克萨。后来沙俄成立雅克萨督军区，任命托尔布津为雅克萨督军。殖民者恃雅克萨为据点，"剽劫人口，抢掳村庄，攘夺貂皮，肆恶多端"[1]。他们在雅克萨城郊修道院霸占的土地上，把20名中国猎人关进一间屋子里烧死[2]，并抢走了这些猎人的马匹和财物，犯下了令人发指的血腥罪行。因而这座据点被称作"阿尔巴津贼堡"[3]。盘踞在雅克萨的俄国殖民者，不仅在我边境地区建立殖民统治，并策动达斡尔头人根特木尔叛清投俄。

根特木尔叛清投俄成为雅克萨之战的一根导火线。根特木尔是我国达斡尔族的一个头人，为清朝的四品官员[4]。清政府把他的部属编为三个佐领。但他受到俄国殖民者的引诱，于康熙六年（1667）背叛清朝，逃至俄军占据之尼布楚。清朝政府屡次要求俄国政府将根特木尔归还中国，但俄国政府置若罔闻，拒绝交出。根特木尔问题就成为清俄两国交涉中的一个重要争端。康熙帝说：

> 罗刹侵我边境，交战于黑龙、松花、呼马尔诸江，据我属所居尼布潮、雅克萨地方，收纳我逃人根特木尔等……此从事罗刹之原委也。[5]

---

[1]《清圣祖实录》卷一一九，康熙二十四年正月癸未。

[2]《清圣祖实录》卷一一二，康熙二十二年九月丁丑。

[3] 巴赫鲁申《哥萨克在黑龙江上》中译本，第48页。

[4] 巴德利《俄国·蒙古·中国》中译本，下卷，第1602页。

[5]《清圣祖实录》卷一三五，康熙二十七年五月癸酉。

对于清俄边境争端问题，清朝政府坚持和平谈判解决的方针。康熙五年（1666），清政府派索伦人切普切乌尔为使至尼布楚，要同俄国谈判。俄国殖民者却蛮横无理地对中国使者"加以镣铐，禁锢达三个月之久"[1]。但清廷仍抱着和平解决清俄问题的愿望，又三次派使至尼布楚，催促俄方交出根特木尔，归还雅克萨，停止边境挑衅，进行外交谈判，但都遭到俄国当局的拒绝。康熙帝仍然通过俄国尼布楚总管代表米洛瓦诺夫和沙皇政府使者尼果赖[2]，再次提出上述要求。然而，俄方不理睬清廷的劝告和建议，固执地坚持扩张主义的方针。

因此，中国军民必须以自卫的武装反击，回答沙俄的武装侵略。

二

领土被践踏，人民被杀害，叛逃被收纳，使者被禁锢——在这种严重的势态下，清朝军民被迫向沙俄侵略者进行一场自卫反击战争。

然而，雅克萨之战的时机是历史的抉择。康熙帝尝言"朕亲政之后，即留意于此"[3]，就是留意于反击沙俄的殖民侵略。但他亲政不久，中原爆发了三藩之乱。康熙帝在削平三藩与统一台湾之后，才将军事战略重点移向北疆。

"多算胜，少算不胜"[4]。清朝政府决定用军事力量驱逐俄

---

〔1〕 帕尔申《外贝加尔边区纪行》中译本，第143页。
〔2〕 巴德利《俄国·蒙古·中国》中译本，下卷，第1503页。
〔3〕《清圣祖实录》卷一二一，康熙二十四年六月癸巳。
〔4〕《孙子兵法·计篇》。

国殖民者，收复被其侵占的黑龙江沿岸诸城寨，需要周详谋划，加强战备：

巡视边防——康熙帝于康熙十年（1671）和二十一年（1682）两次东巡，御銮至吉林，泛舟松花江，巡视东北边防，进行实地考察，"将其土地险易、山川形胜、人物情性、道途远近，备细访问，以故酌定天时地利、馈运道路、进剿机宜"[1]。他诏谕宁古塔将军巴海：于罗刹尤当"加意防御，操练士马，整备器械，毋堕狡计"[2]，积极准备抗击沙俄侵略军。

增设将军——设置黑龙江将军[3]，任命萨布素为黑龙江将军[4]。黑龙江将军是与宁古塔将军（吉林将军）、盛京将军同级的地方最高军政长官，时其辖境东临吉林，南濒松花江，西接贝加尔湖，北界外兴安岭。黑龙江将军初驻黑龙江城（瑷珲），后移墨尔根（今黑龙江省嫩江）[5]，再移卜魁（今黑龙江齐齐哈尔）[6]。黑龙江将军下设副都统、协领、佐领等官，并调集军队，加强戍守。黑龙江将军的设置，不仅是准备雅克萨之战的重要决策，而且是管辖与开发黑龙江地区的重大措施。这也奠定了后来东北三省行政区划的基础。

筑城驻军——先是，黑龙江地区未能筑城驻军，加强御守，致使"我进则彼退，我退则彼进，用兵无已，边民不安"[7]。康

---

〔1〕《康熙起居注册》，康熙二十四年六月初四日癸巳。

〔2〕《清圣祖实录》卷三七，康熙十年十月壬辰。

〔3〕《清圣祖实录》卷一二，康熙二十二年九月丁丑。

〔4〕《康熙起居注册》，康熙二十二年十月二十五日壬戌；此条《清圣祖实录》缺载。

〔5〕徐宗亮《黑龙江述略》卷二。

〔6〕英和《卜魁纪略》。

〔7〕《清圣祖实录》卷一一九，康熙二十四年正月癸未。

熙帝汲取 40 年的历史教训，决定先后调乌拉、宁古塔兵 1500 人，达斡尔兵 500 人，"于黑龙江、呼马尔二处，建立木城，与之对垒，相机举行"[1]。但将军巴海等不愿建城永戍，力主速行征剿："黑龙江、呼马尔，距雅克萨城辽远，若驻兵两处，则势分道阻，难以防御。且过雅克萨，有尼布潮等城。罗刹倘水陆运粮，增兵救援，更难为计。宜乘其积储未备，速行征剿。"[2] 议政王大臣等也议如巴海所请。康熙帝谕示：陈奏与所议军务疏略；再命建黑龙江和呼马尔（呼玛）城，后命建墨尔根和齐齐哈尔城，驻防官兵，永戍北疆。

屯田储粮——建城戍守和屯田储粮，是清兵得逸、俄兵得劳与清军为主、俄军为客的重要条件。建城戍守，前已述及；屯田储粮，清廷尤重。为供给黑龙江驻兵和自卫反击战的用粮，清政府命令清军，一面备战，一面屯垦；并移民屯田，拨给耕牛农器。同时，建仓储谷，组织运输，筹措了三年的军粮。尔后，"分设官庄，广开田亩"[3]，作为长久之计。

造船铸炮——清政府在宁古塔（今黑龙江省宁安）和吉林乌拉（今吉林省吉林市）等处制造运粮船和战舰[4]，先后修造大小战舰和运粮船几百艘。清朝又遴选官兵，"日习水战，以备老羌"[5]。同时，制鸟枪，铸大炮，其中有神威无敌大将军、神威将军、龙炮和子母炮诸名。仅康熙十五年（1676），就铸造红衣大炮 52 尊。康熙帝定其名为"神威无敌大将军"者，据载：

〔1〕《清圣祖实录》卷一〇六，康熙二十一年十二月庚子。

〔2〕《清圣祖实录》卷一〇九，康熙二十二年四月庚辰。

〔3〕《清圣祖实录》卷一三一，康熙二十六年十月丙午。

〔4〕《平定罗刹方略》稿本。

〔5〕 高士奇《扈从东巡日录》卷下。

神威无敌大将军炮，铸铜为之。前弇后丰，底如覆盂。
重自二千斤至三千斤，长自七尺三寸至八尺。不镂花文，
隆起五道，面镌大清康熙十五年三月造，汉文。受药自三
斤至四斤。铁子自六斤至八斤。载以三轮车，横梁承炮，
辕长一丈二尺二寸，后二轮，辕间一轮，各十有八辐。辕
前施铁镶以挽之。[1]

"神威无敌大将军"炮，射程远，威力大，在雅克萨自卫攻
城战中发挥了重要作用。

设置驿站——为在雅克萨战争中传递军报，自吉林乌
拉至黑龙江城需设驿站。户部初议设十驿，但康熙帝命派
员会同向导"详加丈量"[2]。经郎中包奇等反复丈量，实
为"一千三百四十里，置十九驿。此为黑龙江省创设台站之
始"[3]。于是，黑龙江将军辖19驿，宁古塔将军辖22驿，盛京
将军辖24驿[4]，京师谕旨，江城军报，驿站传送，南北畅通，
既密切了清廷与边徼的政治联系，也加强了黑龙江地区反侵略
的军事力量。

扫清外围——康熙帝派军将雅克萨以下沿江的敌堡全部拔
除；令蒙古车臣汗断绝与俄国的贸易；又派人前往雅克萨地区
"刈其田禾，不令收获"[5]。这就使雅克萨成为一座粮断援绝的
孤城。

---

[1]《皇朝礼器图式》卷一六。

[2]《清圣祖实录》卷一一二，康熙二十二年十月庚申。

[3] 徐宗亮《黑龙江述略》卷二。

[4] 杨宾《柳边纪略》卷二。

[5]《清圣祖实录》卷一一五，康熙二十三年五月甲申。

侦察敌情——清廷派副都统郎坦等率几百人，以捕鹿为名，沿黑龙江行围，直抵雅克萨城下，探明其居址、地形、情势和交通[1]；并派大学士明珠之子、一等侍卫纳兰性德随同前往[2]。清军又派出以倍勒尔为首30余人的侦察队伍，潜入敌巢，捉回6名"舌头"[3]，为清军收复雅克萨提供了重要军事情报。

清朝政府在做了一系列充分准备之后，会议进取雅克萨方略。都统、公瓦山与黑龙江将军萨布素等会奏：

> 我兵于四月杪，水陆并进，抵雅克萨招抚——不行纳款，则攻其城；倘万难克取，即遵前旨，毁其田禾以归。[4]

议政王大臣等议如所奏。康熙帝决定排除干扰，命将出师，进行雅克萨自卫反击战，深入挞伐沙俄侵略者。

康熙二十四年（1685）四月二十八日，受康熙帝之命，都统彭春、副都统郎坦和班达尔沙、黑龙江将军萨布素和建义侯林兴珠等统领由满、汉、蒙古、达斡尔等民族组成的军队约2000人，分水陆两军，向雅克萨进发。一队队抗俄轻骑，同仇敌忾，马蹄疾驰，尘埃飞扬；一船船藤牌勇士，怒火燃胸，帆樯纤缆，溯江直上。当地各族居民，积极配合清军作战。他们争做向导，探报敌情，送粮运炮，袭击罗刹。

五月二十二日，清军主力进抵雅克萨城下。雅克萨城平面呈矩形，长18俄丈，宽13俄丈，三面围以木墙和2俄丈宽的

---

〔1〕《清圣祖实录》卷一〇四，康熙二十一年八月庚寅。
〔2〕 徐乾学《纳兰性德碑文》，《通志堂集》卷一九。
〔3〕《清圣祖实录》卷一二〇，康熙二十四年四月戊戌。
〔4〕《清圣祖实录》卷一一九，康熙二十四年正月癸未。

壕堑。靠陆地一侧墙上盖有塔楼，塔楼下辟城门、上设岗哨。在临河一侧建有两座带住房的塔楼。城里建了粮仓、教堂和店铺。其军役人员平时的住处在城外，护以木栅和刺障[1]。城内外有450人。清军前锋抵雅克萨郊野后，"击其哨兵，尽擒之"[2]。托尔布津急命烧毁关厢房舍，将军役人员撤入城内，以负隅顽抗。

二十三日，清军水陆列阵，包围雅克萨。在清军到达后，攻城之前，都统彭春向托尔布津发出行前康熙帝御定并分别用满、蒙、俄三种文字书写的咨文：

> 前屡经遣人移文，命尔等撤回人众，以逋逃归我。数年不报，反深入内地，纵掠民间子女，构乱不休。乃发兵截尔等路，招抚恒滚诸地罗刹，赦而不诛。因尔等仍不去雅克萨，特遣劲旅徂征。以此兵威，何难灭尔！但率土之民，朕无不恻然垂悯，欲其得所，故不忍遽加歼除，反覆告诫。尔等欲相安无事，可速回雅库，于彼为界，捕貂收赋，毋复入内地构乱，归我逋逃，我亦归尔逃来之罗刹。果尔，则界上得以贸易，彼此晏居，兵戈不兴；倘执迷不悟，仍然拒命，大兵必攻破雅克萨城，歼除尔众矣！[3]

但是，由于俄国殖民者恃强负固，对咨文置若罔闻。

二十四日，有一队增援雅克萨的哥萨克乘筏顺江而下，在

---

〔1〕 巴赫鲁申《哥萨克在黑龙江上》中译本，第49页。

〔2〕 陈仪《萨布素传》，《碑传集》卷一一五〇。

〔3〕 《清圣祖实录》卷一一九，康熙二十四年正月癸未。

城外江面受到清水师的截击。建义侯林兴珠率福建藤牌兵奋勇杀敌："众裸而入水，冒藤牌于顶，持搗刀以进。罗刹众见之，惊所未见，呼曰'大帽靶子'。众皆在水中，火器无所施；而藤牌蔽其首，枪矢不能入。以长刀掠牌〔筏〕上，折其胫，皆踣江中。"[1]乘哥萨克惊魂未定，"阿米纳等跃入罗刹舟中，杀败乘筏往雅克萨城之罗刹"[2]。水战结果，俄军被杀伤大半，余众奔溃而逃，清军未丧一人。

当日夜，清军开始攻城：在城南，彭春派黑龙江将军萨布素、副都统班达尔沙、协领纳秦[3]、营门校尉胡布诺等进兵，设置挡牌土垒，施放矢镞；在城北，遣副都统温岱、护军参领瓦哈纳、提督刘兆奇等率军潜进红衣炮，猛烈轰击；在两翼，令护军参领博里秋、营门校尉乌沙等放神威大将军炮进行夹攻；又令都督何佑、副都统雅齐纳，镇守达斡尔提督白克等在江面密布战舰，巡逻打援，严防敌窜[4]。清军各路互相配合，激烈攻城。经过鏖战，雅克萨城内"一百人被击毙，塔楼与城堡，破坏无遗，商铺、粮仓以及教堂，连同钟楼，统统被火药箭烧毁。除此以外，全部火药和铅弹，皆已告罄"[5]。神甫额摩尔金手捧十字架，仰呼上帝，为败军打气，也无济于事。

二十五日，郎坦令在城下"三面积柴，将焚城"。城内俄军

---

〔1〕 刘献廷《广阳杂记》卷二。

〔2〕 《康熙起居注册》，康熙二十四年十月二十三日庚戌。

〔3〕 《八旗通志·郎谈传》载："分遣副都统雅钦（纳秦）……"而《康熙起居注册》二十四年九月初七日载："兵部题黑龙江副都统雅齐纳革职员缺，开列侍郎阿兰泰等。上曰：'协领纳秦人材健壮堪用，着升补此缺。'"是证纳秦时为协领，《八旗通志·郎谈传》载误。

〔4〕 《八旗通志》卷一五三《郎谈传》。

〔5〕 巴赫鲁申《哥萨克在黑龙江上》中译本，第65页。

伤亡惨重，力竭势穷。神甫额摩尔金等要求托尔布津向清军投降，求允堡内军民撤退至尼布楚。托尔布津四面楚歌，走投无路，派员至清军大营"稽颡乞降"[1]。彭春等遵照康熙帝"勿杀一人，俾还故土"[2]的谕旨，给予降人以宽大待遇：允许"堡内驻军携带武器和行李撤退"[3]，并供给马匹和食物；另有25人不愿回俄国，要求留居中国，后来清政府将他们编入上三旗[4]，给予妥善安置。托尔布津等感激万分，"稽颡而去"，并保证不再回雅克萨骚扰。城内被俄国殖民者抓去的100余名我国达斡尔等族人，也得释回归。

清军光复被沙俄侵略军窃据长达20年的雅克萨之后，没有派兵驻守，也没有刈取庄稼，仅焚毁城堡，回军瑷珲。第一次雅克萨之战胜利结束。

三

在雅克萨之战捷报传奏行幄、举朝上下共庆凯旋之际，俄国殖民者却在窥伺时机，侦察虚实，集结兵力，准备反扑。托尔布津等回到尼布楚后，尼布楚督军弗拉索夫派人往雅克萨方面进行侦察。弗拉索夫得到雅克萨清军返航瑷珲和城外庄稼完整无损的探报后，决定派军重据雅克萨。

同年六月，尼布楚督军弗拉索夫派托尔布津和拜顿率领500余人，携带大炮和弹药，又侵占了雅克萨。殖民者在雅克

---

[1]《平定罗刹方略》二。

[2]《清圣祖实录》卷一二一，康熙二十四年六月癸巳。

[3] 拉文斯坦《俄国人在黑龙江》中译本，第42页。

[4]《康熙起居注册》，康熙二十四年十月二十二日己酉。

萨废墟上构筑城堡，四周围以长方形土城，长40俄丈，宽36俄丈，底宽4俄丈，高1.5俄丈，城上起筑炮垒，城外挖掘壕堑。堑外陆地一侧竖立木栅，直抵江边。托尔布津再筑雅克萨城堡，挑起战端，黑龙江畔又袭来了腥风血雨。第二次雅克萨自卫反击战迫在眉睫。

沙俄殖民者重占雅克萨的行径，激起清朝军民极大的愤慨。当地的奇勒尔人、达斡尔人等将沙俄殖民者重据雅克萨的消息，驰骑报告黑龙江将军衙门。黑龙江将军萨布素即驰奏清廷"鄂罗斯复来城雅克萨地"[1]，并待示方略。先是，在得到雅克萨捷报后，康熙帝谕大学士等言"至雅克萨城，虽已克取，防御决不可疏"[2]，其永驻官兵戍守事，着议政王大臣等会议具奏。廷议尚未奏闻，边警军报驰至。康熙帝以萨布素所奏，并非遣人亲抵雅克萨侦取确音，而是道听传闻之言，因命确探实情以闻。在查实沙俄侵略军窃据雅克萨之后，康熙帝颁发谕旨：

> 今罗刹复回雅克萨，筑城盘踞，若不速行扑剿，势必积粮坚守，图之不易。其令将军萨布素等，姑停迁移家口，如前所请，速修船舰，统领乌喇、宁古塔官兵，驰赴黑龙江城。至日，酌留盛京兵镇守，止率所部二千人，攻取雅克萨城。并量选候补官员及见在八旗汉军内，福建藤牌兵四百人，令建义侯林兴珠率往。[3]

---

〔1〕《清圣祖实录》卷一二四，康熙二十五年正月甲戌。
〔2〕《清圣祖实录》卷一二一，康熙二十四年六月癸卯。
〔3〕《清圣祖实录》卷一二四，康熙二十五年二月丁酉。

康熙二十五年（1686）五月二十八日，黑龙江将军萨布素、副都统郎坦和班达尔沙、建义侯林兴珠等率军2000余人，分水陆两路，会师查克丹，进逼雅克萨城。托尔布津下令焚毁关厢，"退进要塞，挖洞穴居"[1]，顽守城堡。萨布素要求沙俄侵略军投降，托尔布津不答。

六月初四日夜，清军发动攻城：副都统郎坦率兵从城北用红衣炮向城内轰击；副都统班达尔沙率步、骑兵从城南攻击——清军施放炮火，奋勇仰攻，自夜至旦，予敌重创。七月十四日，清军又发动猛烈攻城战，但城内俄军藏在地穴里躲避清军炮火的攻击。敌军先后五次出城逆战，均被清军击败。清军每天都向城内发炮轰击，俄军死伤人数也在逐日加增。八月中，俄军头目托尔布津被清军炮弹击中，右腿齐膝被炸断，血肉横飞，呻吟不止，四天后伤重毙命[2]。拜顿继任为统领。后清军加强了对雅克萨的封锁。清军在城西要地设立营寨，控制江面，切断从尼布楚方向援敌的通道。城内无井，饮水全靠通向黑龙江的水道。清军激战四昼夜，断其水道，并在城下"三面掘壕筑垒，壕外置木桩鹿角，分汛防御"[3]，把城堡团团围住。神威无敌大将军炮又日夜猛击城堡，侵略军已困于城中。

在清军围攻之下，侵略军死伤累累。到十月中，严冬逼临，俄军困守孤城，饮水匮乏，柴薪奇缺，弹尽粮竭，饥寒交加。噩运接踵，堡内俄军住在阴暗潮湿的地窖里，坏血病蔓延，患者盈窖，死者枕藉。在736名沙俄侵略军中，大部分战死、病

〔1〕 涅维尔科伊《俄国海军军官在俄国远东的功勋》中译本，第35页。
〔2〕 拉文斯坦《俄国人在黑龙江》中译本，第45页。
〔3〕 《清史列传》卷一〇《萨布素传》。

死，只剩下 115 人。清军料到城中俄军的困境，便将劝降书绑在箭上射入城内，允其投降后，可自由撤回；但被拜顿拒绝。此后城内情况继续恶化，官兵不断死亡，至来年春，"杯敦（拜顿）已病危，唯余二十余人，亦皆羸病"[1]。雅克萨的侵略军水断粮绝，死伤殆尽，孤立穷竭，无力拒守，围城且夕可下。

清政府在兵迫雅克萨城下的同时，再次表现出和平谈判解决两国边境问题的愿望。清政府给沙俄政府咨文言：

> 我领兵大臣命鄂罗斯降人伊凡·米海罗莫洛多依，持书送尼布楚、雅克萨头目，令其悔改，撤回本地。讵彼等仍收我逃人，拒不撤至伊界，朕乃进兵围雅克萨城。其鄂罗斯人俱行投降，未戮一人，悉行放回，并再三晓谕，令其撤至伊界，毋复来犯。今鄂罗斯人乘我班师之隙，竟复占雅克萨，将我人员俱行杀害。……惟虽经屡次宣谕，鄂罗斯人竟不撤回，死守尼布楚、雅克萨地方。今仍望察汉汗撤回属民，以雅库等某地为界，各于界内打牲，彼此和睦相处。[2]

清廷和平谈判的咨文[3]和雅克萨俄军的败报，在沙皇政府中产生了强烈的反响。沙皇政府鉴于它在雅克萨城下吃了败仗，其内部矛盾重重；同时，它的战略重点在西方，雅克萨离莫斯

---

[1] 巴赫鲁申《哥萨克在黑龙江上》第 69 页载"只剩下了六十六人"，此据《八旗通志·郎谈传》。

[2] 《兵部为俄应撤回侵我兵并于雅库立界事致俄皇咨文》，康熙二十五年七月三十日，故宫博物院明清档案部藏。

[3] 参见巴德利《俄国·蒙古·中国》中译本，下卷，第 1597—1601 页。

科辽远，无力把大量军队和物资运到中国进行更大规模的战争，因此，接受了清朝政府的谈判建议。

俄国政府派魏牛高和法俄罗瓦等为先遣使前来北京。俄国先遣使于九月二十五日到京。他们要求和平谈判、议定边界并"乞撤雅克萨之围"[1]。康熙帝即允其所请。他于同月二十八日，令黑龙江将军萨布素等"撤回雅克萨之兵，收集一所，近战舰立营，并晓谕城内罗刹。听其出入，毋得妄行攘夺；俟鄂罗斯后使至定议"[2]。康熙帝派侍卫马武到雅克萨，传达停止攻城的谕旨。十月十五日，萨布素根据马武传示的旨意，宣布停止攻城，军队后撤三俄里[3]。然而，俄军继续顽守城堡[4]。其时，雅克萨城内薪断粮竭，后"罗刹酋长杯敦（拜顿）遣人来求饮食"[5]，萨布素和郎坦即予惠济。翌年正月，康熙帝派太医携药往雅克萨为清军疾者治病。他谕示萨布素言："至于罗刹，虽与我兵对垒，但我兵攻雅克萨城，从未诛戮其人。如城中有患疾之罗刹，亦应听其就医，使还彼国。"[6]这种态度，充分表明清朝政府和平解决中俄边界问题的诚挚愿望。同年三月二十五日，清军又从城堡外后撤四俄里，停止对雅克萨的封锁，允许城内俄军出入，以至准许其同尼布楚联系。《哥萨克在黑龙江上》一书于此写道："残余的筋疲力尽的防军，得到了出城寻找食物，与涅尔琴斯克（尼布楚）取得联系，甚至从那里求得援助的机

---

〔1〕《平定罗刹方略》三。

〔2〕《清圣祖实录》卷一二七，康熙二十五年九月己酉。

〔3〕 拉文斯坦《俄国人在黑龙江》中译本，第45页。

〔4〕《十七世纪俄中关系》中译本，卷2，第8页。

〔5〕《八旗通志》卷一五三《郎谈传》。

〔6〕《清圣祖实录》卷一二九，康熙二十六年正月戊子。

会。中国指挥部不仅没有对此加以阻挠，相反，对敌人表现出非常温文尔雅的殷勤态度。"[1]

康熙帝在得到俄国谈判代表到达边境的奏报后，于康熙二十六年（1687）七月十二日，命"萨布素等统率官兵，乘天时未寒，还至黑龙江、墨尔根，修整器械，休息马匹，以度隆冬。仍于要地，严设斥堠"[2]。同月二十三日，黑龙江将军萨布素奉旨率领全部清军撤离雅克萨，回驻黑龙江城和墨尔根[3]。清朝政府主动停战，单方面无条件地从雅克萨撤军，历时一年零两个月的第二次雅克萨自卫反击战至此宣告结束，亦为行将在尼布楚举行的中俄边界谈判创造了有利条件。康熙二十八年（1689）中俄《尼布楚条约》签订后，俄军从中国领土上撤走，雅克萨又回到了祖国的怀抱。

雅克萨自卫反击战的胜利有着重要的历史意义。"中华民族的各族人民都反对外来民族的压迫，都要用反抗的手段解除这种压迫。"[4]雅克萨之战表现了中国各族人民不甘屈服于外来民族压迫的反抗精神和英雄气概。雅克萨之战是清俄关系史上的一个转折点。它沉重地打击了沙俄侵略者，斩断了沙俄伸向黑龙江流域40余年的侵略魔爪，遏止了沙俄对我国东北地区的进一步侵略，维护了中国的领土主权和民族尊严，使东北边疆获得了比较长久的安宁。雅克萨之战促成了康熙二十八年

---

[1]　巴赫鲁申《哥萨克在黑龙江上》中译本，第70页。

[2]　《清圣祖实录》卷一三〇，康熙二十六年七月戊子。

[3]　《平定罗刹方略》二；拉文斯坦《俄国人在黑龙江》中译本第46页作"中国人全部离开雅克萨，回到从前的齐齐哈尔和瑷珲去"，"齐齐哈尔"似为"墨尔根"之误。

[4]　《毛泽东选集》合订本，第617页。

（1689）中俄尼布楚会议的召开。中俄双方经过平等谈判，在中国方面做了重大让步的情况下，签订了《尼布楚条约》。它规定了中俄两国的东段边界，从法律上划定了以额尔古纳河、格尔毕齐河和外兴安岭为界，整个外兴安岭以南、黑龙江和乌苏里江流域（包括库页岛）都是中国的领土。胜利的雅克萨自卫反击战，在中华民族反对外国侵略的斗争史上，写下了光辉的一页。

（原载《北京师范大学学报》1978 年第 5 期）

清代名将萨布素

萨布素（1629—1701），姓富察氏，宁古塔（今黑龙江省宁安市）人，隶满洲镶黄旗，是清初著名的爱国将领。

"出身微贱" 年轻有为

萨布素的四世祖充顺，居住在噶哈里（今吉林延边汪清县境），膂力过人，笃好仁爱，为岳克通鄂城主。在清太祖努尔哈赤统一女真各部的进程中，充顺归附于后金。天命十年（1625），后金迁都沈阳后，萨布素的三世祖哈木都也携眷移居沈阳。他的祖父哈尔苏军功不著，史传缺载。萨布素的父亲随哈纳被派往宁古塔驻防，就在这里安家落户。

宁古塔老城在今宁安县城西北 50 里的海浪河南岸，背山面水，水草肥美。城高丈余，周围一里，东西各一门，是一座不太大的边城。随哈纳在宁古塔城的南马场，做一名低级的官员。他的妻子舒木鲁氏，生有二子：长为萨布素，次为党丹。萨布素因父亲官职低微，所以史称其"出身微贱"。

萨布素少年时聪明伶俐，勤奋好学。他像其他满族少年一样，八九岁就开始用一种满语叫作"斐兰"的小弓，练习射箭，还常帮助父亲牧放马群。稍长便随同族人行围打猎，驰射山林。萨布素在青少年时所受的家庭教育和生活磨炼，使他勤劳朴实，待人宽厚，勇敢坚毅，弓马娴熟。萨布素成年后，被挑补披甲，在宁古塔城当兵。

在萨布素青少年时期，黑龙江流域受到俄军的侵略。崇德八年（1643），沙俄波雅科夫率兵翻越外兴安岭，侵入精奇里江（今结雅河）流域，受到达斡尔人的反击。他们因抢不到粮食，竟以被杀害的达斡尔人尸体作为食物。顺治六年（1649），沙俄哈巴罗夫又率兵侵入黑龙江流域，捕捉人质，强索貂皮，抢劫粮食，掳掠妇女。顺治八年（1651），侵略军攻占桂古达尔屯寨（在今呼玛尔以北）后，一次就杀死达斡尔人 661 名，掳去妇女和儿童 361 人。

顺治十年（1653），清廷命沙尔虎达为昂邦章京，镇守宁古塔地方，以加强黑龙江流域的防务。从此，宁古塔（吉林）昂邦章京辖区从盛京昂邦章京辖区中析置出来，成为与其同级的军政区。萨布素在沙尔虎达麾下披甲，不久因粗通文墨，喜读《三国演义》，勤于职，有韬略，被提拔为笔帖式（书手）。沙尔虎达任昂邦章京后，慑于前宁古塔章京海色因反击沙俄侵略不力而被处死，挑补丁壮，修船造炮，练兵习武，反击侵略。顺治十一年（1654），沙尔虎达获取击败斯捷潘诺夫进犯的松花江之捷。顺治十四年（1667），又在尚坚乌黑（据考其地在今黑龙江佳木斯市郊一带），击败斯捷潘诺夫。第二年，沙尔虎达率船舰 40 余艘，在松花江口再败沙俄侵略军，俄军头目斯捷潘诺夫葬身鱼腹。萨布素随沙尔虎达屡败沙俄侵略军，并被晋升为武职正六品的骁骑校。但顺治十六年（1659）沙尔虎达病故，清廷命其子巴海继任为宁古塔昂邦章京。萨布素则继续在巴海麾下任职。

康熙元年（1662），清廷以宁古塔为东北边陲要地，改巴海为宁古塔将军。巴海兴建宁古塔新城，新城在旧城南约 60 里。内城周约 2 里，北为将军衙署，东、南、西各开一门。外城设木城两重，周约 8 里，开四门，南临牡丹江。后宁古塔将军移驻新城。萨布素为新城的修建而殚心经营。

康熙三年（1664），宁古塔将军率师前往黑龙江下游费雅喀、赫哲地区，萨布素随往。巴海在恒滚河即阿姆贡河口一带的黑喇乌苏，击败沙俄侵略军。从此，黑龙江下游地区边患稍息。萨布素以军功，署防御（官职在骁骑校之上、佐领之下）。

但是，康熙四年（1665），沙俄切尔尼果夫斯基继俄军于顺治十五年（1658）强占尼布楚（涅尔琴斯克）之后，又窜至雅克萨（阿尔巴津）。雅克萨位于黑龙江上游左岸，与额穆尔河口隔江相对。俄军在雅克萨四处抢掠，垒城筑室。城堡西部朝向黑龙江，位置在高峻悬崖上，其周围是一片开阔的农田、牧场和沼泽。雅克萨是从贝加尔湖方向和从雅库茨克方向进入黑龙江地区的水陆咽喉。俄军占领雅克萨后，不仅剽掠人口，强夺貂皮，而且把 20 名中国猎人关进一间屋子里，活活烧死，并抢走了这些猎人的财物和马匹，犯下令人发指的罪行。

康熙十年（1671），康熙帝首次东巡。他除谒陵祭祖外，还在爱新地方召见宁古塔将军，谕其对沙俄侵略"加意防御，操练士马，整备器械，毋堕狡计"[1]，并命宁古塔将军对费雅喀、赫哲等部民"广布教化"。于是，宁古塔将军将招抚珲春河以北的少数民族居民，编为 12 个佐领，移住吉林。其后，

---

〔1〕《清圣祖实录》卷三七，康熙十年十月壬辰。

宁古塔将军大规模地招抚新满洲，包括松花江下游、诺罗河、乌苏里江和穆棱河流域的部民，编成40个佐领，安置在宁古塔和吉林等地。康熙十五年（1676），宁古塔将军移驻吉林，萨布素以武职从三品的协领留守宁古塔，继续练兵戍守，招抚新满洲。康熙十六年（1677）四月，康熙帝派武默讷等前往瞻视长白山。六月，武默讷等至吉林。宁古塔将军派协领萨布素率二百兵、携三月粮，护送武默讷等往长白山。武默讷、萨布素一行，从吉林出发，循温德亨河、库勒纳岭、奇尔萨河、布尔堪河、纳丹佛勒城等陆行七日，抵讷殷江岸。其时先行运粮的船队也到达此地。武默讷和萨布素分道而进：武默讷等乘小船由江中逆流而上；萨布素带领官兵由瓦努河逆航二日，至佛多和河顺航一日，先武默讷一日抵额赫讷殷。从这里往前望去，林木蔽天，无路可寻。萨布素亲率官兵，伐木开路，艰难前进，行30余里，登上山岭，升树而望，见长白山熠熠白光，巍巍挺拔，计相距百余里。萨布素派人报告武默讷后，又开路同行一日，听见林中鹤鸣，即寻声疾走，找到鹿蹊，循蹊驰行，进至山麓。武默讷、萨布素对山礼毕，云雾散开，峰峦清晰，香树纷郁，黄花灿烂。萨布素先登上山巅，只见五峰环拱耸立，天池碧波粼粼。随之萨布素测量了天池至峰顶的距离为250丈。瞻礼后，武默讷和萨布素等由原路返回吉林。第二年，康熙帝再遣武默讷前往封长白山之神，祀典如同五岳。康熙十七年（1678），升萨布素为宁古塔副都统。

肩负重任　反击侵略

先是，康熙十二年（1673），吴三桂、耿精忠、尚之信先后发动了反叛清廷的战争。清从东北抽调大量军队入关，以平定"三藩之乱"。东北防务，一度空虚。这时沙俄加紧了对黑龙江流域的侵略。康熙十九年（1680），俄国成立尼布楚督军区。随后，俄军一路沿额尔古纳河，另一路沿黑龙江中下游进犯，并派俄军乘船顺黑龙江而下，直至下游广大地区。这正如康熙帝所指出的："向者罗刹（俄罗斯），无故犯边，收我逋逃，后渐越界而来，扰害索伦、赫哲、飞牙喀（费雅喀）、奇勒尔诸地，不遑宁处，剽劫人口，抢掳村庄，攘夺貂皮，肆恶多端。是以屡遣人宣谕，复移文来使，罗刹竟不报命，反深入赫哲、飞牙喀一带，扰害益甚。"[1]

康熙帝在平定"三藩之乱"和统一台湾后，即将战略重点转向东北边疆，加强边防建设，准备剿灭沙俄侵略军。

康熙二十一年（1682），康熙帝以"三藩"平定，第二次东巡。谒告祖陵，兼巡视边疆、远览形胜。康熙帝祭陵后，率领诸王大臣至吉林，遥拜长白山，泛舟松花江，船200余艘，旌旗朱缨映水，采帆画鹢风轻，连樯接舰，格外壮观。萨布素受到康熙帝的召见。同年八月，康熙帝遣副都统郎坦、彭春偕宁古塔副都统萨布素率几百人，以捕鹿为名，沿黑龙江行围，直抵雅克萨城下，探明居址、地形、道里、交通。萨布素同郎坦、彭春等从墨尔根（今黑龙江省嫩江）越兴安岭，行程十六日，抵雅克萨。萨布素熟悉东北山川形势，遂与郎坦、彭春在雅克萨城外"指画言可图状"[2]。萨布素还与随同官员察看从瑷珲至额苏里的舟行水路，以及从额苏里至宁古塔的陆路交通。郎坦

---

〔1〕《清圣祖实录》卷一一九，康熙二十四年正月癸未。
〔2〕 陈仪《萨布素传》，《碑传集》卷一一五。

和彭春回京后，奏称雅克萨易取。康熙帝考虑到以往黑龙江一带没有建城驻兵，从宁古塔出兵反击，每次都因粮食不继而停止，而俄国侵略军虽为数不多，却筑城居住，耕种自给，因而造成"我进则彼退，我退则彼进，用兵无已，边民不安"[1]的局面，命建黑龙江（瑷珲）与呼玛尔（呼玛）两地木城，并调宁古塔兵1500名前往驻扎。

康熙二十二年（1683）四月，吉林将军巴海等奏言：瑷珲、呼玛尔距雅克萨辽远，若驻兵两处，则势分道阻，难于防御，而且过了雅克萨，有尼布楚等城，如俄兵从水路运粮，增兵救援，更难为计——宜乘其积储未备，速行征剿。巴海等"速行征剿"的奏疏，同康熙帝在瑷珲和呼玛尔"建城永戍"的旨意相抵牾。疏下议政王大臣会议，议如所请。康熙帝以其未合机宜，命再议。他对巴海等的上述疏奏不甚满意，决定巴海仍留守吉林，命副都统萨布素同瓦礼祜率军前往黑龙江。因瑷珲与呼玛尔之间的额苏里，可以藏船，有田垄旧迹，允王大臣所议，在此建木城，由萨布素与瓦礼祜率兵驻守。

同年夏，萨布素率吉林和宁古塔官兵1500人，分水陆两路行进，于三姓（今黑龙江省依兰）地方会合，向黑龙江进发。不久，清军进至特尔德尼附近，发现一队俄军乘船顺流而下。萨布素令将俄军包围，俄军势孤力竭而降。后清廷命郎坦会商黑龙江驻兵事宜。寻奏言：额苏里于今年七月，便降霜雪。若在明年秋后移宁古塔兵往驻，恐地寒霜早，谷物不获，难以糊口。应就近移达斡尔兵五百人，在来春赴额苏里耕种，再派宁古塔兵三千人，分为三班，轮番驻防。康熙帝谕斥道：

---

[1]《清圣祖实录》卷一一九，康熙二十四年正月癸未。

"兵丁频事更番，必致困苦，非久长之策"[1]，因命在瑷珲建城戍兵，备船置炮，运贮粮食，设立驿站。萨布素即奏言："永戍黑龙江（瑷珲）诸务，上谕周详，悉宜遵奉。"[2]十月，清始设黑龙江将军。以萨布素"年力强壮，文武兼通，才堪委用"[3]，着授为黑龙江将军。黑龙江将军的辖境，东至宁古塔西界，西接额尔古纳河，南临漠南蒙古，北跨外兴安岭。黑龙江将军与盛京将军、吉林将军鼎称，奠定了后来东北三省区划的建制。黑龙江将军萨布素受命后，即着手加强边疆防务，准备抗俄战争。

第一，建瑷珲城。萨布素经过勘察，在精奇里江口的黑龙江东岸，瑷珲河畔明忽里平寨址，建瑷珲城。城为方形，四周覆以带草的土垴，城外掘濠，濠外设栅。不久，萨布素因瑷珲城僻处江东，水上交通及公文往来均不方便，一旦有警，缓不济急，遂决定在黑龙江西岸托尔加城旧址，另建瑷珲城（今黑河县爱辉公社爱辉大队）。原瑷珲城称为旧瑷珲。康熙二十三年（1684），"左枕龙江，右环兴岭"[4]的新瑷珲城建成，遂成为北陲屏藩，北门锁钥。

第二，运贮粮食。清开辟辽河、松花江和黑龙江的水陆粮食联运，即从辽河的巨流河渡口，溯流运至东辽河等色屯（今吉林梨树县），再陆运至伊屯门（今吉林伊通县），经伊通河入松花江，顺江而下入黑龙江，再溯黑龙江而上抵瑷珲。清廷先命萨布素负责从松花江口至瑷珲的黑龙江上粮食水运，后又命

〔1〕 何秋涛《平定罗刹方略一》，《朔方备乘》卷首五。

〔2〕 《清圣祖实录》卷一一二，康熙二十二年九月丁丑。

〔3〕 《康熙起居注册》康熙二十年五月十六日戊辰，中国第一历史档案馆藏。

〔4〕 何秋涛《北徼形势考》，《朔方备乘》卷一一。

其统管松花江与黑龙江的水运。康熙二十三年（1684）春，萨布素组织吉林、打牲乌喇和宁古塔的兵丁、猎户共2000余人，将辽河流域等地的粮食水运至瑷珲。

第三，屯田备兵。萨布素根据康熙帝"我兵一至，即行耕种"的谕旨，在瑷珲等地屯田。他又调达斡尔官兵500人，赴额苏里耕种戍守，并逐渐迁移满洲、达斡尔等官兵家口于戍地。清廷又命先后修造大小船舰及运粮船数百艘，并命铸造红衣大炮等运往瑷珲。萨布素整肃部伍，训练士卒，日习水战，操演施炮，加紧备兵，准备作战。

第四，拔敌据点。康熙二十二年（1683）冬，萨布素与精奇里江一带鄂伦春头人朱尔铿格等，会同派兵扫除沿江被俄军侵据的堡垒。他们先后拔除多隆斯克、西林宾斯克、结雅斯克，并救出被关押的人质。康熙二十三年（1684）春，萨布素等疏请于四月冰解后，派官兵300人，携炮四门，以费雅喀人为向导，对黑龙江下游地区进行招抚，"不即归降，则进兵剿灭"，若敌兵"闻风先遁，所发之兵，即乘机安辑"。[1]他的陈奏获准后，便派兵进抵恒滚河一带，俄军闻风先遁。萨布素同当地少数民族共同拔掉黑龙江中下游的俄军侵略据点，唯余其在上游的最后据点——雅克萨。

雅克萨城　两败俄军

康熙二十三年（1684）七月，黑龙江将军萨布素受到康熙帝"坐失机宜"的谴责。先是，侍郎马喇曾疏请"敕黑龙江将

---

〔1〕《清圣祖实录》卷一一四，康熙二十三年正月乙酉。

军，水陆并进，作攻取雅克萨状，因取其田禾，则罗刹不久自困，量遣轻骑，剿灭似易"[1]。因此，康熙帝命萨布素进兵雅克萨，取其田禾，使之自困。但萨布素委婉地疏言：臣军粮六月初三日始能运到，分粮、治装至初十日方能启行，溯江而上，约需一月，其时雅克萨城外庄稼已收割完毕，则取禾无及，徒劳士马，请于来年四月进兵。康熙帝览奏后，虽在表面上斥责萨布素，但在实际上仍采纳了他的疏议，后派都统瓦山等往瑷珲，会同萨布素议商攻取雅克萨的作战方案。

康熙二十四年（1685）正月，萨布素同瓦山经过精心谋划，会奏攻取雅克萨的作战方案："我兵于四月杪，水陆并进，抵雅克萨招抚，不行纳款，则攻其城。倘万难克取，即遵前旨，毁其田禾以归。"[2]议政王大臣等议如所奏，并获旨准。清廷即派都统彭春任统帅，并派副都统班达尔沙、护军统领佟宝、副都统马喇、銮仪使林兴珠及台湾投诚左都督何佑等，分率八旗、绿营兵丁及藤牌兵赴瑷珲，会同黑龙江将军萨布素收复雅克萨。

三月初五日，先期赴雅克萨侦察的达斡尔30多人，生擒俄军7人，从口供中得知雅克萨城的设防及兵力不足千人的情况，为彭春、萨布素提供了重要的情报。

四月二十八日，都统彭春、将军萨布素等统领清军约3000人，携火炮、刀矛和藤牌等兵器，分水陆两路，向雅克萨进发。萨布素指挥的前锋骑兵，先抵雅克萨城郊，"击其哨兵，尽擒之"[3]，扫清了雅克萨城的外围敌军。五月二十三日，清大军抵

[1]《清圣祖实录》卷一一五，康熙二十三年五月甲申。
[2]《清圣祖实录》卷一一九，康熙二十四年正月癸未。
[3] 陈仪《萨布素传》，《碑传集》卷一一五。

雅克萨城下，当即向俄军头目托尔布津发出用满、蒙、俄三种文字书写的咨文：要求其撤出雅克萨，归还我逃人，以雅库茨克为界，互相贸易，彼此晏居；"倘执迷不悟，仍然拒命，大兵必攻破雅克萨城，歼除尔众矣"[1]。托尔布津恃其城垣坚固，有兵450人、炮3门、鸟枪300支，不肯迁归。二十三日，彭春、萨布素等，分水陆两路，列营攻城：萨布素亲率陆师阵于城南，列红衣炮于城北，集重师于城东南，布战舰于城西江面巡逻打援、严防敌窜。二十四日夜，将神威将军等火器移置于阵前。二十五日黎明，急进攻城，发炮轰击，城垣断毁，敌不能支。二十六日上午，托尔布津"稽首乞降"。都统彭春、黑龙江将军萨布素等遵照康熙帝"勿杀一人，俾还故土"的谕旨，准其撤离雅克萨，后俄军回至尼布楚，清军赶走俄军后，平毁雅克萨城，即行班师。留副都统纳秦驻守瑷珲，派兵500名在瑷珲和墨尔根屯田戍守，自吉林经墨尔根至瑷珲增设驿站，萨布素移驻墨尔根并建城防御。黑龙江将军萨布素在雅克萨之捷中的战功，受到康熙帝的嘉奖。

俄军撤回尼布楚后，由拜顿率领的600余名援军由莫斯科到了尼布楚。尼布楚督军伊凡·符拉索夫，派出哥萨克70人赴雅克萨侦察，侦知清军已经毁城撤兵。同年八月，托尔布津偕拜顿率俄军再次侵据雅克萨。他们依旧址筑城，城墙夹板，中填泥土，外面涂泥。在江面一侧竖立木栅。据雅克萨的俄军兵力增至800余人，炮11门，炮弹和榴弹157发。[2]

康熙二十五年（1686）正月，萨布素奏称："罗刹复来雅克

---

〔1〕《清圣祖实录》卷一一九，康熙二十四年正月癸未。

〔2〕 瓦西里耶夫《外贝加尔的哥萨克（史纲）》中译本，第257页。

萨，筑城盘踞。臣请于冰消时，督修船舰，亲率官兵，相机进剿。"康熙帝览奏后，派理藩院郎中满丕前往，满丕查明萨布素所奏属实。二月十三日，康熙颁发谕旨说，对复据雅克萨的俄军，若不速行扑剿，势必积粮坚守，图之不易。于是"令将军萨布素等，姑停迁移家口，如前所请，速修船舰，统领乌喇、宁古塔官兵，驰赴黑龙江城（瑷珲）。至日，酌留盛京兵镇守，止率所部二千人，攻取雅克萨城"[1]，并令建义侯林兴珠率八旗汉军及福建藤牌兵 400 人前往瑷珲。

六月底，黑龙江将军萨布素、副都统郎坦率清军 2000 余人，从瑷珲出发，七月十八日，会师于查克丹，进逼雅克萨城。俄军"退进要塞，挖洞穴居"[2]，准备负隅顽抗。七月二十三日，清军列阵围城，令侵略军撤离雅克萨，托尔布津不答，并鸣放枪炮，射击清军。萨布素命清军攻城，弓矢齐射，炮火轰鸣，托尔布津中弹身死。俄军改由拜顿指挥，继续顽抗。八月，萨布素命在雅克萨城的东、南、北三面，"掘长堑，立土垒，以困之"[3]。濠外设置木桩，划界分区围困。派舰在城西江面巡逻，截堵从尼布楚来的援兵。侵略军被围困长达十一个月，战死、病死很多，最后只剩下 66 人。雅克萨城旦夕可下。

俄国沙皇在雅克萨城危急之时，派官向清帝"乞撤雅克萨之围"，并遣使议定边界。此前清廷曾多次写信给俄国政府，谴责其侵略行径，要求其撤军谈判，但均未获结果。康熙帝在这次接到俄国政府信件后，即谕萨布素撤围城兵，列舰结营。

---

〔1〕《清圣祖实录》卷一二四，康熙二十五年二月丁酉。
〔2〕 涅维尔科伊《俄国海军军官在俄国远东的功勋》中译本，第 35 页。
〔3〕《八旗通志初集》卷一五三《郎谈传》。

十二月，康熙帝派侍卫马武到达雅克萨前线，宣布停止攻城。康熙二十六年（1687）八月，萨布素奉命将清军先撤至查克丹驻扎，后分别撤至瑷珲和墨尔根驻守。

康熙二十八年（1689），萨布素奉命随索额图等往尼布楚，同俄国代表费要多罗举行边界谈判。萨布素和郎坦率黑龙江兵1500人，分乘船只，装载粮米，从瑷珲出发，溯黑龙江而上，至尼布楚，设帐驻扎。在谈判过程中，萨布素既负责中国使团的安全保卫和粮食供应，又因熟悉东北山川形势而成为中国使团的重要成员。七月二十四日，缔结了中俄《尼布楚条约》，规定以外兴安岭至海、格尔毕齐河与额尔古纳河为中俄两国东段边界。

黑龙江以北，外兴安岭以南和乌苏里江以东至海地区为清朝领土，并规定俄国自毁雅克萨城，徙其人员以回。

《尼布楚条约》签订后，萨布素率黑龙江兵，顺江而下，返回瑷珲，后驻守墨尔根。萨布素回将军任后，负责勘界的事宜。

索额图奏称："将军萨布素等，系专为管辖黑龙江等处之人，勘界事宜完毕后，将交伊管理。"[1]尔后，萨布素即负责其将军辖区的管理、防务与建设。

巩固边防　建设北疆

清廷在取得两次雅克萨之战胜利、签订《尼布楚条约》之后，着手反击厄鲁特蒙古准噶尔部首领噶尔丹的东犯。噶尔丹骑兵的东进，骚扰了喀尔喀蒙古和漠南蒙古。黑龙江将军辖区

---

〔1〕《索额图等奏抵尼布楚以来与俄方官员往返交涉情形本》，中国第一历史档案馆藏。

西南接喀尔喀蒙古，南临漠南蒙古。康熙二十九年（1690），噶尔丹第一次东犯漠南蒙古，在乌兰布通（今内蒙古克什克腾旗境）兵败后，又图再犯。康熙帝命黑龙江将军萨布素整兵预备，要冲设防，并相机攻剿。

康熙三十四年（1695），萨布素奉命前往呼伦贝尔、索岳尔济山等地巡视，拟定沿索岳尔济山设防，堵御噶尔丹骑兵的防御计划。他疏奏说，臣拟派兵自盛京、吉林、墨尔根三处，至索岳尔济山，一一丈量，分程设站。在无水之处，掘井以待用。嗣后，若索岳尔济山的东北呼伦贝尔有警，则与臣驻军之地相近，臣即先进兵，吉林和盛京兵继之；若索岳尔济山之西乌尔会等处有警，则与盛京相近，盛京先进兵，吉林及臣兵继之——总期会于索岳尔济山以进。[1]康熙帝允其奏，并命他在噶尔丹顺克鲁伦河向呼伦贝尔、索岳尔济山东进时，即速行侦察，并酌情堵御。

康熙三十五年（1696）二月，康熙帝亲率三路大军出击噶尔丹：黑龙江将军萨布素率东三省地区军队，会内蒙古科尔沁部出东路，沿克鲁伦河遏其窜逸之路；大将军费扬古、将军孙思克率陕甘兵等出宁夏西路，邀其归路；自率禁旅由独石口出中路——裹粮长驱，分进合击，捕其主力，速战速决。萨布素调集所属各路大兵，于四月初由索岳尔济山，刻期驰进克鲁伦河。康熙帝亲临克鲁伦河流域。噶尔丹知道康熙帝亲率大军前来征讨时，吓得尽弃庐帐、器械西逃，在肯特山之南、土拉河之北、汗山之东的昭莫多，为西路大将军费扬古所败。萨布素奉旨在喀尔喀河附近择水草丰美地方秣马。六月，萨布素奉命

---

〔1〕《清圣祖实录》卷一六六，康熙三十四年正月甲子。

率兵1000往科图。康熙三十六年（1697）正月，萨布素因年老体弱被召回，寻令仍回原任。

康熙三十八年（1699），黑龙江将军移驻齐齐哈尔。其辖区以将军驻地齐齐哈尔计，东至杨山（布列亚山）2200余里吉林界，西至喀尔喀900余里车臣汗界，南至松花江500余里吉林界，北至外兴安岭3300余里沙俄界。萨布素任黑龙江将军凡20年，在其辖区内，实行军政兼施的方针。

第一，设置军政机构。黑龙江将军萨布素，奏经清廷旨准，组建了其下齐齐哈尔、墨尔根和瑷珲的军政机构：齐齐哈尔城，将军、副都统各一员，统辖八旗。旗各协领一，佐领五，防御一，骁骑校五，火器营参领一员；该城满洲、汉军及索伦、达斡尔、巴尔虎兵共2040名。墨尔根城，副都统一员，协领四，旗各佐领二、防御二、骁骑校二，有兵900名。瑷珲城，副都统一员，协领四，旗各佐领三、防御一、骁骑校三，火器营则统于齐齐哈尔参领，有兵1200名。定例实行操练和围猎，以训练技勇，修武戍边。

第二，配置多种火器。萨布素治军，重视火器的配置和使用，神威无敌大将军炮，齐齐哈尔和瑷珲各4位；神威将军炮，齐齐哈尔和瑷珲各12位，墨尔根8位；龙炮，齐齐哈尔6位；威远炮，齐齐哈尔和瑷珲各1位。并配置火铳、鸟枪等多种火器。

第三，加强军民联防。萨布素遵奉康熙帝的谕旨，将其辖区内的少数民族索伦、达斡尔、巴尔虎三十二佐领兵，编入齐齐哈尔、墨尔根和瑷珲驻防八旗。又将鄂温克、鄂伦春等编入布特哈八旗，以旗统民，设官分治，屯种戍守，强固边防。

第四，建立巡边制度。《尼布楚条约》签订后，萨布素会同理藩院定制，其所属齐齐哈尔、墨尔根、瑷珲各副都统，于每年五、六月间，派遣协领、佐领等官，率兵分三路，至格尔毕齐、额尔古纳等处巡边，年终具疏报闻。沿边设立巡逻鄂博，加强边境巡察。

第五，严格驿站管理。萨布素经手建立自齐齐哈尔经墨尔根至瑷珲，又自瑷珲经宁古塔至吉林的驿站。自瑷珲至吉林1340里，共设19驿，每站设站丁30人，马20匹，牛30头，每丁种地5垧。萨布素为维护驿站制度，陈奏曾做过康熙帝侍卫的瑷珲副都统关保，滥用驿站车马。关保因此受到降五级调用的处分。

第六，开始设立学校。黑龙江地区文化教育比较落后。萨布素早在宁古塔任职时，就优礼从关内流放至宁古塔的文士吴兆骞、杨越等人。这些人既授徒教书，又撰写诗文。吴兆骞曾写有《送萨参领入都》和《奉赠副帅萨公》等诗。《尼布楚条约》签订后，黑龙江地区开始进入和平安定、开发经济的新时期，文化教育也得到了发展。康熙三十四年（1695），萨布素疏请在墨尔根两翼各设一所学校，设立教官，每年从索伦、达斡尔佐领下各选幼童入学，教习书义[1]。这是黑龙江地区"建学立师之始"。尔后，又在齐齐哈尔和瑷珲等城，相继建立学校，设师教学。

康熙三十七年（1698），康熙帝第三次东巡，在吉林召见萨布素，谕称："黑龙江将军萨布素，授任以来，为国效力，训练士卒，平定鄂罗斯，勤劳可嘉。着给一等阿达哈哈番，令

---

[1]《清圣祖实录》卷一六六，康熙三十四年二月癸巳。

其世袭。"〔1〕阿达哈哈番为满语音译，系勋爵，汉意译为轻车都尉。

黑龙江将军萨布素，被誉为康熙朝的"将军第一"〔2〕。

康熙四十年（1701）二月，黑龙江将军萨布素被以"捏报兵丁数目，浮支仓谷"〔3〕罪革任，并革去一等轻车都尉世职，在佐领上行走。寻授散秩大臣，后死。

（原题作《抗俄大将萨布素》，
载陈梧桐、苏双碧主编《中国历代名将》（下），
河南人民出版社，1987年）

---

〔1〕《清圣祖实录》卷一九〇，康熙三十七年十月己亥。
〔2〕陈仪《萨布素传》，《碑传集》卷一一五。
〔3〕《清圣祖实录》卷二〇三，康熙四十年二月己未朔。

清郑各庄行宫、王府与城池考

北京昌平郑各庄（郑家庄）有清康雍乾时期行宫、王府、城池与兵营的遗址。郑各庄的理王府，曾有书文述及。[1]但有关郑各庄城池、行宫的学术论文，经过检索，几无所见。因此，清郑各庄行宫、王府、城池、兵营之兴建，史事不明，尚需探讨。本文依据满文档案与汉文册籍、实地踏查与民间采访，加以综汇，爬梳条理，考证分析，略做考述。

一

康熙帝谕建郑各庄王府与营房事，最早的文献见于康熙六十一年（1722）《清圣祖实录》记载："朕因思郑家庄已盖设王府及兵丁住房，欲令阿哥一人往住，今着八旗每佐领下，派出一人，令往驻防。此所派满洲兵丁，编为八佐领；汉军，编为二佐领。朕往来此处，即着伊等看守当差。着八旗都统会同佐领等派往。"[2]这里只说在郑各庄[3]已建王府和营房，而没有

---

〔1〕 参见杨珍《清朝皇位继承制度》，学苑出版社，2001年，第312—313页。
〔2〕 《清圣祖实录》卷二九七，中华书局影印本，1985年，第876—877页。
〔3〕 郑各庄，康熙朝满文奏折中为"郑家庄"，雍正朝满文奏折中为（转下页）

谕及皇城与行宫事宜。

清郑各庄行宫、王府、城池与兵营，始建于康熙五十七年（1718）十二月。其最初根据是：笔者最近在台北故宫博物院查阅康熙和雍正两朝的满文档案，看到有"水渍霉斑"的康熙六十年（1721）十月十六日，监造郑各庄行宫与王府工程郎中尚之勋、五十一等四人，联署的满文奏折《上驷院郎中尚之勋等奏报郑家庄行宫工程用银数折》，其中对康熙郑各庄行宫、王府、城池与兵营兴建工程记载详细，汉译如下：

> 监造郑家庄地方行宫、王府郎中奴才尚之勋等谨奏：为奏闻事。
>
> 康熙五十七年十二月内，为在郑家庄地方营建行宫、王府、城垣及城楼、兵丁住房，经由内务府等衙门具奏，遣派我等。是以奴才等监造行宫之大小房屋二百九十间、游廊九十六间，王府之大小房屋一百八十九间，南极庙之大小房屋三十间，城楼十间、城门二座、城墙五百九十丈九尺五寸、流水之大沟四条、大小石桥十座、滚水坝一个、井十五眼，修葺土城五百二十四丈，挑挖护城河长六百六十七丈六尺，饭茶房、兵丁住房、铺子房共一千九百七十三间，夯筑土墙五千三百五十丈七尺一寸。营造此等工程，除取部司现有杉木、铜、锡、纸等项使用外，采买松木、柏木、椴木、柳木、樟木、榆木、清沙石、豆渣石、山子石、砖瓦、青白灰、

（接上页）"郑各庄"，《清圣祖实录》中为郑格庄、郑家庄。今名为郑各庄。清昌平人麻兆庆在《昌平外志》中认为："郑各庄"的"各"，旧均作"家"云云。本文在引文中照原文引用，但在行文中用"郑各庄"。

绳、麻刀、木钉、水坯、乌铁、磨铁等项及席子、苫箔、竹木、鱼肚胶等，计支付匠役之雇价银在内，共用银二十六万八千七百六十二两五钱六分三厘。其中扣除由部领银二十三万七百五十二两五钱六分三厘，富户监察御史鄂其善所交银二千二百二十两，富当所交银六百五十两，原员外郎乌勒讷所交银一万两，员外郎浑齐所交银一千八百一十两，顺天府府丞连孝先所交银一万七千六十七两八钱三分，并出售工程所伐木签、秤兑所得银四千八百八十三两五分二厘。以此银采买糊行宫壁纱橱、绘画斗方、热炕木、装修、建造斗栱、席棚、排置院内之缸、缸架、南极神开光做道场、锡香炉、蜡台、垫尺、桌子、杌子等项，匠役等所用笤帚、筐子、缸子、水桶等物，以及支给计档人、掌班等之饭钱，共用银四千八百六十七两三钱八分二厘，尚余银十五两六钱七分。今既工竣，相应将此余银如数交部。为此谨具奏闻。

上驷院郎中尚之勋、营造司郎中五十一、都虞司员外郎偏图、刑部郎中和顺。[1]

此为孤例，尚需佐证。经中国第一历史档案馆研究员郭美兰等查阅，找到康熙五十七年（1718）此项工程兴工的满文奏折。这份满文奏折为工程样式的文字说明，包括行宫、王府、城池，营房的间数、长宽、柱高、甬路等数据，大小房屋 2649 间，围墙、子墙、隔墙、土墙的长、宽、高及城楼、角楼等工

---

〔1〕《上驷院郎中尚之勋等奏报郑家庄行宫工程用银数折》（满文），康熙六十年十月十六日，郭美兰译，台北故宫博物院文献处藏。

程内容。[1]

由上，康熙郑各庄行宫与王府等工程，其开工与竣工的满文档案，亦始亦终，合掌印证。上述档案明确记载：

第一，清郑各庄行宫与王府等工程，康熙五十七年（1718）开始动工，五十八年（1719）正月初八日卯时兴工，二月初八日未时上梁[2]。康熙六十年（1721）十月竣工。

第二，所营建的行宫、王府、兵丁住房、庙宇、城垣及城楼、护城河等工程，其地点在今北京昌平郑各庄，而不在山西祁县郑家庄。

第三，工程包括：行宫房屋 290 间、游廊 96 间，王府房屋 189 间，南极庙房屋 30 间，城楼 10 间、城门 2 座、城墙 590 丈 5 寸、流水大沟 4 条、大小石桥 10 座、滚水坝 1 个，井 15 眼，修葺土城 524 丈，挑挖护城河长 667 丈 6 尺，饭茶房、兵丁住房、铺子房共 1973 间，夯筑土墙 5350 丈 7 尺 1 寸。

第四，郑家庄原有土城，奏报中"修葺土城五百二十四丈"可资证明。郑各庄修葺土城和夯筑土墙共长 5874 丈 7 尺 1 寸。

第五，行宫里建"nanji"庙，音译作"南济"[3]或"南极"庙。此典最早见于《史记·天官书》和《史记·封禅书》。[4]在

---

[1] 《内务府等奏为核计郑家庄马房城地方建房所需钱粮事折》（满文），康熙五十七年十二月初五日，郭美兰译，中国第一历史档案馆藏。

[2] 《内务府等奏为经钦天监敬谨看得可于康熙五十八年正式动工折》，康熙五十七年十二月初八日，郭美兰译，中国第一历史档案馆藏。

[3] 中国第一历史档案馆编译《康熙朝满文朱批奏折全译》，中国社会科学出版社，1996 年，第 1489 页。

[4] 《史记》卷二七《天官书》载："狼比地有大星，曰南极老人。老人见，治安；不见，兵起。"《集解》曰："比地，近地也。"《正义》曰："老人一星，在弧南，一曰南极，为人主占寿命延长之应。"又曰：（转下页）

《中文大辞典》里有："南极"，系星名，即南极星，就是老人星。崔骃《杖颂》云："寿如南极，子孙千亿。"李白《与诸公送陈郎将归衡阳》云："横山苍苍入紫冥，下看南极老人星。"杜甫《覃山人隐居》也云："南极老人自有星，北山移文谁勒铭。"[1]因此，应将"nanji"庙译作"南极庙"，供奉南极星即老人星之神。康熙帝晚年打算住在行宫，休养身心，祈国长兴，愿己福寿。

第六，康熙郑各庄行宫与王府等工程花费，实际用银268746两8钱9分3厘。

康熙郑各庄行宫与王府等建成后，按照前引康熙帝谕旨表明：行宫，康熙帝住；王府，阿哥去住；营房，官兵驻防。康熙帝为什么选择在郑各庄兴建行宫、王府呢？主要原因，析分有六：

第一，历史因素。明永乐帝迁都北京后，因为军事的需要，皇陵的修建，京北地位愈加重要。明宣德四年（1429），设顺天府郑各庄马房仓，置大使、副使各一员[2]。万历朝也是如此。[3]清入关后，仍设郑各庄仓房、马厂（场）[4]。康熙平定"三藩

（接上页）"见，国长命，故谓之寿昌，天下安宁；不见，人主忧也。"（中华书局，1959年，第1308页）《史记》卷二八《封禅书》载："杜、亳有寿星祠。"《索隐》曰："寿星，盖南极老人星也，见则天下理安，故祠之以祈福寿。"（第1376页）戏曲中则有南极仙翁的故事。

[1] 《中文大辞典》第5册，中国文化研究所印行，1968年，第267—268页。

[2] 《明宣宗实录》卷五八，宣德四年九月辛亥，台北"中研院"史语所校勘本，1962年，第3页。

[3] 万历《顺天府志》卷四，第21页，万历二十一年（1593）刻本。

[4] 《清世祖实录》卷九五，顺治十二年十一月戊申，中华书局影印本，1985年，第748页。

之乱"期间，温榆河南岸郑各庄附近的洼地，被征作"皇家御地"，供养马之用，成为皇家的"御马房"，时称"郑各庄马房"，至今村西尚有"马道沟"的地名，便是当年赶马群去温榆河边饮水的通道[1]。这里已经建起土城，康熙《昌平州志》称之为"郑家庄皇城"[2]。监造郑各庄行宫的官员，不仅有营造司郎中，而且有上驷院郎中，说明它同御马厂（场）的密切关系。郑各庄至今已至少有580年的历史。

第二，方舆区位。郑各庄位于北京市区和昌平之间，南距紫禁城、北距昌平城，各约40里，恰好居中。郑各庄在北京自永定门、经紫禁城、到钟鼓楼的子午线即中轴线的延长线上，俗称在龙脊上。由京师北巡，东面出古北口，西面出居庸关，郑各庄在这两条通道的中间。背负居庸，面向京城，"处喉吭之间，司门户之寄，京师大命"[3]。所以，郑各庄的方舆优胜是：借山襟城畔水，天地风光亦佳，地理区位，极为重要。

第三，地近汤泉。清朝皇帝从努尔哈赤开始，经皇太极、顺治，到康熙，还有孝庄太后和多尔衮等，一贯重视温泉。康熙帝尤喜温泉，"上常临浴，谓之坐汤"[4]，温泉又称汤泉。汤泉"其水温可浴而愈疾"，俗称"圣汤"[5]。康熙帝赋《温泉行》，感怀抒情。[6]温泉是皇帝保健、治病、休憩、养生的重

---

〔1〕 蒋国震《郑家庄皇城》，打印稿，2008年。

〔2〕 康熙《昌平州志》卷一《昌平总图》，第1页，澹然堂刻本，康熙十二年（1673）。

〔3〕 顾祖禹《读史方舆纪要》卷一一，上海书店出版社，1998年，第23页。

〔4〕 萧奭《永宪录》卷一，中华书局，1959年，第41页。

〔5〕 永乐《顺天府志》卷一四，北京大学出版社，1982年，第5页。

〔6〕 玄烨《温泉行》，《康熙诗词集注》，内蒙古人民出版社，1994年，第62页。

要场所和有效手段。康熙帝晚年患中风，洗浴温泉，健身益神。北京附近的温泉，遵化温泉、赤城温泉离京师较远，昌平温泉（今小汤山温泉）在郑各庄北 10 里处。郑各庄以其北邻汤泉、南距畅春园较近，而成为兴建康熙行宫的一个重要原因。

第四，实际所需。康熙帝晚年，身体多病，需要找一个离京城不远不近的清静之处，兴建行宫，此其一。康熙帝两立两废皇太子允礽后，如何安置他的住处？久住宫内，不是办法；住在城里，又怕生事。反复思虑，精心筹划，选择了既离京城较近，又不在城里的郑各庄。此其二。他说："朕因思郑家庄已盖设王府及兵丁住房，欲令阿哥一人往住，今着八旗每佐领下，派出一人，令往驻防。"这位阿哥是谁呢？康熙帝没有言明。雍正帝则说："郑各庄修盖房屋，驻扎兵丁，想皇考圣意，或欲令二阿哥前往居住。"雍正帝揣度皇父遗意，是打算命废太子二阿哥前去居住[1]。康熙兴建的郑各庄阿哥王府，设置围墙、护城河和兵营，带有高墙圈禁的特点。这既承继了清太祖以来对犯罪宗室的圈禁惩处，也参酌了明代圈禁犯罪宗室的高墙制度。[2]

第五，交通便利。郑各庄位于温榆河南岸，有渡河码头。温榆河又名榆河，因附近有温泉，而称温榆河[3]。东汉时"疾风知劲草"的上谷太守王霸，从温水引漕，通水上运输[4]。温榆河在通州与通惠河汇流，再汇北运河，与京杭大运河连接；逆流可达沙河，与昌平、居庸交通。通过北运河、海河，可航联天津，与海运相通。康熙帝晚年，从畅春园启銮走"汤山之

〔1〕《雍正朝满文朱批奏折全译》（上），黄山书社，1998 年，第 148 页。

〔2〕 黄培《明代的高墙制度》，《中国文化研究所学报》2004 年第 44 期。

〔3〕《日下旧闻考》卷一三四，北京古籍出版社，1981 年，第 2164 页。

〔4〕《后汉书》卷二〇《王霸传》，中华书局点校本，1965 年，第 737 页。

道"[1]到避暑山庄，第一日行程由郑各庄渡温榆河，在汤泉驻跸。乾隆帝第四次奉皇太后南巡，皇太后经水路回銮，御舟到郑各庄停泊。乾隆帝"遣额驸色布腾巴勒珠尔赴郑家庄御舟问安"[2]。乾隆帝则到三间房奉迎皇太后居畅春园，自居圆明园。郑各庄以水陆两路、四通八达的交通优势，而被选址修建行宫。

第六，熟悉地情。康熙帝晚年，疾病缠身，到避暑山庄或到木兰围场，路途较远，在离京城不远的郑各庄兴建行宫，"朕往来此处"，是一个合适的落脚休憩养生的行宫。庶吉士汪灏在康熙四十二年（1703），随驾到避暑山庄。他在《随銮纪恩》中写道："五月二十五日黎明，值微雨后，凉风袭襟，月钩挂树，乘舆发畅春园，十二里清河桥。十二里何家堰。五里沙河城……十里郑家庄。渡河入昌平州界。又十里，抵汤山，驻跸焉。"[3]汪灏所记康熙帝的这次巡行，距在郑各庄兴建行宫与王府仅15年。康熙帝多次到过郑各庄，并对郑各庄有所了解。康熙帝自畅春园出发，途经清河桥、郑各庄，渡温榆河，驻跸汤泉。返程居住畅春园时，所行御路，也常如是。

由是，康熙帝晚年选择在郑各庄兴建行宫、王府、城池与营房。

康熙帝曾三次"驻跸郑格庄"，即郑各庄行宫，也就是郑家庄行宫[4]。他于六十一年（1722）十一月十三日，在畅春园病

〔1〕《畿辅通志》卷一五，河北人民出版社，1985年，第480页。

〔2〕《清高宗实录》卷七三五，乾隆三十年四月丙寅，中华书局影印本，1986年，第91页。

〔3〕汪灏《随銮纪恩》，《小方壶斋舆地丛钞》第一帙，第286页，上海著易堂铅印本，光绪十七年。

〔4〕康熙帝三次驻跸郑各庄行宫的时间是：康熙五十八年十月丙午（初七日）、五十九年四月戊申（十二日）和五十九年十月壬寅（初九日）。

逝，废太子允礽没有迁居郑各庄王府。那么，郑各庄行宫、王府、城池与兵营如何使用，留待继任者雍正帝处理。

二

雍正帝继位后，郑各庄行宫与王府怎样办？还是台北故宫博物院藏满文档案暨汉文文献，详细地回答了这个问题。

康熙六十一年（1722）十二月十一日，雍正帝继位不满一个月，就封康熙帝废太子允礽之子弘皙为理郡王："二阿哥子弘皙为多罗理郡王。"[1]

弘皙的封王，朝鲜《李朝实录》有一段记载康熙帝遗言："废太子、皇长子性行不顺，依前拘囚，丰其衣食，以终其身。废太子第二子朕所钟爱，其特封为亲王。言讫而逝。"[2]

雍正帝既封皇侄弘皙（1694—1742）为理郡王，就要分府迁居。雍正帝曾考虑在城内给理王弘皙觅个居处。[3]

雍正元年（1723）五月，雍正帝决定理郡王弘皙搬迁到郑各庄王府居住事，谕宗人府曰："郑家庄修盖房屋，驻扎兵丁，想皇考圣意，或欲令二阿哥前往居住，但未明降谕旨，朕未敢揣度举行。今弘皙既已封王，令伊率领子弟，于彼居住，甚为妥协。其分家之处，现今交与内务府大臣办理。其旗下兵丁，

〔1〕《清世宗实录》卷二，康熙六十一年十二月壬戌，中华书局影印本，1985年，第 53 页。

〔2〕《李朝景宗实录》卷一〇，景宗二年十二月戊辰（十七日），《李朝实录》第 42 册，日本学习院大学东洋文化研究所，1959 年，第 151 页。

〔3〕《和硕恒亲王等议奏修整房屋为理王弘皙下榻处折》，雍正元年六月二十七日，郭美兰译，台北故宫博物院文献处藏。

择日迁徙之处，俟府佐领人数派定后举行。弘晳择吉移居，一切器用及属下人等如何搬运安置、何日迁移、兵丁如何当差、府佐领人等如何养赡，及如何设立长久产业之处，着恒亲王、裕亲王、淳亲王、贝勒满都护，会同详议具奏。"[1]

上述"实录"的记载，材料来源于雍正元年五月二十二日满文档案《和硕恒亲王允祺等奏理王弘晳迁居郑各庄事宜折》。其译文如下：

> 想郑各庄修盖房屋，派出兵丁情形，料皇考圣意，或令二阿哥前往居住，然未明降谕旨，朕未敢揣度料理。今既封弘晳为王，令伊率领子弟于彼居住甚是合宜。至分府之处，适已俱交内务府总管办理。其旗下兵丁现拟择日迁移，俟内府佐领人数确定，弘晳择吉移居可也。其一切器用及属下人等如何迁移、如何安置、何日迁移、兵丁如何当差、内府佐领人等如何养赡，及如何从长计议之处，着恒亲王、裕亲王、淳亲王、贝勒满都呼会同详议具奏。一切供用，务令充裕，毋令为难，亦勿贻累属下人等。彼处距京城既然有二十余里，不便照城内居住之诸王一体行走，除伊自行来京请朕安外，其如何上朝及步射诸事，着亦议奏。钦此。钦遵。臣等会议得，为安置理王弘晳，仰蒙皇上筹虑降旨者甚是。钦遵施行。理王弘晳分府之事，已皆钦命内务府总管办理，故将修房等事不议外，理王弘晳如何带往其子弟之处，可由伊另行奏请谕旨。由京迁往郑各庄时，交付钦天监择吉，请旨

---

[1]《清世宗实录》卷七，雍正元年五月乙酉，中华书局影印本，1985年，第141—142页。

迁移。迁移时，由内务府计其足敷，照例由兵部领取官车，运往理王所用各项物品。其随迁之下人，亦计其足敷，拨给官车迁移可也。今赏给理王之人，有诚王所属一百八十五人，简王所属八十人，弘昉所属八十人，合计三百四十五人，今郑各庄城内，有四百一十间，既不敷用，将此交付原监修房屋之侍郎傅绅、牛钮，于城内计其敷用建房，令理王之人全住城内。郑各庄城之六百名兵丁，仍令住兵丁所住营房，分十班，城南北门各派兵丁三十名防守。理王之大门，由王之侍卫官员看守。随王前去之三百四十五人内，原系护军、领催、甲兵、蓝甲等人，除俱改充拜唐阿，仍供给原食钱粮外，其余之人各供一两钱粮。其所食口米，亦随钱粮照例发放。因将理王并入镶蓝旗内，故领取俸银时，除由该旗照例行文发放外，领俸米时，派王府长史，会同城守尉，再由王属侍卫、官员内派往一人，前往通州领取可也（朱批：核之，再议）。再，若系拜唐阿等人之钱粮，每月王府长史会同城守尉查明，造具名册，钤城守尉关防，咨送镶蓝满洲旗，由旗向该部领取，交付所派之人遣回。俟至，由王府长史会同办理府务之人，散给拜唐阿等人。因郑各庄靠近清河，相应将拜唐阿等人之口粮，由该处行文到部，由清河仓发放。领取此米时，派王府长史及王属官员一人，并城守尉、佐领一员，遣往清河领米。领米之后，由王府长史会同办理府务之人，看视散给。此等饷米，由王府长史等散给众人之处，俱晓谕城守尉。再，凡王等分府之后，并无由大内发给太监等以钱粮之例，理王弘晳甫经分府，故其一百一十一名太监暂给饷米，三年截止，再由王府发放。若理王之侍卫、官员出缺，由王府长史请旨补放。今既给理王府以佐领之人，相应将先前所领上三旗之拜唐阿，退还各原处。随同前往居住之侍卫、官员、拜唐阿、太监等，若因事请假，告王府长史、城守尉后，限期遣往，若逾期，不陈明缘由，加以隐瞒，则由城守尉参奏王府长史、办理府务之人。郑各庄距京城二十余里，理王未便如同京城王等上朝，除上升殿时，听宣赶赴京城上朝外，每月上朝一次，射箭一次。凡外宣、集会，俱免来。来上朝或来射箭时，只带侍卫、官员、拜唐阿等人。若皇上外出，免每日朝会。自正月到十二月，理王几次来京请圣安、上朝、射箭，及非正常时间令开城门出入行走之处，俱由城守尉清楚记录在案，年终汇总开列，报宗人府备案。再，正月初一拜堂子、进表、祭祀各坛庙，于何处斋戒之处，臣等未敢擅便，伏乞圣上指教。为此谨奏，请旨。[1]

这篇恒亲王允祺、裕亲王保泰、淳亲王允祐、多罗贝勒满都呼的联名奏折，获得旨批。

从上述实录和档案中知道，雍正帝旨批：理王弘晳到郑各庄居住，并派 345 人随从，派兵丁 600 名住在营房，派 30 名兵丁守南北大门，还派 111 名太监随侍，让他们分别从通州、清河领取银米。奏折中对理王进京上朝、出入城门等都做了详细规定。随后，钦天监选择吉日，于雍正元年（1723）九月二十日（公历 10 月 18 日），理王弘晳乔迁郑各庄。

雍正帝谕旨，主要内容有：

---

[1]《和硕恒亲王允祺等奏理王弘晳迁居郑各庄事宜折》，雍正元年五月二十二日，郭美兰译，台北故宫博物院文献处藏。

第一，理王迁居：命理郡王弘晳率领子弟家人迁移到郑各庄居住。

第二，随迁人员：废太子允礽有妻妾11位，有子12人，哪些人随迁呢？理王弘晳之弟在大内养育者有2人，与其同住一处者有3人，弘晳之子在大内养育者有3人，与其同住一处者有5人，将他们与弘晳一同移往郑家庄居住。弘晳又有1子由十五阿哥抚养，仍由其抚养。弘晳之弟弘晋之子，在宁寿宫其母处养育者有1人、履郡王养育者有1人，既系其弟之子，仍留之。

第三，搬家车辆：理王弘晳自京师移至郑各庄时，由内务府、兵部领取官车，运往一应器用等物。

第四，所属人员：拨给理王弘晳诚王所属185人、简王所属80人、弘昉所属80人，共345人，将满洲内府佐领一员、旗鼓佐领一员，兼归理王弘晳所属侍卫官员。现有护军、披甲、领催、拜唐阿等，俱兼归两个牛录，各拨饷米。理王弘晳既已拨入镶蓝旗满洲，则领取王之俸米及所属人等之饷米时，由其府牛录行文该旗下，照例领取。

第五，王府住房：郑各庄城内有房410间，若不敷用，再行添建。

第六，人员待遇：理王弘晳甫经分府，其111名太监暂给饷米，三年截止，再由王府发放。

第七，管理规定：王府由长史（管王府）和城守尉卫（管戍守）二元管理，理王的侍卫、官员出缺，由王府长史请旨补放。随同理王弘晳前往居住的侍卫、官员、拜唐阿、太监等，若因事请假，告王府长史、城守尉后，限期遣往；若逾期，不陈明缘由加以隐瞒，则由城守尉参奏王府长史、办理府务之人。

第八，弘晳出入：郑各庄距京城 20 余里，可不同于在京城诸王等上朝，除皇帝升殿时听宣赴京城上朝外，每月上朝一次、射箭一次。凡有集会，听宣而来。若皇上外出，免每日朝会。正月初一堂子行礼、进表、祭祀各坛庙，理王弘晳前来，调拨房屋一处，为王下榻之所[1]。

理王府的总体规模：雍正元年（1723）五月，按清廷有关规定拨给郑各庄驻防官兵房屋，"城守尉衙署一所，十五间；佐领衙署六所，各七间；防御衙署六所，骁骑校衙署六所，俱各五间；笔帖式衙署二所，各三间；甲兵六百名，各营房二间"[2]。有文计算：郑各庄行宫、王府与官兵用房，总计驻防官兵房舍衙署等 1323 间。另外，王府所属当差行走之 345 人，若按每人分配 2 间住房，则又需要住房 690 间。合王府 151 间，共计建筑住房当在 2164 间以上。[3]

理王弘晳乔迁时，按郡王礼举行。仪式隆重，史有记载。恒亲王允祺、办理旗务裕亲王保泰、办理内务府总管事务庄亲王允禄、内务府总管来保、协理内务府总管事务郎中萨哈廉等的奏报并获旨准。其要点，列如下：

第一，时间。雍正元年（1723）九月二十日卯时（5—7时）乔迁起行。

第二，辞行。乔迁前一日，理王弘晳及其福晋，进宫向雍

---

[1] 《和硕恒亲王允祺等奏请理王弘晳迁居折》，雍正元年六月二十日，郭美兰译，台北故宫博物院文献处藏。

[2] 《钦定八旗通志》卷二四《营建志六》，吉林文史出版社，2002 年，第 2000—2001 页。

[3] 韩光辉《清康熙敕建郑家庄王府考辨》，《中国历史地理论丛》1996 年第 2 期。

正皇帝请安、辞行。

第三，礼仪。设多罗郡王仪仗，王同辈弟兄内有品级、已成亲的阿哥等，前往送行。在王福晋启行之前，派内管领妻四人、果子正女人六人、果子女人十人随送，派护军参领一员、计护军校在内派内府护军二十人，在前引路。

第四，随送。派领侍卫内大臣一员、散秩大臣二员、侍卫二十名、内务府总管一员、内府官员十名送行。

第五，衣饰。送行的阿哥、大臣、侍卫、官员等，俱着锦袍、补褂。

第六，饭食。派尚膳总管一员、饭上人四名，委尚茶正一员、茶上人四名，内管领二员，于前一日前往郑各庄，备饭桌三十、饽饽桌十。

第七，礼迎。照例派出内府所属年高结发夫妻一对，先一日前往新家等候，王到出迎，祝福祈祷。

第八，返回。所备饭桌、饽饽桌的食品，供王、福晋食用之。待食毕谢恩，送达之阿哥、大臣、侍卫、官员等即可返回[1]。

雍正元年（1723）九月二十日（公历 10 月 18 日），理郡王弘晳乔迁到郑各庄王府。康熙时兴建的郑各庄的王府，正式成为理郡王府。

据文献记载：雍正二年（1724）十二月，废太子允礽病故后，停灵在郑各庄理王府。《清世宗实录》记载："择定出殡日期，送至郑家庄，设棚安厝，令伊子弘晳得尽子道。出殡时，每翼派领侍卫内大臣各一员，散秩大臣各二员，侍卫各五十

---

[1]《和硕恒亲王允祺等奏议理王弘晳移居诸事折》，雍正元年九月十六日，郭美兰译，台北故宫博物院文献处藏。

员，送至郑家庄。"[1]并追封允礽为和硕理亲王，谥曰密。[2]雍正帝要亲往郑各庄祭奠，臣劝再三，在西苑五龙亭（今北海公园内），哭奠二阿哥、理亲王允礽[3]。后埋于蓟县黄花山王园寝（王坟）。

雍正八年（1730）五月，弘晳晋封为理亲王。《清世宗实录》记载：理郡王弘晳，着晋封亲王。[4]但《清史稿·诸王六》作"六年，弘晳进封亲王"，误，应作雍正八年。因《雍正朝起居注册》《清世宗实录》《恩封宗室王公表》和《八旗通志》等，都同样记载雍正八年五月二十八日乙未，弘晳晋封为亲王，故可证《清史稿》上述记载之误。

从此，郑各庄的理郡王府成为理亲王府。

但是五年后，雍正帝病故，乾隆帝继位，理亲王弘晳及其王府，发生大变故。

三

在乾隆朝，理亲王弘晳被革除王爵、永远圈禁，郑各庄皇城、王府随之发生变故。

乾隆四年（1739）十二月，乾隆帝处分理亲王弘晳。事情由宗人府福宁首告引发。经过审讯，乾隆帝旨定：将弘晳革除

---

[1]《清世宗实录》卷二七，雍正二年十二月壬午，中华书局影印本，1985年，第416页。

[2]《清世宗实录》卷二七，雍正二年十二月癸未，第417页。

[3]《雍正朝起居注册》，雍正二年十二月十六日乙酉，中华书局影印本，1993年，第397页。

[4]《清世宗实录》卷九四，雍正八年五月乙未，第268页。

王爵，于景山东果园永远圈禁，是为"弘晳案"。

乾隆朝的"弘晳案"，分作前后两个时期。

第一时期。乾隆四年（1739）十月，革除弘晳理亲王，其御定理由是：

> 弘晳，乃理密亲王之子，皇祖时父子获罪，将伊圈禁在家。我皇考御极，敕封郡王，晋封亲王；朕复加恩厚待之。乃伊行止不端，浮躁乖张，于朕前毫无敬谨之意，惟以诂媚庄亲王为事；且胸中自以为旧日东宫之嫡子，居心甚不可问。即如本年遇朕诞辰，伊欲进献，何所不可？乃制鹅黄肩舆一乘以进，朕若不受，伊将留以自用矣。今事迹败露，在宗人府听审，仍复不知畏惧，抗不实供，此尤负恩之甚者。[1]

乾隆帝御定弘晳的罪过是：

第一，弘晳在历史上曾随同乃父允礽获罪，圈禁在家。这只能说明过去，而不能说明现在。

第二，弘晳"行止不端，浮躁乖张，于朕前毫无敬谨之意"。此一事情，说大就大，说小就小。

第三，弘晳"自以为旧日东宫嫡子，居心甚不可问"。旧日东宫嫡子是实，"居心甚不可问"，既不可问弘晳内心，又何以知其内心呢？

第四，弘晳于乾隆帝诞辰，进献"鹅黄肩舆一乘"。进献鹅黄肩舆，可以接受，也可以不接受；如皇上不接受，弘晳可供起来，怎能据此判定其会僭越自用呢？

---

[1]《清高宗实录》卷一〇三，乾隆四年十月己丑，第546页。

第五，弘晳与庄亲王允禄"交结往来"；允禄是弘晳第十六皇叔，此事允禄并未被革亲王爵，弘晳则被革除王爵。

第六，弘晳在宗人府听审时，态度不好，"抗不招供"。事不确凿，心里不服。应当重其罪证，而不应重态度。

以上六条，据以定罪，似是而非，难以服人。所以，宗人府拟定对弘晳的处分是革除王爵，永远圈禁。但是，乾隆帝谕旨："弘晳着革去亲王，不必在高墙圈禁，仍准其在郑家庄居住，不许出城。"[1]但是，事情没有完结，此波刚平，彼波又起。

第二时期。乾隆四年（1739）十二月，重新审理弘晳一案。一个叫安泰的人，招供说："弘晳曾问过准噶尔能否到京，天下太平与否，皇上寿算如何，将来我还升腾与否等语，口供凿凿，殊属大逆不道，应照例革去宗室，拟绞立决，其家产、妻子应如何办理之处，交宗人府议奏。"如何处理呢？旨定："着从宽免其死罪，但不便仍留住郑家庄，着拿交内务府总管，在景山东果园永远圈禁，其家产、妻子不必交宗人府另议。伊子仍留宗室，但亦不便仍在郑家庄，着来京交与弘曕管束。"[2]

这里，《清史稿·皇子表》于弘晳记载："雍正元年，封理郡王。六年，晋理亲王。乾隆四年，缘事革爵。"[3]上面三句话，有两错一漏：封理郡王，在康熙六十一年十二月十一日壬戌；晋理亲王，在雍正八年五月二十八日乙未；"缘事革爵"后，似应加"永远圈禁"。

总之，乾隆帝或出于妒忌之心，或疑其阴谋不轨，或嫌其

---

〔1〕《清高宗实录》卷一〇三，乾隆四年十月己丑，第547页。

〔2〕《清高宗实录》卷一〇六，乾隆四年十二月戊寅，第588页。

〔3〕《清史稿》卷一六四《皇子世表四》，中华书局点校本，1976年，第5083页。

有些张扬，或恐其尾大不掉，而对理亲王弘晳，做出革除王爵、永远圈禁的决定。

弘晳被黜宗室，改名四十六，其子孙照阿其那、塞思黑子孙之例，革除宗室，系红带子。弘晳于乾隆七年（1742）九月二十八日去世，享年49岁，葬于郑各庄西南黄土南店村[1]。乾隆四十三年（1778）正月复入宗室，恢复原名。弘晳的王爵，由允礽第十子弘㬙继承，降为理郡王。王府由郑各庄迁到城里，后在东城王大人胡同（今东城区北新桥三条东口路北华侨饭店一带）。

乾隆二十九年（1764）二月，郑各庄兵丁被派往福州驻防。乾隆帝谕旨："郑家庄兵丁，伊等多系亲属，共处年久。今遣往福州二百五十名，其余三十名回京当差，殊觉不便，着将此三十名，一同派往，俟下次请人时，即入于应派数内。"[2]随之，官兵调走，整户跟随，人走房空，连根拔除。

事情的经过是："议覆：护军统领、宗室弘晌奏称，郑家庄官兵移驻福州，其空闲房屋，毁仓空地，请暂交昌平州文武地方官，俟兵全数起程，其屋交内务府，其地仍交昌平州。兵丁原领器械，城守尉、佐领关防、图记，事竣后，分交户、工二部查核。兵丁茔地，原系恩赏，无庸回交，均应如所奏。至所称'现存房租先交内务府，其恩赏兵丁银，造册行户部查核'等语，查房租与恩赏无二，应一并交部办理。从之。"[3]

从此，理亲王弘晳及其郑各庄王府成为历史的陈迹。其历

〔1〕 冯其利《寻访京城清王府》，文化艺术出版社，2006年，第111—112页。

〔2〕《清高宗实录》卷七〇四，乾隆二十九年二月甲申，第864页。

〔3〕《清高宗实录》卷七〇六，乾隆二十九年三月壬子朔，第882—883页。

史遗迹，1949 年后郑各庄尚有残迹城墙百余米。1958 年北京文物普查时，这里还有土墙垣约 500 米；有城南门遗址，并保存南门（正门）汉白玉石匾额一方，楷书"来熏门"[1]。现经实测：郑各庄皇城遗址，东西长 570 米，南北长 510 米，总面积近 30 万平方米；护城河遗存，其南、北各长约 504 米，东、西各长约 580 米，总长 2176 米[2]。二者实测数据与档案记载数据大体相当。经笔者与该村黄福水、郝玉增、李永宽、蒋国震等先生实地踏查，在郑各庄皇城东南角，有一段城墙残垣的遗迹，有墙基遗存和青灰城砖。城墙外是护城河，现东、南、西三面护城河基本保存。2006 年，村里出土一眼水井，为铜井帮，同民间传说的"金井"吻合[3]。清郑各庄行宫与王府的实测和踏查资料，可同档案资料和文献记载，相互印证，基本吻合。

康熙的行宫很多，清朝的行宫更多，但清郑各庄行宫与王府有其特点与价值。清朝既有城墙又有护城河的皇帝行宫，仅郑各庄一处。避暑山庄、畅春园、南苑，后来的圆明园、颐和园（清漪园），虽有围墙，但没有护城河。有清一代，城墙与护城河兼具、行宫与王府同城的皇帝行宫，只有康熙郑各庄行宫。从雍正元年（1723）九月弘晳迁到郑各庄居住，到乾隆四年（1739）十二月弘晳获罪离开郑各庄被圈禁在景山东果园，理王弘晳在此生活了 17 年。"弘晳案"的发生，宣告清代郑各庄行宫与王府历史的结束。从康熙五十七年（1718）始建，到乾隆四年（1739）十二月谕令毁废，清郑各庄行宫、王府、城

---

[1] 王梓《王府》，北京出版社，2005 年，第 97 页。

[2] 郑各庄村委会实际测量的数据。

[3] 黄福水主编《中国·郑各庄》，打印本，2007 年，第 27—29 页。

池与兵营历时 48 年。文献资料遭焚损，宫府建筑被平毁，郑各庄的行宫、王府、城池与兵营，从此土地上消除、在史册上消隐，由是成为清朝史、清宫史的一桩悬案。清郑各庄行宫、王府、城池与兵营，康熙经始，雍正兴盛，乾隆结束，今有遗迹，这是康雍乾三朝激烈残酷、曲折起伏、错综复杂、内含玄机的宫廷斗争的一个侧面、一个缩影，既具重要历史价值，又为历史文化遗产。

（本文原名《清郑各庄行宫、王府、城池与兵营考》，载《北京社会科学》2010 年第 6 期）

雍正理王府址考

　　雍正理亲王弘晳府址郑家庄，地在何处？史有异议。据《清实录》和《清史稿》记载，清代有四个郑家庄——安徽合肥郑家庄、山西太原郑家庄、直隶蓟州郑家庄和北京德外郑家庄。清理亲王府所在地的郑家庄，位于何处，论著歧异，兹据史料，略做考证。

一

　　清朝郑家庄行宫与王府，自康熙五十七年（1718）十二月，开始兴工；到康熙六十年（1721）十月，工程告竣。

　　此事，《清圣祖仁皇帝实录》康熙六十一年（1722）三月记载："朕因思郑家庄已盖设王府及兵丁住房，欲令阿哥一人往住，今着八旗每佐领下，派出一人，令往驻防。此所派满洲兵丁，编为八佐领；汉军，编为二佐领。朕往来此处，即着伊等看守当差。着八旗都统会同佐领等派往。"[1]

---

〔1〕《清圣祖实录》卷二九七，康熙六十一年三月乙未（初十日），中华书局影印本，1985年，第876—877页。

郑家庄王府兴工的时间，满文档案有明确记载。中国第一历史档案馆藏有康熙五十七年（1718）此项工程兴工的满文奏折及朱批。这份满文奏折为呈奏工程样式的文字说明，奏报内容，汉译如下：

初五日奏，总管内务府等衙门谨奏，为核计郑家庄马坊城地方建房所需钱粮事。

康熙五十七年十一月二十一日，署理总管内务府大臣事务郎中董莫邦、郎中佛保、尚志勋，将马坊城地方所建行宫、王府、连房之式样，交付奏事太监孔连恭呈御览时附奏称，就此所需钱粮，拟会同工部核计具奏。等因奏入，由哈哈珠子太监魏柱转降谕旨曰：东边有地，可将行宫展深。着将此详核具奏。钦此。钦遵。计郑家庄马坊城建行宫一处，其中前后殿各五间，总长五丈二尺，计廊在内深二丈四尺，柱高一丈一尺。将此建作八檩卷棚硬山，装修用格扇、横披、支窗、推窗、帘架、棚格子、柏木碧纱橱、门罩、樟木隔板。台阶、柱脚、埋头、踏跺等石，用青砂石，磉墩用旧式城砖堆砌，拦土用沙滚子砖堆砌。台阶下、山墙、檐墙之裙肩、槛墙之内外用打磨之新式城砖干砌灌浆，裙肩以上外用打磨之停泥滚子砖堆砌拉缝，内用沙滚子砖粗砌，抹以灰土。地用黄土两层、灰土一层夯填，铺以打磨之方砖。顶用灰土苦背，铺以筒板瓦。挖基用灰土小夯夯填五层。两侧朝房各五间，总长五丈，深一丈六尺，柱高九尺。大门五间，总长五丈一尺，计廊在内深一丈八尺，柱高九尺。两侧厢房各三间，总长三丈，计廊在内深一丈八尺，柱高九尺。庐顶各一间，其长一丈，计廊在内深一丈五尺，柱高八尺，将此均建成六檩卷棚硬山。门内两侧房各五间，总长五丈，计廊在内深二丈，柱高九尺五寸。顺山房四排，其一排为三间，总长三丈二尺，计廊在内深二丈二尺，柱高一丈。照房十七间，共长十七丈二尺，计廊在内深二丈，柱高九尺五寸，将此皆建成八檩卷棚硬山。厢房四排，其一排为三间，共长三丈、深一丈二尺，柱高八尺，将此建成五檩卷棚硬山，装修有门、格扇、槛窗、支窗、碧纱橱、门罩、隔板、棚格子。台阶、柱脚、埋头、踏跺、马尾礓磜等石，用青砂石，礓墩、拦土用沙滚子砖堆砌。台阶下、山墙、檐墙之裙肩、槛墙之内外用停泥滚子砖干砌灌浆，裙肩以上外用打磨之停泥滚子砖堆砌拉缝，内用沙滚子砖粗砌，抹以灰土。地用黄土一层、灰土一层夯填，铺以打磨之方砖。顶用灰土苫背，铺以筒板瓦。挖基用灰土小夯夯填三层。小房六处，共五十八间，其一间长一丈、深一丈二尺，柱高八尺，将此建成五檩卷棚硬山。净房十四间，其一间长深八尺，柱高七尺，将此建成四檩卷棚硬山，装修皆有支窗、门、棚格子、隔板。台阶、柱脚、埋头等石，用青砂石，礓墩、拦土用沙滚子砖堆砌。台阶下、山墙、檐墙之裙肩内，裙肩以上外用打磨之沙滚子砖灰堆砌，裙肩以上内用沙滚子砖粗砌，抹以白灰。地用黄土一层、灰土一层夯填，铺以打磨之方砖。顶用灰土苫背，铺以筒板瓦。挖基用灰土大夯夯填三层。垂花门两座，其一长一丈，深九尺，柱高八尺，将此建成六檩挑山。游廊八十六间，其一间长七八尺不等，深三尺五寸，柱高七尺五寸，将此建成四檩卷棚，装修有屏门、横楣、栏干。台阶、柱脚、埋头等石，用青砂石，礓墩、拦土用沙滚子砖堆砌。台阶下、山墙之裙肩内外，用打磨之停泥滚子砖干砌灌浆，裙肩以上外用打磨之停泥滚子砖堆砌拉缝，内用沙滚子砖粗砌，抹以白灰。地用黄土一层、灰土一层夯填，铺以打磨之方砖。顶用灰土苫背，铺以筒板瓦。挖基用灰土大夯夯填三层。围墙一百五十八丈，深二尺四寸五分，将此以旧式沙滚子砖粗砌，夹以黑灰，平顶四层，铺以筒板瓦，挖基用灰土大夯夯填三层。子墙十六丈，高八尺，深一尺六寸，其裙肩用打磨之停泥滚子砖干砌灌浆，裙肩以上用沙滚子砖干砌，抹以白灰，平顶四层，铺以筒板瓦，挖基用灰土大夯夯填二层。院之隔墙九十一丈二尺，深一尺六寸，高八尺，其裙肩用打磨之停泥滚子砖干砌灌浆，裙肩以上用沙滚子砖粗砌，抹以白灰，平顶压方砖，挖基用灰土大夯夯填二层。甬道六十四丈一尺，其中间铺打磨之方砖，两边铺打磨之停泥滚子砖。散水一千零六十一丈，将此铺以打磨之新式城砖、停泥滚子砖，挖基用灰土大夯夯填一层。

行宫以北，照十四阿哥所住房屋之例，院落加深，免去后月台、丹墀前配楼、后楼，代之以房屋，修建王府一所，其中大衙门五间，总长八丈二尺五寸，计廊在内深四丈二尺五寸，柱高一丈五尺，将此建成十一檩歇山斗科。北面正房五间，总长七丈二尺五寸，计廊在内深三丈六尺，柱高一丈四尺，将此建成九檩歇山斗科。装修有天花、楗花、格扇、窗、横披。台阶、柱石、陡板、土衬、踏跺等石，用青砂石，磉墩用旧式城砖堆砌，拦土用沙滚子砖堆砌。山墙、檐墙之裙肩、槛墙之内外用打磨之新式城砖干砌灌浆，裙肩以上用打磨之旧式城砖粗砌，外抹红土刷浆，内抹白灰。地用黄土两层、灰土一层夯填，铺以打磨之方砖。顶用灰土苫背，铺以筒板瓦。挖基用灰土小夯夯填七层。大门五间，总长五丈七尺九寸，计廊在内深二丈七尺五寸，柱高一丈三尺五寸，将此建成七檩歇山斗科，挖基用灰土小夯夯填五层。大衙门两侧厢房各五间，总长六丈一尺，计廊在内深二丈五尺，柱高一丈二尺，将此建成七檩硬山斗科，挖基用灰土小夯夯填五层。正房两侧厢房各三间，总长三丈七尺，计廊在内深二丈五尺，柱高一丈二尺。两侧顺山房各三间，总长三丈一尺，计廊在内深二丈五尺，柱高一丈二尺。罩房十九间，总长十九丈六尺，计廊在内深二丈二尺，柱高一丈，将此均建成七檩硬山，装修用天花、棚格子、楬花、格扇、横披。柱脚、槛垫、门枕、台阶、陡板、土衬、踏跺等石，用青砂石，磉墩用旧式城砖堆砌，拦土用沙滚子砖堆砌。山墙、檐墙外，内裙肩、槛墙之内外皆用打磨之新式城砖干砌灌浆，内裙肩以上用沙滚子砖粗砌，抹以白灰。地用黄土两层、灰土一层夯填，铺以打磨之方砖。顶用灰土苫背，铺以筒板瓦。挖基用灰土小夯夯填四层。小衙门三间，总长三丈八尺，计廊在内深二丈二尺五寸，柱高一丈三尺，将此建成七檩歇山斗科，装修用天花、楬花、格扇、槛窗。柱脚、台阶、陡板、土衬、踏跺等石，用青砂石，磉墩用旧式城砖堆砌，拦土用沙滚子砖堆砌。山墙、檐墙之裙肩、槛墙之内外皆用打磨之新式城砖干砌灌浆，裙肩以上用沙滚子砖粗砌，外抹红土刷浆，内抹白灰。地用黄土两层、灰土一层夯填，铺以打磨之方砖。顶用灰土苫背，铺以筒板瓦。挖基用灰土小夯夯填四层。两侧顺山房各六间，总长六丈九尺六寸，深一丈六尺，柱高一丈。小衙门两侧围房各五间，总长六丈四尺，深一丈六尺，柱高九尺五寸；两侧小房各十间，其一间长一丈、深一丈五尺，柱高八尺，将此皆建成五檩硬山，装修用夹门窗、支窗、门。台阶、柱脚、埋头，用青砂石，礓墩用旧式城砖堆砌，拦土用沙滚子砖堆砌。山墙、檐墙之内裙肩，用打磨之新式城砖干砌灌浆，裙肩以上用沙滚子砖粗砌，抹以白灰，外皆用旧式城砖粗砌，勾以黑灰。地用黄土一层、灰土一层夯填，铺以打磨之方砖。顶用灰土苫背，铺以筒板瓦。挖基用灰土小夯夯填三层。净房四间，其一间长深八尺，柱高七尺，将此建成四檩硬山，装修用门、窗。台阶、柱脚、埋头，用青砂石，礓墩、拦土用沙滚子砖堆砌。山墙外用旧式城砖粗砌，勾以黑灰，内裙肩槛墙用打磨之新式城砖干砌灌浆，裙肩以上用沙滚子砖粗砌，抹以白灰，檐墙外、内裙肩用新式城砖干砌灌浆，内裙肩以上用沙滚子砖粗砌，抹以白灰。地用黄土一层夯填，铺以打磨之方砖。顶用灰土苫背，铺以筒板瓦。挖基用灰土小夯夯填二层。前月台长五丈一尺，深二丈五尺，高二尺六寸。其周围台阶、陡板、土衬、踏跺，用青砂石，表面铺方砖。外围房一百零五间、堆房三十六间、仓房三十间、堆放草豆房十五间、门一间，其一间长一丈，深一丈二尺，柱高八尺，茅楼四间，其一间长深八尺，柱高七尺，将此均建成五檩硬山，装修用门窗。柱脚石用豆渣石，礓墩、拦土、台阶用沙滚子砖堆砌。山墙、檐墙、槛墙外用沙滚子砖粗砌，勾以黑灰，内用水砖堆砌，抹以白灰。地用黄土夯填，铺以沙滚子砖，顶铺板瓦，挖基用灰土大夯夯填二层。马厩二十间，其一间长一丈一

尺，深二丈，柱高九尺，将此建成七檩硬山，柱脚石用豆
渣石，磉墩用沙滚子砖堆砌，山墙用沙滚子砖粗砌勾灰，
顶铺板瓦，挖基用灰土大夯夯填三层。围墙一百二十四
丈，高一丈二尺，深二尺四寸五分，将此用旧式沙滚子砖
堆砌，顶垒四层，铺筒板瓦，挖基用灰土大夯夯填三层。
隔墙一百九十六丈，高八尺五寸，深一尺六寸，将此用沙
滚子砖粗砌，顶抹鹰不落，挖基用灰土大夯夯填二层。甬
道三十八丈五尺，其中间铺打磨之方砖，两边铺打磨之城
砖。院内以打磨之城砖墁地，地基用灰土大夯夯填一层。
城内所建三间一栋房一百四十三座，城外建十间一栋房
一百六十五座，共房二千零七十九间，其一间长一丈，深
一丈二尺，柱高七尺，将此建成五檩，装以门窗，栋梁木
料用各种松木，柱脚石用豆渣石，磉墩、台阶用沙滚子砖
堆砌，拦土、山墙、檐墙外砌虎皮石，墀头、山墙顶端、
槛墙外砌沙滚子砖勾灰，内皆砌以水砖抹灰，地用黄土夯
填，顶铺板瓦，挖基用灰土大夯夯填一层。院墙五百零一
丈，深一尺二寸，高七尺，其下砌以虎皮石，其上砌以水
砖，抹以灰土，顶作鹰不落抹灰，挖基用灰土大夯夯填一
层。夯筑土墙六千三百四十一丈，其深二尺，高七尺。城
四周之围墙，共五百五十四丈，其中外倒墙五百二十一丈
八尺五寸，城垛一百九十七丈一尺，拦马墙五百五十九丈
五尺，将此照旧砌复。城楼二座，其一总长三丈，深二丈
二尺，柱高一丈，将此建成七檩重檐歇山。角楼四座，其
一长深一丈二尺，柱高九尺，将此亦建成重檐。装修用格
扇、槛窗。台阶、柱石，用青砂石。磉墩、拦土，用沙滚
子砖堆砌，台阶下、山墙之裙肩、槛墙之内外用打磨之停

泥滚子砖干砌灌浆，裙肩以上外用打磨之停泥滚子砖堆砌拉缝，内用沙滚子砖粗砌抹灰。地铺打磨之方砖，顶用灰土苫背，铺筒板瓦。南北门外修建豆渣石平桥二座，其一长四丈、深一丈五尺。雁翅长一丈四尺，高七尺，其石栏板，设地栿修建。东边修豆渣石平桥二座，其一长四丈，深一丈。雁翅长一丈，高七尺，挖其地基钉柏木地丁，钉之间夯填虎皮石。井十三口，挖出此井垒沙滚子砖，设豆渣石井板。

修建此等地方，共需大小柏木二万五千七百三十九根、滚木三万零一百八十料七分三厘、沙木四百三十二丈六尺、樟木四十二块、松木六十七块、榆木七根、椴木一百九十二根、柳木一百零四块，此连运脚价在内需银六万九千七百四十五两八钱二分一厘。青砂石一千三百一十七丈八尺三寸七分八厘、豆渣石一千八百一十二丈四尺八寸五分二厘，此连运带工价需银一万五千四百六十五两二钱二分八厘。虎皮石一千零八十六方九分六厘，此需银四千五百六十五两二钱三分二厘。城砖二十万四千八百一十四块、方砖四万五千一百六十四块、滚子砖五百七十一万六千零二十四块、筒板瓦六百一十三万二千二百块，此连运脚价在内需银六万四千四百八十七两六钱九分五厘。铁件共九十五万二千四百一十七斤十两，此需银二千四百三十八两五钱三厘。亮铁之鹅项、转轴等件，需银四百五十六两二分。铜之寿山福海等物，需银一百三十五两七钱九分。石灰一千五百四十八万九千六百二十斤，此需银一万八千五百八十七两五钱四分四厘。柏木地钉三千三百一十一个，此需银三百一十四两五钱四分五厘。黄土六千二百六十四方四分二厘，此运脚价银二千五百零五两七钱六分八厘。绳麻刀十三万三千四百七十六斤，此需银二千一十八两六钱。水砖二百五十九万三千七百六十八块，此需银一千二百九十六两八钱八分四厘。苇箔一万八千九百块、桐油二千六百二十五斤五两、麦面二千六百二十五斤五两、肠胶二百五十六斤、江米四石三斗九升七合[1]、矾四百三十九斤一十四两，红土四千三百六十一斤，席子五百一十六张、麦糠二万一千六百九十一斤。此等物件需银一千六百八十两三钱三分。各种工匠十五万七千三百零四个，夯填工六万六千四百三十三个半，大工二十万六千一百九十二个，此付雇价银四万一千八百一十七两一分六厘。

以上共建大小房屋、游廊二千六百四十九间，所需银二十二万五千五百一十四两九钱七分六厘，俟有旨下，将动工上梁吉日交付钦天监择吉，调派内务府官三员、部院官三员监工，敬谨监造牢固。所用青砂石，现红石口等处已禁采石，及筑城所用仿旧烧制之砖，沙滚子砖、板瓦，于马坊城周围挖窑烧制之处，皆经交钦天监勘验，称其石可于西山石府地方开采，马坊城东南方向可挖窑烧制。此项工程所需物料，仍照汤泉地方建房之例，将木植交付张鼎鼐，石料交付李鑫，砖瓦石灰等物，交付工部铺户等，

---

〔1〕《汉书·律历志上》记载："量者，龠、合、升、斗、斛也。"颜师古注："龠音籥。合音閤。"按：籥音 yuè；閤音 gé。閤是多音字，读 gé、hè、hé，山东和东北方言读 guō。谷、黍中粒一千二百粒为一龠，合龠为合，十合为升，十升为斗，十斗为斛，是为五量。

照奏准之价付给彼等，准时无误送至工程处。其中倘有应省处，加以节省。再，其雨搭、帘子、糊棚、床、铺垫、席、毡等物，因无法预算，故未估算。

为此谨奏。请旨。

等因缮折，由署理总管内务府大臣事务郎中董殿邦，郎中佛保、尚之勋、五十一，主事赫达色，工部尚书徐元梦、侍郎常泰、员外郎昂吉图，将图样一并交付奏事太监张朝凤具奏，哈哈珠子太监魏柱转降谕旨曰：着依议。所需钱粮，朕将另拨。着照行宫东边扩展之处增建房屋，王府东边为箭所，建马厩于路东之式样修建。其动土、明年可否修建之处，交付钦天监验看。钦此。

营造司郎中五十一、笔帖式童一刚送至。由本处皆已咨行应行之处。[1]

清郑家庄的王府与行宫，同清代其他行宫与王府不同的主要特点是：行宫与王府在京城外同地，外面有城墙与护城河环绕[2]。

郑家庄王府竣工的时间，满文档案也有明确记载。笔者最近在台北故宫博物院查阅康熙和雍正两朝的满文档案，看到有"水渍霉斑"的康熙六十年十月十六日，监造郑家庄行宫与王府工程郎中尚之勋和五十一等四人，联署的满文《奏报郑家庄行宫工程用银数折》，朱批奏折中对康熙郑家庄城池、行宫与王府

---

[1] 原文为满文，由中国第一历史档案馆满文部郭美兰研究员译成汉文，中国第一历史档案馆藏。

[2] 参见本书《清郑各庄行宫、王府与城池考》一文。

的兴建工程，记载详细明确，满文汉译如下：

康熙五十七年十二月内，为在郑家庄地方营建行宫、王府、城垣及城楼、兵丁住房，经由内务府等衙门具奏，遣派我等。是以奴才等监造行宫之大小房屋二百九十间、游廊九十六间，王府之大小房屋一百八十九间，南极庙之大小房屋三十间，城楼十间、城门二座、城墙五百九十丈九尺五寸，流水之大沟四条、大小石桥十座、滚水坝一个、井十五眼，修葺土城五百二十四丈，挑挖护城河长六百六十七丈六尺，饭茶房、兵丁住房、铺子房共一千九百七十三间，夯筑土墙五千三百五十丈七尺一寸。营造此等工程，除取部司现有杉木、铜、锡、纸等项使用外，采买松木、柏木、椴木、柳木、樟木、榆木、清沙石、豆渣石、山子石、砖瓦、青白灰、绳、麻刀、木钉、水坯、乌铁、磨铁等项及席子、苫箔、竹木、鱼肚胶等，计支付匠役之雇价银在内，共用银二十六万八千七百六十二两五钱六分三厘。其中扣除由部领银二十三万七百五十二两五钱六分三厘，富户监察御史鄂其善所交银二千二百二十两，富当所交银六百五十两，原员外郎乌勒讷所交银一万两，员外郎浑齐所交银一千八百一十两，顺天府府丞连孝先所交银一万七千六十七两八钱三分，并出售工程所伐木签、秤兑所得银四千八百八十三两五分二厘。以此银采买糊行宫壁纱橱、绘画斗方、热炕木、装修、建造斗拱、席棚、排置院内之缸、缸架、南极神开光做道场、锡香炉、蜡台、垫尺、桌子、杌子等项，匠役等所用笤帚、筐子、缸子、水桶等物，以及支给计档人、掌班等之饭钱，共用银四千八百六十七两三钱八分二厘，尚余银十五两六钱七分。今既工竣，相应将此余银如数交部。为此谨具奏闻。

上驷院郎中尚之勋、营造司郎中五十一、都虞司员外郎偏图、刑部郎中和顺。[1]

由上，康熙五十七年（1718）和六十年（1721）郑家庄行宫与王府开工与竣工的满文朱批奏折证明：郑家庄王府，似应无争议。

然而，需要探讨的是：康熙帝敕建王府的郑家庄，到底是哪个郑家庄呢？《清史稿·诸王列传六·允礽传》记载："（康熙）六十一年，世宗即位，封允礽子弘皙为理郡王。雍正元年，诏于祁县郑家庄修盖房屋，驻扎兵丁，将移允礽往居之。"[2]这条记载，疏失有三：

其一，谕旨在郑家庄"修盖房屋，驻扎兵丁，将移允礽往居之"的时间，始于康熙五十七年（1718），而不是雍正元年（1723）；

其二，在郑家庄"修盖房屋，驻扎兵丁，将移允礽往居之"者，不是雍正帝，而是康熙帝；

其三，此地为北京德胜门外郑家庄（今北京昌平郑各庄），而非山西祁县郑家庄。但是，民国以来，众多论著，据此传讹，相互辗转。《清史稿校注》校正《清史稿》疏误四万余条[3]，此处亦未出校注。

---

[1] 《上驷院郎中尚之勋等奏报郑家庄行宫工程用银数折》（满文），康熙六十年十月十六日，郭美兰译，台北故宫博物院文献处藏。

[2] 《清史稿》卷二二〇《诸王列传六》，中华书局点校本，1976年，第9067页。

[3] 《清史稿校注》卷二二七《诸王列传六》，台湾商务印书馆修订本，1999年，第7827页。

由上看来，郑家庄在何地，需要加以考辨。

二

经查，清"三祖三宗"实录和《清史稿》中，有四个郑家庄：安徽合肥郑家庄、山西太原郑家庄、直隶蓟州郑家庄和北京德外郑家庄。雍正理王府址的郑家庄，位于何处，略做考析。

其一，安徽合肥郑家庄。顺治十一年（1654），安徽合肥郑家庄出现怪异，因在清史留下记述。《清史稿·灾异志三》记载："合肥郑家庄产一鸡，三嘴、三眼、三翼、三足，色黄，比三日死。"[1]说明安徽合肥有个郑家庄。但是，在《清实录》中，特别是在《清圣祖实录》《清世宗实录》和《清高宗实录》中，没有出现安徽合肥郑家庄的记载，更没有康熙帝、雍正帝、乾隆帝到过此地并在此地建造王府的记载。且该地区也没有清朝皇帝行宫与亲王府邸的历史遗迹。康熙郑家庄行宫与王府，在黄河以北，不在淮河以南，显然合肥郑家庄的地理方位不相符，历史场景不相符，历史遗迹也无留存，且没有文献记录与档案记载，因之康熙行宫与王府所在地的郑家庄，不会是、不可能是安徽合肥的郑家庄。那么，是山西祁县的郑家庄吗？

其二，山西祁县郑家庄。山西省太原府祁县郑家庄，在"府西南百四十里"[2]。《清史稿·傅尔丹传》记述："傅尔丹，瓜尔佳氏，满洲镶黄旗人，费英东曾孙，倭黑子也。康熙二十年，

〔1〕《清史稿》卷四二《灾异志三》，第1588页。
〔2〕《清史稿》卷五四《地理志一》，第2023页。

袭三等公，兼佐领，授散秩大臣。四十三年[1]，上西巡，驻跸祁县郑家庄，于行宫前阅太原城守兵骑射。有卒马惊逸近御仗，傅尔丹直前勒止之，捽其人下。上悦，谕奖傅尔丹，赐貂皮褂。"[2]此事，《清史稿校注》据《国朝耆献类征初编》记载，注云：傅尔丹授散秩大臣在康熙三十八年（1699）[3]。郑家庄御前惊马之事，《清圣祖实录》也做了记载：辛丑（二十九日），上驻跸祁县郑家庄。"是日，上于行宫前，阅太原城守官兵骑射，善者分别赐金，劣者革退遣还京师。阅射时，有一兵丁乘马惊逸，渐近御仗，散秩大臣、公傅尔丹，疾趋向前，擒之使下，并勒止其马。上回宫，传集内大臣等，谕傅尔丹曰：今日阅射时，兵丁所乘之马惊逸，渐近御仗，诸年少大臣，俱效年老大臣，旁观不动，惟尔直前，勒止之，可谓继武前人矣！特赐尔貂皮褂一领，嗣后益加勉励。"[4]

查山西祁县郑家庄，《清圣祖实录》出现两次[5]，《清高宗实录》也出现两次[6]，都可以确指，其地并无城墙、护城河与王府的记载。因此，城池、行宫与王府同在一地的，不是山西太原郑家庄。那么，是直隶蓟州的郑家庄吗？

其三，直隶蓟州郑家庄。《清世祖实录》中没有出现蓟州郑

---

[1] 《清圣祖实录》卷二一三、《清史稿·圣祖纪三》均系于康熙四十二年（1703），故《清史稿·傅尔丹传》系年误。

[2] 《清史稿》卷二九七《傅尔丹传》，第 10389 页。

[3] 《清史稿校注》卷三〇四《傅尔丹传》，第 8923 页。

[4] 《清圣祖实录》卷二一四，康熙四十二年十月辛丑（二十九日），第 168 页。

[5] 《清圣祖实录》卷一八〇，康熙三十六年二月辛丑；卷二一三，康熙四十二年十月辛丑。

[6] 《清高宗实录》卷一〇一，乾隆四年九月癸亥；卷三八七，乾隆十六年四月丁亥。

家庄的记载。《清圣祖实录》中出现三次蓟州郑家庄[1]，都是康熙帝到清孝陵祭祀途中的临时行宫。《清世宗实录》中没有出现蓟州郑家庄的记载。《清高宗实录》中，也没有出现蓟州郑家庄的记载。此处没有兴建王府的文献与档案记载，也没有发现行宫与王府的遗迹。因此，城池、行宫与王府同在一地的郑家庄，不是蓟州的郑家庄。

其四，北京德外郑家庄。《清史稿·世宗纪》记载：雍正元年（1723）五月乙酉初七日，"敕理郡王弘晳移住郑家庄"[2]。这个郑家庄，既不是安徽合肥郑家庄，也不是直隶蓟州郑家庄，更不是山西祁县郑家庄，而是北京德外郑家庄[3]，今为北京市昌平区北七家镇郑各庄村。其理由，述如下：

第一，地理区位。光绪《昌平州志》记载：郑各庄即郑家庄，"距城三十五里，东至沙各庄三里，南至平西府三里，西至白各庄一里，北至河，东南至白庙村四里，西南至七里渠六里，东北至尚信三里，西北至半璧街四里"[4]。郑家庄不仅有仓房，还有马厂（场）。到康熙时，在郑家庄兴建行宫、王府、城墙和护城河。其地理方位："郑各庄离京城既然有二十余里，除理王弘晳自行来京外，不便照在城居住诸王一体行走，故除上

---

[1] 《清圣祖实录》卷七八，康熙十七年十一月戊午；卷九五，康熙二十年三月乙亥；卷二四〇，康熙四十八年十二月甲寅。

[2] 《清史稿》卷九《世宗纪九》，第309页。

[3] 康熙《大兴县志·舆地》记载：大兴县疆域，"正北，县基至安定门计一里，安定门至燕丹村计二十五里，燕丹村至海青庙计十六里，接昌平界"。康熙朝汪灏在《随銮纪恩》中说："郑家庄渡河，入昌平州界。"昭梿也说："德胜门外郑家庄。"可见当时郑家庄隶属顺天府大兴县辖。后改属昌平州辖。今为昌平区北七家镇郑各庄村。

[4] 光绪《昌平州志》卷三，第50页，光绪十二年（1886）刻本。

升殿之日，听传来京外，每月朝会一次，射箭一次。"[1]合肥郑家庄、祁县郑家庄和蓟州郑家庄，从里程说，都不符合上文记述；只有北京德外郑家庄是清郑家庄行宫与王府的所在地。

第二，地面遗存。1949年后郑家庄尚有残破城墙百余米。1958年北京文物普查时，这里还有土墙垣长约500米；有城南门遗址，并保存南门（正门）汉白玉石匾额一方，楷书"来熏门"[2]。现经实测为：郑家庄皇城遗址，东西长570米，南北长510米，总面积近30万平方米；护城河遗存，南、北各长约504米，东、西各长约584米，总长2176米[3]。二者实测数据与档案记载大体相当。经笔者与该村黄福水、郝玉增、李永宽、蒋国震等先生实地踏查，在郑家庄皇城东南角，有一段城墙残垣的遗迹，有墙基遗存和青灰城砖。城墙外是护城河，现东、南、西三面护城河基本保存。2006年，村里发现一眼铜帮水井，同民间传说的"金井"吻合[4]。清郑家庄行宫与王府的实测和踏查资料，可同档案和文献的记载，相互印证，合掌相符。

第三，地名民俗。当地民俗，民间传说，其说法是：连接郑家庄城南门和北门的中轴大道，现在仍称为"中街"。中街以东是康熙帝的行宫旧址，村民称之为"东城里"；中街以西是理亲王府旧址，村民称之为"西城里"。在东城外，有戍守皇城的兵营旧址，村民称之为"东营子"。在北城外，地势平坦，濒临

---

[1] 《和硕恒亲王允祺等奏请理王弘晳迁移郑各庄折》，雍正元年六月二十五日，《雍正朝满文朱批奏折全译》，黄山书社，1998年，第194页。

[2] 王梓《王府》，北京出版社，2005年，第97页。

[3] 郑各庄村委会实际测量的数据。

[4] 黄福水主编《中国·郑各庄》，打印本，2007年，第27—29页。

温榆河，是当年驻军练兵演武的操场。村民称之为"东场后"和"西场后"。以上这些流传至今的民间地名，与史籍记载的郑家庄皇城、行宫、王府与驻防，大体相似，基本吻合[1]。但是，还需要同档案记载勘核、比对、分析、研究。

第四，方志载述。康熙《昌平州志》的总图中有"郑家庄皇城"的标识。郑家庄行宫、王府、营房当时划拨的土地数字，已难考据。但光绪《昌平州志》记载：康熙五十八年（1719）奉旨盖造王府、营房，仅占去"垦荒地"为"伍拾玖亩伍厘玖毫"[2]。还有城墙、护城河、营房、马厂等占地，资料残缺不全，难以据实统计。

第五，笔记载录。礼亲王代善后裔昭梿在《啸亭杂录·续录·京师王公府第》中记载："理亲王府在德胜门外郑家庄。"[3]昭梿既是清帝宗室，又是乾隆朝人，记载当为可信。清人朱一新《京师坊巷志稿》也记载："王讳弘晈，圣祖孙、废太子理密亲王允礽次子，谥曰恪。（理）密王旧府在德胜门外郑家庄，俗称平西府。王得罪后，长子[4]弘晳降袭郡王，晋亲王，仍居郑家庄。乾隆四年黜属籍，以弘绍封。"[5]

第六，实录记载。《清圣祖实录》中出现"郑家庄"6处，其中祁县郑家庄2次，蓟州郑家庄3次，北京郑家庄1次；《清世宗实录》中出现"郑家庄"9处，都是指北京郑家庄；《清高

〔1〕 蒋国震《郑家庄皇城》，打印稿，2008年。

〔2〕 光绪《昌平州志》卷一一，光绪十二年（1886）刻本，第4页。

〔3〕 昭梿《啸亭杂录·续录》卷二《京师王公府第》，上海鸿章书局石印本，第21页。

〔4〕 "长子"应作"次子"。

〔5〕 朱一新《京师坊巷志稿》上卷，北京古籍出版社，1982年，第175页。

宗实录》中出现"郑家庄"20次,其中祁县郑家庄2次,北京郑家庄18次。从中可以清楚地反映出:康熙郑家庄行宫与王府的所在地,是北京德外郑家庄。康熙帝死后,其停灵厝柩之所,曾有几种方案:"安奉之处,或在南海子,或在郑家庄,此二处隔越郊外,离宫禁甚远,朕心不忍,缅惟世祖章皇帝大事时,曾安奉景山寿皇殿,朕意亦欲安奉于景山寿皇殿,庶得朝夕前往亲行奠献。"[1]雍正帝拟在景山、南苑和郑家庄三处之一安奉哀悼大行皇帝,说明它不会是在祁县郑家庄,也不会是在蓟州郑家庄,更不会是合肥郑家庄。

第七,八旗布防。雍正元年(1723)五月,郑家庄驻防被列为京畿八旗驻防十个要隘之一。驻防官兵等总计用房1323间[2]。这十处要隘按八旗驻防住房数量,排列如下:(1)热河(1813间)、(2)郑家庄(1323间)、(3)张家口(1000间)、(4)山海关(623间)、(5)冷口(278间)、(6)喜峰口(183间)、(7)古北口(170间)、(8)独石口(107间)、(9)千家店(96间)、(10)罗文峪(68间)。郑家庄的八旗住房规模仅次于热河,位列第二。热河盖因建有避暑山庄,并接近木兰围场之故。昌平州驻防,增加后才到147间[3]。其地位之所以如此重要,是因为这里建有康熙行宫和理亲王府。

第八,档案为证。现在查到相关16件满文档案,凡涉及郑

〔1〕《清世宗实录》卷一,康熙六十一年十一月丁酉(十六日),中华书局影印本,1985年,第35页。

〔2〕《八旗通志初集》卷二四《营建志二》,东北师范大学出版社标点本,1985年,第447—450页。

〔3〕《钦定八旗通志》卷一一七《营建志六》,吉林文史出版社,2002年,第1992页。

家庄的，都是指在北京德胜门外郑家庄。如《内务府等奏为核计郑家庄马房城地方建房所需钱粮事折》（康熙五十七年十二月初五日）中的"郑家庄马房"；《内务府等奏为经钦天监敬谨看得可于康熙五十八年正式动工折》（康熙五十七年十二月初八日）中的动工上梁折；《内务府谨奏为弹劾事折》（康熙五十八年四月初三日）中的"郑家庄地方行宫、王府尚之勋等"云云；《和硕恒亲王允祺等奏理王弘晳迁居郑各庄事宜折》（雍正元年五月二十二日）中"郑各庄距京城二十余里"；《和硕恒亲王允祺等奏请理王弘晳迁居折》（雍正元年六月二十日）中"因郑各庄靠近清河，相应将拜唐阿等人之口粮，由该处行文到部，由清河仓发放"；《和硕恒亲王允祺等奏请理王弘晳迁移郑各庄折》（雍正元年六月二十五日）中"郑各庄离京城既然有二十余里，除理王弘晳自行来京外，不便照在城居住诸王一体行走，故除上升殿之日，听传来京外，每月朝会一次，射箭一次"等，都是明证。

综上，地理区位与地面遗存、地名民俗与方志载述、笔记记载与实录所载、八旗布防与档案实证，可以得出一个结论：康熙帝兴建的郑家庄行宫与王府，其地址就在今北京昌平郑各庄（郑家庄）。

三

本题相关的郑家庄与郑各庄、平西府与理王府的关系，依据史料，附作辩证。

第一，郑家庄与郑各庄的关系。查《清圣祖实录》和康熙朝满文朱批奏折中，有关郑家庄的地方，盖称作"郑家庄"。但在雍正朝满、汉文的文献里，又称作"郑各庄"。乾隆朝文献有时称"郑家庄"，亦称"郑各庄"。清朝昌平人麻兆庆在《昌平外志》中认为："郑各庄"的"各"，旧均作"家"，土人呼"家"音若"歌"，《字典》"家"叶音有读"歌"者，作入声。"各"字非。其实，当地"土人"称之为"各"，约定俗成，未必为非。

其实，早在汉代，家亦读姑。《汉书》著者班固之妹班昭，号曰大家，其夫曹世叔，史称班昭作"曹大家"，亦称"曹大姑"，可见其时"家"与"姑"音相通假。后来历代相沿。元、明、清三代北京郊区的移民，常以先居者姓氏为村名。以昌平为例，如刘家庄、杨家庄、曹家庄、王家庄、邓家庄、武家庄等，也有郑各庄、白各庄、史各庄、吕各庄、沙各庄、聂各庄等。有学者认为：这里的"各"，实际上就是"家"。"家"的读音，《康熙字典》既引《唐韵》《韵会》《正韵》的读音："居牙切，并音加"；又引《集韵》另一读音："古胡切，音姑"；还音"各"，"古俄切，音歌"。"家"是个多音字，读若加、姑、各、歌等，而不能说读作"各"或写作"各"是错误的。[1]因此，从历史地名学来说，"郑家庄"与"郑各庄"都通；从历史地理学来说，北京昌平郑家庄与郑各庄是一地，而不是两地；从民俗地名学来说，亦有"家"而衍变为"各"的，郑家庄衍变为郑各庄就是一例。北京昌平郑家庄与郑各庄，其地理方位、地貌特征、文献记载、档案载述，都证明了这一点。所以，本文在引文中，照原文引用；在行文中，则用"郑各庄"。

第二，平西府与理王府的关系。郑家庄理王府在当地俗称作"平西府"。"平西府"一词，最早见之于昭梿《啸亭杂录·续录》

---

〔1〕 王道成《关于"家"与"各"读音的意见》，手稿未刊印，2009 年。

的记载："理亲王府在德胜门外郑家庄，俗名平西府。"[1]其后，理亲王弘晳被革黜圈禁，弟弘晄降袭郡王，迁到城里。

光绪《顺天府志》记载："王大人胡同，井二。《啸亭续录》：理郡王府在王大人胡同。《采访册》：梁公第在王大人胡同。谨案：王讳宏〔弘〕晳，圣祖孙、废太子理密亲王允礽次子[2]，谥曰恪。密王旧府在德胜门外郑家庄，俗称平西府。王得罪后，长子宏〔弘〕晳降袭郡王，晋亲王，仍居郑家庄。乾隆四年，黜属籍，以宏〔弘〕晄绍封。今为丰公第。辅国公奕梁，淳度亲王之后。旧府在玉河桥西，同治初迁此。"[3]

为什么郑家庄俗称"平西府"呢？

第一种说法：有人问路"弘晳府"，指路人顺手平着往西一指，人们就称其为"平西府"。此说为当地民间传说，并不可信。

第二种说法：府在昌平州偏西，所以称"平西府"。此说地理方位不对，也不可信。

第三种说法：吴三桂开山海关门迎降清摄政睿亲王多尔衮而受封为平西王，吴三桂曾住过此府，所以称作"平西府"。历史证明：平西王吴三桂根本没有在此居住过，自然此说也不可信。

第四种说法：理王弘晳，因罪被革爵，囚于景山东果园，王府遭平毁。亲王、郡王等被革爵后，不能用其封爵称呼，而直用其名。雍正帝谕内阁："亲王、郡王，俱赐封号，所以便于称谓也。如无封号之王、贝勒，在诸臣章奏内，自应直称其名。再小人等，并将闲散宗室亦称为王，又有贝勒王、贝子王、公

---

〔1〕 昭梿《啸亭杂录·续录》卷四，中华书局校点本，1980年，第509—510页。
〔2〕 《清史稿·皇子世表四》记载：弘晄系允礽第十子。
〔3〕 光绪《顺天府志》卷一三，《京师志》，北京古籍出版社，1987年，第385—386页。

王之称，嗣后俱着禁止。"[1]《上谕八旗》也记载：亲王、郡王等都有封号，凡是没有封号的王、贝勒等，只可直呼其名，九贝子（指允禟）和十四王（指允禵）等称呼[2]，不合体例，以后不许再用[3]。乾隆朝也沿袭乃父之规定。所以，时人不能再称"理亲王府"或"理郡王府"，甚至于讳碍"弘晳"二字，谐音作"平西"，因而"弘晳府"谐音作"平西府"。我认为这样解释似乎可通。

综上，可以得出如下结论：

第一，雍正朝理王府不在安徽合肥郑家庄，不在山西太原郑家庄，也不在直隶蓟州[4]郑家庄，而是在北京昌平郑家庄，即今北京市昌平区北七家镇郑各庄。

第二，乾隆四年（1739）以后，理王府迁到北京东城王大人胡同。《宸垣识略》记载："理亲王府在北新桥北王大人胡同。"[5]

民国年间，理郡王府西侧，方恩寺与南边马厩等附属建筑被理郡王后裔变卖，后王府逐渐荒废。今为华侨饭店址。

第三，康熙帝废太子允礽于雍正二年（1724）薨逝，后被追封为理密亲王。允礽生前并未在郑家庄理王府居住过，但死后其遗体在此举丧祭奠。

第四，宗室成员犯罪监禁，明朝实行高墙制度[6]。清代监禁

---

〔1〕《清世宗实录》卷一二，雍正元年十月壬戌（十六日），第222页。

〔2〕黄培《史料、史学和雍正帝的即位疑案》，《陶希圣先生八秩荣庆论文集》，食货出版社有限公司，1979年。

〔3〕《雍正朝上谕八旗》，雍正元年十月十六日，内府本，雍正九年（1731）。

〔4〕《清史稿·地理志》记载：直隶顺天府领五州、十九县，五州包括通州、昌平州、涿州、霸州和蓟州。蓟州西北的盘山、桃花山、葛山，有行宫三。

〔5〕吴长元《宸垣识略》，北京古籍出版社，1981年，第119页。

〔6〕黄培《明代的高墙制度》，《中国文化研究所学报》2004年第44期。

宗室的高墙制度，滥觞于天命汗，始建于康熙帝，完成于雍正帝。清代"高墙"一词，始见于雍正四年（1726），《清世宗实录》记载："命将允禵在宗人府看守。寻命圈禁高墙，着总管太监派老成太监二名，在内随侍。"[1]雍正帝曾参照明朝以皇室祖陵安徽凤阳为中心建立高墙，在清东陵附近设圈禁高墙，囚禁宗室允禵等。在郑家庄兴建"王府、城池与驻兵"，就是清代高墙制度的典型表现。

总之，康熙帝兴建的王府，雍正封敕、乾隆平毁的理王府，为康熙帝废太子允礽次子弘晳的府邸。弘晳先为理郡王、后晋理亲王的王府所在地，是北京德胜门外郑家庄，即今北京昌平区北七家镇郑各庄。允礽次子弘晳于康熙六十一年（1722）十二月十一日袭封为理郡王，雍正八年（1730）晋封为理亲王，乾隆四年（1739）被革爵并圈禁在景山之东果园。允礽第十子、弘晳之弟弘㬙，袭封为理郡王，其郡王府则在京城内王大人胡同。

【鸣谢】感谢台北故宫博物院院长冯明珠教授、庄吉发教授、陈龙贵先生、吕玉如和许玉纯女士，北京中国第一历史档案馆馆长邹爱莲研究员、郭美兰研究员、吴元丰研究员、中国人民大学王道成教授、中国第一历史档案馆秦国经研究员等，为本文给予的热心诚挚的帮助。

（原载《为君难——雍正其人其事及其时代论文集》，台北故宫博物院，2010 年）

---

[1]《清世宗实录》卷四一，雍正四年二月癸酉（初十日），第 606 页。

明珠论

在评价历史人物时，要确定纵的和横的两个坐标。纵的坐标是指历史人物所处的历史条件，横的坐标是指历史人物所处的社会环境。这两个坐标的交叉，予历史人物以重要的影响；而历史人物表现出来的主观能动性，又影响着历史的发展。

清代名君康熙帝的权相明珠，有辅君开拓一朝新政之功；但旧史及前论多对其抑功扬过，均不足为训。以往对明珠的偏颇评价，是由于未能从纵的和横的坐标去分析，即未能对其进行历史与社会的层次分析，尤未能对其做民族的、家族的、旗分的和派别的分析，因而顾此失彼，捉襟见肘。

本文以明珠为例，着重从民族与家族、旗分与派别的分析入手，就明珠的评价及清初百年社会发展趋势以及与之相关诸问题，略做阐述。

一

历史人物的社会活动，既要有纵向历史条件的坐标，又要有横向社会环境的坐标。在这纵横坐标组成的历史舞台上，展现自己所扮演的角色。

对于明珠政治活动的历史条件，要做纵向的考察。自明万历十一年（1583），努尔哈赤起兵，至清康熙二十二年（1683），玄烨收复台湾，整整一百年。这一百年间，统一多民族的封建中央集权国家，由统一而发生分裂，又由分裂而走向统一。民族战争、农民战争、捍卫民族独立战争、统治集团内部战争，此起彼伏，相互交错。社会的稳定局面受到战争的震荡，社会的发展车轮又在战争震荡中前进。这场巨大的社会变动，其时间、其规模、其深度、其层次，都超过了元明时期。西方与东方、塞北与江南、民族与阶级、文官与军人、皇帝与贵胄、开明与守旧，一句话，各种政治集团和社会力量，都在社会动荡的漩流中，互相冲击，反复较量，或升腾，或沉降。

在上述百年间，以满洲历史发展线索而言，大体上经历了三个阶段：其一为统一内部，立权自固。由努尔哈赤起兵至建立后金的三十余年间，建州朝贡明廷，统一女真，绥服蒙古，结好朝鲜，发展生产，积聚力量，创建八旗，制定满文，形成满族共同体。其二为统一关外，反抗明朝。后金汗黄衣称朕，同明抗争，先立足辽左，后伺机叩关。在天命、天聪、崇德三朝的近三十年间，后金最大的贡献是接管了明辽东都司和奴儿干都司的辖地，绥服漠南蒙古，重新统一整个东北地区。虽然八旗军多次入关扰明，但终未改变明主金客的政治格局。其三为统一中国，巩固皇权。李自成农民军攻占北京，推翻明朝，为清军入关提供了历史契机。从清军入关至收复台湾的近四十年间，清基本实现国家统一，后又多次用兵边陲，奠定了统一多民族封建国家的版图。

在满洲历史发展中，叶赫那拉氏家族与建州爱新觉罗氏家族之间亲与仇的矛盾，是制约和影响明珠政治活动的一个历史因素。明珠的始祖为明海西女真叶赫部长星根达尔汉："灭呼伦国内纳喇姓部，遂居其地，因姓纳喇。后移居叶赫河，故名叶赫。"[1]星根达尔汉五传至太杵，太杵有二子——清佳努和扬佳努，皆称贝勒，各据山城，能声气相通，与哈达争雄。清太祖努尔哈赤早年从明辽东总兵李成梁帐下走脱，途经叶赫部，贝勒扬佳努以爱女许之。史载："太祖如叶赫国。时上脱李成梁难而奔我，贝勒仰佳努识上为非常人，加礼优待。"[2]后努尔哈赤迎娶之，生皇太极。清皇室爱新觉罗氏与叶赫那拉氏始结为懿亲。清佳努和扬佳努死后，其子布寨和纳林布禄分别继为贝勒。但在叶赫与建州的战争中，努尔哈赤杀死叶赫贝勒布寨。布寨被杀后，"北关（叶赫）请卜酋（布寨）尸，奴酋（努尔哈赤）剖其半归之。于是北关遂与奴酋为不共戴天之仇"[3]。叶赫另一贝勒纳林布禄见兄被杀，愤郁成疾，后来死去[4]。后建州进攻叶赫，破其两山城，杀死布寨之子布扬古贝勒和纳林布禄之弟金台石贝勒。金台石身死城陷，其子倪迓汉随叶赫部民被迁至建州，后任佐领。倪迓汉于顺治三年（1646）死，其子明珠在顺治朝亦未受重用。明珠家族与清朝皇室既为懿亲，又结世仇，这予明珠的政治生涯及其政治活动以重要的影响。

康熙中另一权相索额图则与明珠相反，他的哈达赫舍里氏家族与建州爱新觉罗氏家族之间只亲无仇，也是制约和影响索额图政治活动的一个历史因素。索额图的父祖索尼、硕色，早在努尔哈赤时便携家归附。后硕色直文馆，索尼官一等侍卫。索尼为清初五朝重臣，两辅幼主。皇太极死后抢攘之际，多尔

---

〔1〕《满洲实录》卷一，辽宁通志馆影印本，1930年。

〔2〕《叶赫国贝勒家乘》，清抄本，第2页，北京图书馆善本部藏。

〔3〕《明神宗实录》卷五二八，万历四十三年正月乙亥，台北"中研院"史语所校勘本，1962年，第12页。

〔4〕《正白旗满洲叶赫纳喇氏宗谱》，同治庚午年（1870）抄本。

衮诣三官庙，召索尼议册立。索尼以"先帝有皇子在，必立其一，他非所知也"[1]，而严拒多尔衮对皇位的涎贪。索尼与图赖等"不惜性命，勠力皇家"。经过激烈争执，议立福临即位。索尼等又盟于三官庙，誓辅幼主。顺治帝死，遗诏年八岁的玄烨继承皇位，以索尼与苏克萨哈、遏必隆、鳌拜共同辅政。索尼辅理政务，毕殚忠悃，奏请康熙帝亲政，被授为一等公。索尼子领侍卫内大臣噶布喇之女，为康熙帝孝诚仁皇后。孝诚仁皇后生子胤礽，受命立为皇太子。索额图家族于清皇室既为勋臣，又结懿亲，这不仅予索额图的政治生涯，而且予明珠的政治活动以重要的影响。

同明珠政治活动密切相关的满洲旗分政治地位变化，在这里也略做历史的考索。满洲旗分的政治地位，已先后经过五次大的变动。第一次是天命十一年（1626），努尔哈赤死后，诸子争夺汗位。皇太极袭受汗位，亲掌两黄旗；代善在汗位角逐中失败，所掌正红旗及其子岳托所掌镶红旗处于劣势。这是一次满洲的黄旗对红旗的胜利。第二次是崇德八年（1643），皇太极死后，"国势抢攘无主，宗室昆弟各肆行作乱，争窥大宝"[2]。这在满洲旗分上，主要表现为皇太极的两黄旗与多尔衮（正白旗）及其同母弟多铎（镶白旗）的两白旗之争。为定立皇位，两黄旗大臣在议立新汗会议之日的黎明时，盟誓于盛京大清门，并派两黄旗巴牙喇兵张弓挟矢，环立宫殿。因黄、白两方实力相埒，又各自让步，由福临登极，多尔衮摄政，两黄旗与两白旗暂时势相均衡。第三次是顺治七年（1650），多尔衮死（其同母弟多铎于上年死

---

〔1〕《清史稿》卷二四九《索尼传》，中华书局点校本，1977 年，第 9672 页。

〔2〕《索尼诰封碑文》拓片。

去），翌年定多尔衮罪，两白旗受到沉重打击。后正白旗归皇帝自将，连同其原自将的两黄旗，称为上三旗。第四次是顺治十八年（1661），福临死，遗诏索尼（正黄旗）、苏克萨哈（正白旗）、遏必隆（镶黄旗）、鳌拜（镶黄旗）四臣辅政。虽然上三旗大体维持均衡局面，但辅臣的争斗也在上三旗中进行。第五次是康熙八年（1669），下诏逮治鳌拜，并下遏必隆狱，镶黄旗受到严重打击。正白旗辅臣苏克萨哈已先死。于是从康熙十六年（1677）至二十七年（1688），在满洲大学士中，除觉罗勒德洪外，出现正黄旗独占的局面。这个时期朝廷权臣之争，便在满洲正黄旗内以明珠为代表的叶赫那拉氏家族，同以索额图为代表的哈达赫舍里氏家族之间展开。

明珠与索额图虽然都隶属满洲正黄旗，又都同清皇室结为懿亲，但他们分属于叶赫那拉氏和哈达赫舍里氏两个不同的家族。这两个家族同清皇室有着不同的历史渊源关系和现实利害关系。这就使明珠与康熙帝、索额图与康熙帝以及明珠与索额图之间的关系，呈现出异常的复杂性。康熙帝与明珠、索额图三方面的关系，不是简单的三角形关系，而是以康熙帝为主体，以明珠和索额图为两个侧翼，从而形成康熙中期，康熙帝与权相明珠和索额图的"一体两翼"关系。这种关系又同当时各种社会矛盾相联结，受着阶级矛盾与民族矛盾的影响和制约，组成康熙朝中期错综复杂社会矛盾的网络。在当时的社会环境中，上述复杂矛盾表现尤为突出。

明珠政治活动的社会环境，要做横向的考察。康熙帝登极后，"康熙初叶，主少国疑"[1]，四臣辅政，鳌拜专恣。康熙帝

---

[1] 《清史稿》卷二五〇《徐元文传》"论曰"，第 9780 页。

稍长之后，摆在其御案上的主要课题是，废去辅臣、亲御政事。康熙帝欲废鳌拜御政，当时只能从上三旗中寻找政治力量。其时四辅臣中，鳌拜与遏必隆属满洲镶黄旗，苏克萨哈属满洲正白旗，索尼属满洲正黄旗。鳌拜结党遏必隆，矫旨绞死苏克萨哈后，不仅直接威胁索尼哈达赫舍里氏家族的利益，而且严重影响满洲正黄旗的利益。康熙帝擒捕辅臣鳌拜、遏必隆，便依靠满洲正黄旗哈达赫舍里氏家族的支持。康熙八年（1669），索尼已死，索尼第三子[1]、皇后之叔[2]、一等侍卫索额图，为着其赫舍里氏家族和满洲正黄旗的利益，辅助康熙帝擒捕权臣鳌拜。索额图在客观上打击了以鳌拜和遏必隆为首的满洲镶黄旗贵族保守势力，自应肯定其积极作用；但索额图在本质上，并未脱出满洲正黄旗贵族中保守势力的窠臼。

自康熙帝擒鳌拜御政后，清廷面临着极复杂、多层次的社会矛盾。主要表现为：西方殖民东渐与清朝固疆自圈、坚持国家统一与听任地方分裂、崇尚"国语骑射"与吸收汉族文化、继续圈占土地与恢复农业生产、沿袭尊满抑汉与实行重满用汉、君主强化集权与朝臣广结党羽的矛盾等。以上六个方面的重大问题，都需要明确而适时地做出决策。当时康熙帝身边的辅臣索额图与明珠，所起的历史作用并不完全一样。明珠力辅青年君主康熙帝，做出重大正确决策，并组织付诸实施。相反，索额图在协助康熙帝擒鳌拜御政（其积极作用前文已做评述）后，自恃亲贵，因循守旧，怙权贪纵，骄愚恣横，除签订《尼布楚

---

〔1〕《清史稿·索额图传》载，"索额图为索尼第二子"，误。

〔2〕《清史稿·后妃列传》载，"索尼孙领侍卫内大臣噶布喇"，误。噶布喇为索尼之子。

条约》外，多与明珠政见相左。

明珠利用其历史条件及社会环境，作为康熙帝的辅臣，审时度势，勤敏政事，为开拓一朝新政，做出了重要的贡献。

二

康熙帝在清廷定鼎北京后的第二十六年，逮治鳌拜，御理政事。康熙帝亲政时年仅 14 岁，明珠则比康熙帝年长 19 岁。明珠的主要贡献在于，辅佐青年君主康熙帝，力除因循，洗刷积弊，实现清初政策转变，开拓康熙朝新政，为清朝中期的"盛世"奠下基础，是一位杰出的政治家。

从顺治帝定鼎北京至康熙帝亲御政事，清朝经历了三个重要时期：其一为多尔衮摄政时期。多尔衮率军入关，迁鼎燕京，推翻弘光，统一中原，但制定了一些错误的治策。其二为顺治帝亲政时期。顺治帝年纪尚轻，虽力图"清赋役以革横征，定律令以涤冤滥"[1]；但仍未摆脱陈见，施行宏猷大政。其三为四辅臣执政时期。鳌拜等墨守成规，率守旧章，满汉不协，未布新政。以上三个时期，清廷均未能实施重大策略转移，使得积存的问题日多益重。

在康熙朝中，明珠为相。康熙帝称其"凤阁清才，鸾台雅望。典章练达，服勤匪懈于寅恭；器识渊凝，顾问时资于靖献。属在论思之地，参机务之殷繁。每抒钦翼之忱，佐经猷于密勿"[2]。并称赞明珠能"启乃心以沃朕心"。[3]虽然诰封碑文难

---

〔1〕《清史稿》卷五《世祖纪二》，第 164 页。

〔2〕《明珠及妻觉罗氏诰封碑文》拓片。

〔3〕 同上。

避溢美之词，但从中可以看出明珠在辅助康熙帝实现重大政策转变中的特殊作用。这主要表现在：

主撤三藩　明季清初，吴、尚、耿降清后，统兵入关，南进中原，分镇滇、粤、闽。康熙初大规模抗清斗争平息后，三藩拥兵自重，成为政治赘疣。四辅臣柄政时，未能加以割除。清廷最怕汉官结成与满洲贵族相抗衡的军事政治集团，三藩撤与不撤，是摆在康熙帝亲政后御案上最严重的课题。平南王尚可喜疏请撤藩，归老辽东。耿精忠、吴三桂继请。康熙帝召诸大臣征询方略：廷臣多主不可撤，大学士索额图尤力；独兵部尚书明珠、户部尚书米思翰和刑部尚书莫洛等主撤。撤与不撤两议同上，康熙帝以"今日撤亦反，不撤亦反，不若先发"[1]，因诏许明珠等撤藩之议。不久，吴三桂倡反，耿精忠与尚之信同应。索额图以撤藩激变，请诛主议撤藩诸臣，诏不许。康熙帝以明珠力主撤藩称旨，后授其为武英殿大学士。明珠与王熙同掌兵部，日理军机，运筹帷幄，奏报军情，票拟谕旨，为削平三藩做出了重要贡献。

重满用汉　清军入关后，推行剃发、易服、圈地、占房、投充和捕逃六大弊政，满、汉民族矛盾一度紧张。清初在中央衙署中，极力保持满洲贵族特权。六部尚书，概为满员。顺治五年（1648），多尔衮始设六部汉尚书，但部务由满尚书主持，汉尚书"相随画诺，不复可否"[2]。顺治帝亲政后，"各衙门奏事，但有满臣，未见汉臣"[3]。他将主张"留发复衣冠，天下

---

〔1〕《清史稿》卷二六九《明珠传》，第 9992 页。

〔2〕赵翼《簷曝杂记》卷二，中华书局点校本，1982 年。

〔3〕《清世祖实录》卷七一，顺治十年正月庚午，中华书局影印本，1985 年。

即太平"〔1〕的汉大学士陈名夏处死，是对汉官的一个政治打击。四辅臣秉政时，汉官地位未见改善。其时官缺，分满洲、蒙古、汉军和汉员四种。偌大的汉族，其官缺仅占四分之一，且多非重官要职。到康熙十二年（1673），吴三桂在云南举兵，杨起隆在京师起事，都带有鲜明的民族色彩。康熙帝谕称："朕于满汉内外，总无异视。"〔2〕他不仅遣御医为满洲大臣治病，还派侍卫率御医到汉官、礼部尚书龚鼎孳家为其治病〔3〕，以示满汉一体。明珠协佐康熙帝在平定三藩之乱过程中，缓和满汉矛盾，重用汉族官员：开博学鸿儒，修撰《明史》，设南书房，起居注官增加汉员，内阁学士增设汉官等。特别是汉大学士王熙、李霨、冯溥和杜立德，三藩事起，参与机务。王熙专管秘本，"汉臣与闻军机自熙始"〔4〕。李霨则宿值内阁，"上命将出征，凡机密诏旨，每口授霨起草，退直尝至夜分，或留宿阁中"〔5〕。明珠秉政时，能体察康熙帝旨意，摆脱满臣傲视汉臣旧习，多结纳汉族士大夫，尽力笼络汉族官员。康熙二十年（1681），吏部题补镶蓝旗张吉午为顺天府尹，因明珠阻谏而罢，后明珠同汉大学士会议由庶吉士出身的汉人熊一潇补缺获准，即是明珠重汉臣、选汉官的一例。虽然索额图门下也不乏南方汉族官员文士，明珠府下亦聚集一批满洲军事贵族，但总的说来，明珠在汉族官员文士中，特别是在南方汉族官员文士中的关系网络，较索额图更广、更密。

〔1〕《东华贰臣传》卷一一《陈名夏传》，国史馆原本，琉璃厂荣锦书坊刻本。
〔2〕《康熙起居注册》，康熙十一年八月十二日，中华书局影印本，2009年。
〔3〕《康熙起居注册》，康熙十一年六月二十日。
〔4〕《清史稿》卷二五〇《王熙传》，第9694页。
〔5〕《清史稿》卷二五〇《李霨传》，第9686页。

　　崇文重教　　清崛兴辽左，以武力定中原。满洲重武轻文，崇尚骑射。从努尔哈赤起兵至清军入关，辽东地区的战争已延续了 60 年。而中原地区的战争，从陕北王二首义至削平三藩之乱，也已 55 年。尔后至白莲教起义前的一百多年间，战争多发生在边疆，中原腹地几乎没有大的战争。因此，康熙初期的中原地区处于战争向和平转化的时期。早在平定三藩之乱时，康熙帝即指出："今四方渐定，正宜修举文教之时。"[1]虽大多满洲军事贵族不能适应这一转变，明珠却独执先鞭。明珠在满洲正黄旗中，其政治势力与军事实力，均不能同索额图相比。他要在朝中自固，只有扬长避短，以文胜武，学习汉族文化，结交汉族官员。这也是明珠适应时势需要，为康熙帝所信任的重要原因。明珠于康熙十年（1671）二月，充经筵讲官。后他同王熙进讲《书经》中《无教逸欲有邦》之章[2]，正表明其具有高深的经学素养。明珠的府邸，成为当时京师满汉文化交流的一个熔炉。他的长子纳兰性德，交结朱彝尊、姜宸英、顾贞观、严绳孙、陈维崧等文坛名流[3]，所作《纳兰词》成为清代词苑的奇葩。他的次子揆叙，"年八岁，受业于吴江孝廉吴兆骞，读四子经书"[4]。后官翰林院掌院学士，充经筵讲官，仍于退朝之暇，手不释卷，"咿唔不休"[5]。他的三子揆方，广求书籍，无所不读，"穷日夜，废寝食，句栉字比，钩棘锄芜，无剩余而后

------

〔1〕《康熙起居注册》，康熙十六年三月十四日，中国第一历史档案馆藏。

〔2〕《康熙起居注册》，康熙十二年八月二十二日，中国第一历史档案馆藏。

〔3〕《通议大夫一等侍卫佐领纳兰君墓志铭》拓片。

〔4〕《皇清诰授文端揆公墓志铭》拓片。

〔5〕《皇清诰封一品夫人揆文端公元配永母耿太夫人墓志铭》拓片。

已"[1]。明珠则交接徐乾学、徐元文、高士奇、王鸿绪等博学硕儒。明珠的相府一时成为汉族儒士诗酒文会之所。其子纳兰性德死后，赠哀辞者满洲八旗和蒙古八旗竟无一人，而江南、浙江、山东籍汉人却占 84.6%[2]。明珠锾赎流人吴兆骞，士尤称之。以上事实说明，明珠辅助康熙帝裁汰大批满洲旧军事贵族，起用一批满洲新文职官员，为促进满族吸收汉族文化做出了可贵的贡献。

统一台湾　康熙帝削平三藩后，台湾问题又摆在议事日程上。于台湾，廷议有两大争论：第一是，台湾要不要统一。廷议咸谓"海洋险远，风涛莫测，驰驱制胜，难计万全"[3]。康熙帝力排众议，决意命将出师，统一台湾。其时大学士索额图已去职，明珠辅协大政，赞同并执行康熙帝统一台湾的决策。果然，师出告捷，台湾统一。第二是，台湾要不要设官镇守。朝廷中一种意见认为，台湾为弹丸之地，宜"迁其人，弃其地"。但施琅疏称：台湾虽在外岛，实关四省要害[4]，"弃之必酿成大祸，留之诚永固边疆"。疏下廷议，仍未能决。大学士李霨奏言："弃其地，恐为外国所据；迁其人，虑有奸宄生事。"[5]遂允施琅在台湾设官镇守之请。明珠在台湾问题上，筹虑赞画，襄成大业。此外，明珠在康熙帝三次用兵西北中，或参赞军务，或督运军饷，或随驾扈从，均为国家统一不遗余力。

抗御外敌　清军入关后，沙俄军在黑龙江流域不断扰犯。

〔1〕《皇清诰封和硕额驸纳兰揆公墓志铭》拓片。
〔2〕参见拙文《清初满汉文化交流的新篇章》，《北京社会科学》1986 年第 1 期。
〔3〕《清史列传》卷九《施琅传》，中华书局，1928 年。
〔4〕《清史稿》卷二六○《施琅传》，第 9867 页。
〔5〕《清史列传》卷七《李霨传》，中华书局，1928 年。

康熙帝东巡时，谕宁古塔将军巴海曰：于罗刹贼寇，"尤当加意防御，操练士马，整备器械，毋堕狡计"[1]。台湾统一之后，康熙帝命明珠之子、侍卫纳兰性德，随同副都统郎坦等以捕鹿为名，"详视陆路近远，沿黑龙江行围，径薄雅克萨城下，勘其居址形势"[2]。纳兰性德归京后，将雅克萨之行考察实情，详陈相父，面奏庙堂。康熙帝决策，用兵徼北，一举获胜。及雅克萨捷报驰至，康熙帝由京师往避暑山庄行幄，纳兰性德已死六日。康熙帝因其尝有劳于是役，"遣宫使拊其几筵，哭而告之"[3]。明珠身居相位，坚决维护国家主权和领土完整，反抗西方殖民侵略，是位爱国者。

用辅治河　御史郭琇疏劾明珠与靳辅交结，支持靳辅培高家堰，阻挠于成龙浚海口。治河及漕务事关"天庾玉粒"及国民生计，不能稍息。康熙帝尝言："朕听政后，以三藩及河务、漕运为三大事，书宫中柱上。"[4]明珠既主议撤藩，又谏任靳辅治河。早在康熙七年（1668），即康熙帝亲政后第二年，明珠受命阅淮、扬河工，议复兴化白驹场旧闸，凿黄河北岸引河。称旨，授刑部尚书。靳辅于康熙十六年（1677）任河道总督，到任之后，周度水势，博采众议，日上八疏。他堵决口，开中河，使明末清初"决裂之河，八载修复"[5]。但康熙二十四年（1685），靳辅和于成龙就屯田、下河二事，意

---

[1]《康熙起居注册》，康熙十年十月十四日，中国第一历史档案馆藏。
[2]《清圣祖实录》卷一〇四，康熙二十一年八月庚寅，中华书局影印本，1985年。
[3] 纳兰性德《通志堂集》卷一九，上海古籍出版社影印本，1979年。
[4]《清史稿》卷二七九《靳辅传》，第10122页。
[5]《魏源集·筹河篇上》，中华书局校点本，1983年。

见相左，廷辩不决。御史郭琇、陆祖修交章劾辅，并及陈潢，甚至以舜殛鲧相比。靳辅罢职，陈潢坐谴。康熙二十八年（1689），康熙帝南巡视河后谕曰："朕南巡阅河，闻江、淮诸处百姓及行船夫役，俱称颂原任总河靳辅，感念不忘。且见靳辅疏理河道及修筑上河一带堤岸，于河工似有成效，实心任事，克著勤劳。前革职属过，可照原品致仕官例，复其从前衔级。"[1]康熙帝肯定了靳辅治河功绩，纠正了对靳辅的不当处置。后于成龙任河督，仍循靳辅治河方略。康熙帝问于成龙曰："尔尝短靳辅，谓减水坝不宜开，今果何如？"成龙曰："臣彼时妄言，今亦视辅而行。"[2]可见郭琇以靳辅治河事参劾明珠，当属置喙之言。

在康熙朝前期，随着抵御外侵的胜利，国家统一的发展，满汉矛盾的和缓，文教之业的初兴，明珠的政治抱负逐步实现，其官职也同步晋升，"初任云麾使，二任郎中，三任内务府总管，四任内弘文院学士，五任加一级，六任刑部尚书，七任都察院左都御史，八任都察院左都御史、经筵讲官，九任经筵讲官、兵部尚书，十任经筵讲官、兵部尚书、佐领，十一任经筵讲官、吏部尚书、佐领，十二任加一级，十三任武英殿大学士兼礼部尚书、佐领，加一级，十四任今职"[3]。今职即太子太傅、武英殿大学士兼礼部尚书、佐领，加一级。明珠的官职臻于极点。

但是，月盈则亏，物极必反。郭琇弹章一上，明珠即被罢相。

〔1〕《康熙起居注册》，康熙二十八年三月二十一日，中国第一历史档案馆藏。
〔2〕《清史稿》卷二七九《于成龙传》，第10126页。
〔3〕《明珠及妻觉罗氏诰封碑文》拓片。

三

郭琇的弹章，康熙的旨意，乾隆的上谕，成为清朝官方对明珠的政治结论。由此瑕瑜互掩，真相难辨，未能予明珠以公正的历史评价。

对明珠功绩的全面否定，始自御史郭琇的劾疏。康熙二十七年（1688），郭琇劾斥大学士明珠罪状八款：指挥票拟，轻重任意；市恩立威，挟取货贿；结党连羽，戴德私门；督抚缺出，辗转贩鬻；学道员缺，取贿预定；交结靳辅，靡费河银；考选科道，订约牵制；柔言甘语，阴行鸷害。[1]此疏的真谛所在，康熙帝虽御门宣示千余言的长谕[2]，也未能加以言明。

诚然，郭琇劾斥明珠贪黩，当为属实。贪黩是封建官员的普遍现象，但有的官员能苦节自砺，一介不取。知府陈鹏年死后，"室如悬磬"[3]，御史龚翔麟归里后，"贫至不能举火"[4]；河督杨方兴"所居仅蔽风雨，布衣蔬食，四壁萧然"[5]；两江总督兼摄江苏、安徽两巡抚事于成龙卒时，室内"惟笥中绨袍一袭，床头盐豉数器而已"[6]。明珠与上述官员相比，显得贪婪、奢靡。但明珠的被劾，主要不是由于贪黩，而是有着复杂的政治背景。

御史郭琇疏参大学士明珠，是康熙朝政治斗争的产物。前

---

〔1〕 蒋良骐《东华录》卷一四，清木刻本。

〔2〕《康熙起居注册》，康熙二十七年二月初九日，中国第一历史档案馆藏。

〔3〕《清史稿》卷二七七《陈鹏年传》。

〔4〕《清史稿》卷二八二《龚翔麟传》。

〔5〕《清史稿》卷二七九《杨方兴传》。

〔6〕《清史稿》卷二七七《于成龙传》。

已论及，从康熙十六年（1677）至二十七年（1688），朝廷斗争主要在满洲正黄旗内进行。康熙八年（1669），康熙帝在索额图协助下擒鳌拜御政，旋授索额图为大学士。索额图兄噶布喇为一等公、领侍卫内大臣，其女为孝诚仁皇后，即皇太子胤礽的生母。索额图之弟法保袭一等公，弟心裕为一等伯。又与朝士李光地等相结。哈达赫舍里氏为清初五朝重臣，百年望族，满门勋贵，气势熏灼。左都御史魏象枢值京师大地震之机，密陈索额图怙权贪纵劣迹。康熙帝仅书"节制谨度"榜赐戒。康熙帝以明珠能"佐经猷""抒钦翼"，并为着保持朝廷相位天平的均衡，康熙十六年（1677），授明珠为武英殿大学士。后明珠长子纳兰性德任一等侍卫，"御殿则在帝左右，从扈则给事起居"[1]。次子揆叙任经筵讲官、翰林院掌院学士。三子揆方娶康熙帝第九子允禟之女觉罗氏为妻[2]。明珠因其家族同清皇室有世仇，为同索额图争局，便"务谦和，轻财好施，以招来新进"[3]，并笼络汉族官员文士，与徐乾学等交结。于是，朝中在满洲正黄旗内，逐渐形成以明珠为首的叶赫那拉氏家族同以索额图为首的哈达赫舍里氏家族的角立。

康熙朝的廷争，从始议撤藩至"龙御宾天"，忽隐忽现，时急时缓，前后进行了半个世纪。这场斗争的重要题目是康熙朝的重大治策和皇位继承，始终同明珠与索额图有着密切的关系。康熙朝的廷争在擒鳌拜御政之后，大体上经历了三次浪潮。

正黄旗内，索、明相争，是康熙朝廷争的第一次浪潮。这

---

[1] 福格《听雨丛谈》卷一，中华书局校点本，1984年。

[2] 《皇清册封郡主觉罗氏墓志铭》拓片。

[3] 《清史稿》卷二六九《明珠传》。

次浪潮从康熙十二年（1673）索额图请诛建议撤藩者明珠等为始，至康熙二十七年（1688），明珠被罢去大学士为止，长达15年。康熙朝中满洲正黄旗大臣以权位相尚者，只有索额图与明珠。他们植党竞权，遇事抵牾，互相讦告，暗自争局。特别是索额图集团，在康熙十四年（1675）胤礽被立为皇太子后，朋比徇私，更加贪黩。康熙十八年（1679），魏象枢泣陈索额图罪状后，翌年解索额图大学士任。后夺索额图内大臣、议政大臣、太子太傅，并夺法保一等公及心裕官。康熙四十二年（1703），以索额图"结党妄行，议论国事"罪，命幽禁之。并命严锢党附索额图诸臣，又命诸臣同祖子孙在部院者皆夺官。康熙帝谕称："索额图诚本朝第一罪人也！"[1]以索额图为首的满洲贵族保守势力，受到沉重的打击。但是，康熙帝去掉索额图一翼后，不能保持满洲正黄旗政治权力的平衡。索额图余党更加攻击明珠。讲官德格勒在时值天旱，侍讲《易》时，借机语斥明珠即为一例。前述郭琇弹劾明珠，书载"实由乾学受圣祖密旨"[2]。可见康熙帝罢明珠大学士，其目的之一是保持满洲正黄旗内政治权力的均衡。索额图和明珠罢相后，廷争仍在继续进行。

康熙御前，朝士相争，是康熙朝廷争的第二次浪潮。这次浪潮从康熙二十七年（1688），谕责日讲起居注官徐乾学为始，至康熙四十七年（1708），废皇太子胤礽为止，是索额图同明珠斗争的继续。这个时期廷争的鲜明特点，是廷争在康熙帝身边儒臣中展开。先是李光地依媚索额图，亲附皇太子胤礽，得君

---

〔1〕《清史稿》卷二六九《索额图传》。
〔2〕 邓之诚《清诗纪事初编》卷六，上海古籍出版社，1984年。

最专。康熙帝称李光地"朕知之最真，知朕亦无过光地者"[1]。而徐乾学、高士奇、王鸿绪则依恃明珠，入直南书房。徐乾学与弟元文、秉义，先后皆以鼎甲显仕，又轻财好施，交游甚广。时徐乾学、王鸿绪、高士奇三家并称，结亲联谊，通籍词林。"乾学与学士张英日侍左右，凡著作之任，皆以属之"[2]，并值经筵。高士奇以明珠荐，供奉内廷，书写密谕，后为侍读，充起居注官。然而，明珠与索额图所不同的一点是，索额图的羽翼主要为满洲军事贵族（也笼络一些汉族官员文士），明珠在满洲军事贵族中的势力不如索额图，但在朝廷汉族官员文士中，却较索额图有更大的优势。满洲军事贵族害怕汉族朝士结成与其相抗衡的势力集团，严加注视。所以明珠罢相后，徐乾学、王鸿绪、高士奇等先后被劾，解任休致。虽然他们后来以修书竟业，但不能入直禁廷，参与机要。李光地则在索额图罢相后，劾章丛集，后被解任；虽又起复，也不预机务。上述朝士的升免，除了因为他们卷入二相之争外，还有一个时代的原因，就是清廷在削平三藩和统一台湾时，调整政策，重汉崇儒，一批汉儒应运而兴。但在平定三藩和统一台湾后，清廷政权巩固，满洲军事贵族势力重新上升，他们对汉族朝士的显赫地位不满，倾其力以排之。主张重汉崇文的明珠，其宦海浮沉，亦与之相关。然而，前述朝士被挤下政治舞台，同皇储争夺也不无关系。

庙堂之上，皇子相争，是康熙朝廷争的第三次浪潮。这次浪潮从康熙四十七年（1708），废皇太子胤礽为始，至康熙

---

[1]《清史稿》卷二六二《李光地传》。
[2]《清史稿》卷二七一《徐乾学传》。

六十一年（1722），康熙帝死为止。康熙三十七年（1698），分封皇长子胤禔、三子胤祉、四子胤禛、五子胤祺、七子胤祐、八子胤禩等为王、贝勒。受封诸皇子内结亲贵，外招门客，植党暗争，谋夺嗣位。索额图为皇太子派，罢相后活动愈力。明珠则为非皇太子派，罢相后其子揆叙等极力谋废太子胤礽。其他皇子也结派攻击胤礽。康熙四十七年（1708），康熙帝到木兰秋狝，行次布尔哈苏台，宣布废皇太子胤礽，谕称："从前索额图欲谋大事，朕知而诛之，今允礽欲为复仇。朕不卜今日被鸩、明日遇害，昼夜戒慎不宁。"[1]康熙帝且谕且泣，至于仆地。太子既废，仍愤懑不已，六夕不安寝。二阿哥胤礽之废，揆叙与阿灵阿攘为己力。胤礽废后，胤禩谋代立。皇子胤禟、胤祯、胤䄉，大臣阿灵阿、揆叙、王鸿绪等，皆附胤禩。同年冬，诏诸大臣保奏储贰，"鸿绪与内大臣阿灵阿、侍郎揆叙等谋，举皇子允禩"[2]，受到切责。可见明珠及其子揆叙等是皇子胤禩派。胤禩蓄意大位，谋害胤礽，事发后，被锁禁。胤禟、胤䄉等入为营救。康熙帝大怒，出佩刀将诛胤䄉；赖胤祺跪抱苦劝而止。后康熙帝谕称："日后朕躬考终，必至将朕躬置乾清宫内，尔等束甲相争耳！"[3]上述且谕且泣，愤懑仆地，怒拔佩刀，灵前束甲，这是一幅多么残酷而黑暗的争夺嗣君的图画！后皇太子废而立，立而复废。宰辅、枢臣、朝士、皇子，互相结党，彼此陷害。立太子，弊百端。后乾隆帝谕曰："一立太子，众见神器有属，幻起百端。弟兄既多所猜嫌，宵小且从而

---

〔1〕《清史稿》卷二二〇《诸王列传六》。

〔2〕《清史稿》卷二七一《王鸿绪传》。

〔3〕《清圣祖实录》卷三三五，康熙四十七年十月丙午，中华书局影印本，1985 年。

揣测。其懦者献媚逢迎以陷于非，其强者设机媒孽以诬其过，往往酿成祸变。遂致父子之间，慈孝两亏，家国大计，转滋罅隙。"[1]这场斗争至雍正帝即位后，仍余波未息。故雍正后来实行秘密建储之制。

综观同明珠评价攸关的康熙朝廷争，呈现出阶段性、层次性、多元性和复杂性。所谓阶段性，即廷争的第一次浪潮，宰辅明珠与索额图，在削平三藩、满汉关系、修举文教、用人臧否等方面，有所争执，多相角立。就其对待重大治策的态度而言，明珠代表满洲贵族开明派，索额图则代表满洲贵族保守派。廷争的第二次浪潮，与二人相关联的朝士被解任，特别是同明珠相联系的许多朝士被解职。像明珠荐入内廷的高士奇，康熙帝"得士奇，始知学问门径"[2]，士奇也被劾解任修书。这些虽然各有其自身的原因，但表明满汉关系出现一个历史回旋。廷争的第三次浪潮，则纯属统治集团内部的储贰之争，于国计，于民生，无大关碍。所谓层次性，即廷争由旗分，而家族，而外朝，而内廷，而东宫，最后连皇帝本人也被牵入，无力自拔，悲愤宾天。所谓多元性，即初由满洲正黄旗内明珠与索额图两派的争局，衍变为包括满洲、汉官、觉罗、宗室在内的纷争，后来胤礽、胤禛、胤禩等各自结党，表现了多元性。所谓复杂性，即廷争的成员，时有变换，更迭组合。今日的朋友，可能成为明日的敌人，而昨日的敌人，又成为今日的朋友。徐乾学初攀明珠得登高位，后见明珠将败便嗾郭琇疏劾明珠就是佳证。

〔1〕《清高宗实录》卷一〇六七，乾隆四十三年九月丁未，中华书局影印本，1986年。
〔2〕《清史稿》卷二七一《高士奇传》。

综上，明珠作为清康熙朝的名相，在错综复杂的历史条件与社会环境中，初期能小心谨慎，勤敏练达，显露了非凡的政治才干。继而辅佐青年君主康熙帝，顺应历史趋势，调整重大治国之策；抵御外来侵扰，维护中华民族尊严，力削割据势力，发展封建国家统一；摆脱满洲陈见，提高汉族朝士地位；摆脱轻文旧俗，促进满汉文化交流；举荐信用贤能，兴修水利发展生产。罢相后任内大臣二十年，仍备顾问，劳绩西北。尽管明珠有其应劾之过，但是，明珠辅佐康熙帝，开拓康熙朝新政，奠下康雍乾百年"盛世"基石，其功绩是应当肯定的。明珠不愧是中国皇朝社会史上的名相，清代杰出的满族政治家。

（原载《满族研究》1987 年第 1 期）

《明珠及妻觉罗氏诰封碑文》考述

　　清代杰出的满族政治家明珠（1635—1708），姓那拉氏，字端范，隶满洲正黄旗，叶赫（今吉林省四平市梨树县叶赫满族镇）人。官至太子太傅、武英殿大学士、经筵讲官、礼部尚书、佐领。《明珠及妻觉罗氏诰封碑文》是明珠作为康熙朝政治家的一个重要史证。

一

　　明珠及妻觉罗氏诰封碑，康熙二十三年（1684）九月二十四日，立于北京海淀上庄村。碑身高 206 厘米，宽 82 厘米，镌满、汉文，正书。左为满文，14 行，右为汉文，12 行，每行 65 字，共 471 字。

　　《清圣祖实录》和《康熙起居注册》，均未载诰封明珠及妻觉罗氏之谕，亦缺录《明珠及妻觉罗氏诰封碑文》。碑文不长，又不易见，兹全录如下：

　　　　奉天承运，皇帝制曰：翼亮天工，象协三台之列；弘敷帝载，位居庶职之先。惟懋丕绩以酬恩，遒沛新纶而锡爵。尔太子太傅、武英殿大学士兼礼部尚书、佐领、加一级明珠，凤阁清才，鸾台雅望。典章练达，服勤匪懈于寅恭；器识渊凝，顾问时资于靖献。属在论思之地，参机务之殷繁。每抒钦翼之忱，佐经猷于密勿。崇阶早陟，载晋公孤，弘奖申嘉，庸昭宠渥。兹以覃恩，特授尔阶光禄大夫，锡之诰命。于戏！启乃心以沃朕心，尚嘉谟之时告；慎厥位以风有位，期庶绩之咸熙。永劭休声，祗膺荣命。初任云麾使，二任郎中，三任内务府总管，四任内弘文院学士，五任加一级，六任刑部尚书，七任都察院左都御史，八任都察院左都御史、经筵讲官，九任经筵讲官、兵部尚书，十任经筵讲官、兵部尚书、佐领，十一任经筵讲官、吏部尚书、佐领，十二任加一级，十三任武英殿大学士兼礼部尚书、佐领、加一级，十四任今职。

制曰：职在钧衡，元宰树中朝之望；宜其家室，良臣资内助之贤。式播徽音，茂膺宠锡。尔太子太傅、武英殿大学士兼礼部尚书、佐领、加一级明珠妻觉罗氏，柔嘉维则，淑慎其仪。言采蘋蘩，主馈佐和羹之节；克勤丝枲，相夫成补衮之勋。配令德于台司，表休声于壹则。崇褒用逮，懿轨斯扬。兹以覃恩，封尔为一品夫人。于戏！象服是宜，聿著温恭之范；龙章载赉，弘敷雍肃之风。祗服荣恩，益光令善！

康熙二十三年九月二十四日。

上录《明珠及妻觉罗氏诰封碑文》，略需加以考述。

二

《明珠及妻觉罗氏诰封碑文》简略，应于明珠的始祖、先世和妻室粗做考议。

明珠的始祖，史有三说。其一为蒙古人说，《清太祖武皇帝实录》载："夜黑国始祖蒙古人，姓土墨忒，所居地名曰张，灭胡笼国内纳喇姓部，遂居其地，因姓纳喇，后移居夜黑河，故名夜黑。"[1]其二为女真人说，《圣武记》载："扈伦国之部四（扈伦亦作呼伦）——曰叶赫、曰哈达、曰辉发、曰乌拉，皆金代部落之遗，城郭、土著、射猎之国，非蒙古行国比也。"[2]《清实录》所记与《圣武记》所载，文字略异，似为相左。其三为蒙古入赘女真之说，《叶赫那兰氏八旗族谱》载："叶赫地方贝勒始祖，原系蒙古人，姓土默特氏。初自明永乐年间，带兵入扈伦国招赘，遂有其地，因取姓曰纳兰氏。明宣德二年，迁于叶赫利河涯建城，故号曰叶赫国。"[3]蒙古与叶赫，土地接壤，贸易往来，男女通婚，不足为奇。蒙古人入赘女真，入其部，有其地，取姓那拉（纳喇、纳兰）氏，后称叶赫部。这并非民族征服，而是民族赘姻。且叶赫有十五部，就总体上看，从历史上说，都是女真人。但其中一部，始祖有蒙古人血统，尔后孳衍繁盛，其子孙为叶赫贝勒。上引《清实录》记载过于疏略，《圣武记》载述亦过于笼统。据《清太祖武皇帝实录》和《叶赫那兰氏八旗族谱》，参酌明清官私记载，似可认为，明珠

---

〔1〕《清太祖武皇帝实录》卷一。

〔2〕 魏源《圣武记》卷一。

〔3〕 额腾额《叶赫那兰氏八旗族谱》，清道光抄本。

的始祖，即叶赫部的始祖，为蒙古人土默特氏，入赘于海西女真那拉姓部，因姓那拉氏。后部民繁衍，部势日盛，移居叶赫河，故号为叶赫部。在叶赫十五部中，该部贝勒能抚驭部众，势渐强大，居于主导地位，因此，它的始祖也就成为海西女真扈伦四部之一叶赫部的始祖。叶赫部驻居的叶赫河流域，则为其滋盛提供了地理条件。叶赫河（今寇河）发源于大黑山西麓，横贯叶赫部，注入西辽河。沿河丘陵起伏，林木茂密，谷地肥沃，"户知稼穑"[1]——农林牧猎，兼得其利。又接蒙古，近汉族，逼开原，通北关。这里成为明代后期女真经济发达地区之一。它哺育着叶赫部民的生息，促使叶赫部族的兴旺。历史与地理，民族与社会，邻部的强弱，策略的得失，诸种因素，相辅相成，使叶赫部曾一度崛兴，又瞬间败落。但在叶赫史上，闪耀着一些著名人物的光彩，明珠即为其中耀眼的一颗。

明珠的先世，《清太祖高皇帝实录》载，"其始祖星根达尔汉生席尔克明噶图，席尔克明噶图生齐尔噶尼，齐尔噶尼生褚孔格，褚孔格生太杵，太杵生子二——长清佳努，次杨吉努"[2]。前引《族谱》记载太杵有六子，次子清佳努，三子扬佳努（杨吉努）。清、扬兄弟，各称贝勒，驻居叶赫西、东二城后，收服日众，部势强盛。明万历十一年（1583）[3]、十六年（1588）[4]，两遭明军重创，元气大伤。明珠曾祖扬佳努为李成梁诱至开原汉寿亭侯庙中杀死。扬佳努有七子：长喀尔喀

---

[1]《开原图说》下卷。

[2]《清太祖高皇帝实录》卷六，天命四年八月己巳。

[3]《明神宗实录》（内阁文库本）卷一一，万历十一年十二月甲戌。

[4]《明神宗实录》（内阁文库本）卷一六，万历十六年四月壬申。

玛、次纳林布禄、三金台石等。喀尔喀玛与其父同死[1]，纳林布禄继为东城贝勒。纳林布禄死后，弟金台石继为贝勒。万历四十七年（1619），努尔哈赤率兵攻叶赫二城，东城贝勒金台石兵败自焚未死，遭建州兵加害；西城贝勒布扬古[2]开门出降后，被缢杀。自星根达尔汉至金台石、布扬古，"在叶赫地方计一百九十年，共八代，嗣贝勒十一辈（位），至天命三年[3]、明万历之四十八年正[4]乃终"[5]。努尔哈赤灭叶赫部后，"其诸臣军民等一无杀戮，父子、兄弟、夫妇、诸亲等亦无离散，秋毫无犯，俱迁徙而来，给房田粮谷等物，查其无马者千余赐以马匹"[6]。金台石身死部破之后，其妻同其三子——长子德尔格勒[7]、次子倪迓汉、三子沙浑，归降后金，迁往建州。倪迓汉（又作尼雅哈）娶墨尔齐氏为妻，有四子：长子扬武、次子贞泰、三子明珠（又作明住）[8]、四子国立。倪迓汉仅官至佐领，其子明珠则官高位显。

明珠的妻子，为英亲王阿济格之女。阿济格是清太祖努尔

---

[1] 徐乾学《叶赫国贝勒家乘》，清抄本，第3页。

[2] 《清史稿·太祖纪》："叶赫有二城，贝勒金台什守东城，其弟布扬古、布尔杭古守西城。"布扬古与布尔杭古为布寨之子，金台石之侄，并非其弟。

[3] 应作天命四年（1619）。

[4] 应作万历四十七年（1619）。

[5] 额腾额《叶赫那兰氏八旗族谱·序》。

[6] 《满洲实录》卷六，天命四年八月二十二日。

[7] 《清太祖武皇帝实录》作"得儿格里"，《满洲实录》和《清太祖高皇帝实录》俱作"德尔格勒"；但《清史列传·明珠传》和《叶赫那兰氏八旗族谱》俱作"德勒格尔"，待考。

[8] 《清史列传·明珠传》：倪迓汉受"骑都尉世职，顺治三年卒。长子振库袭，明珠其次子也"。《叶赫那兰氏八旗族谱》载明珠为倪迓汉之第三子。宜从后书。

哈赤第十二子，崇德元年（1636）受封为英郡王，顺治元年（1644），从入关败李自成，晋封为英亲王。史称：明珠之"夫人觉罗氏，恩封一品夫人，为太祖高皇帝嫡孙女、英王正妃第五女"[1]。明珠第三子揆方，也联姻王室，娶康亲王杰书之女为妻。杰书为礼亲王代善子祜塞之第三子[2]。据载："郡主讳叔慎，字惠卿，和硕康亲王之第八女，相国明公之第三妇，册封额驸揆方之妻也。郡主以王室懿亲，奉天子之命，下嫁额驸。"[3]这段文字的撰者年羹尧，娶明珠长子纳兰性德之女为妻，故知之甚详。明珠父子联姻王室，可见其权势益显，官运亨通。

三

《明珠及妻觉罗氏诰封碑文》，载述明珠仕途升迁，可补正史传缺误。

任云麾使。云麾，张景阳《七命》"整戎刚、建云麾"，注云：云麾为旌旗之属[4]。后为官名。清制，云麾使隶銮仪卫。《清史稿·明珠传》载："明珠自侍卫授銮仪卫治仪正。"[5]《清史列传·明珠传》所载亦同，俱未记其任云麾使[6]，碑文可补正史

---

〔1〕《揆叙墓志铭》拓片。

〔2〕《清史稿》卷二一六《诸王二》。

〔3〕《皇清册封郡主觉罗氏墓志铭》拓片。

〔4〕《文选》卷三五。

〔5〕《清史稿》卷二六九《明珠传》。

〔6〕《清光绪会典事例·銮仪卫》：顺治十一年定云麾使为正四品，治仪正为正五品。

之遗阙。

任郎中。由云麾使迁内务府郎中。

任内务府总管。康熙三年（1664），由内务府郎中迁内务府总管。

任内弘文院学士。《清圣祖实录》载：康熙五年（1666）四月，"升侍读学士明珠为内弘文院学士"[1]。

任刑部尚书。《清圣祖实录》载：康熙七年（1668）九月，"升内弘文院学士明珠为刑部尚书"[2]。

任都察院左都御史。《清圣祖实录》载：康熙八年（1669）九月，"以原任刑部尚书明珠为都察院左都御史"[3]。但《清史稿》本传误附于康熙七年（1668）。

任经筵讲官。《清圣祖实录》载：康熙十年（1671）二月，命都察院左都御史明珠"充经筵讲官"[4]。此事，《清史列传·明珠传》记年准确，《清史稿·明珠传》则记年舛误。

任兵部尚书。《清圣祖实录》载：康熙十年（1671）十一月，"调左都御史明珠为兵部尚书"[5]。《清史稿》本传载述此条则又错简。[6]后年正月，南苑大阅，八旗甲兵，军容整肃。康熙帝谕兵部尚书明珠曰："此陈列甚善，其永着为令。"[7]是为明珠精明干练的一个例证。

---

〔1〕《清圣祖实录》卷一八，康熙五年四月丙子。

〔2〕《清圣祖实录》卷二七，康熙七年九月戊申。

〔3〕《清圣祖实录》卷三一，康熙八年九月甲寅。

〔4〕《清圣祖实录》卷三五，康熙十年二月丙戌。

〔5〕《清圣祖实录》卷三七，康熙十年十一月壬申。

〔6〕《清史稿·明珠传》载"十一年，迁兵部尚书"，误。

〔7〕《康熙起居注册》，康熙十二年正月二十日。

任吏部尚书。《清圣祖实录》载：康熙十四年（1675）十月，"转兵部尚书明珠为吏部尚书"[1]。

任武英殿大学士。《清圣祖实录》载：康熙十六年（1677）七月，以吏部尚书明珠为内阁大学士[2]。先是，吴三桂请撤藩，康熙帝召诸大臣询方略，诸大臣皆默然，独明珠、莫洛、米思翰等主撤，诏许之。"三藩"变起，索额图请诛建议撤藩者。康熙帝谕驳之。明珠由是称帝旨，并在平息"三藩之乱"中多有建树。

《清史列传·明珠传》载："时诏重修太祖、太宗实录及编纂三朝圣训、政治典训、平定三逆方略、大清会典、一统志、明史，皆以明珠为总裁官。两遇实录告成，加太子太傅，晋太子太师。"[3]至竖诰封碑时，明珠的官阶与权势臻于顶峰。

四

《明珠及妻觉罗氏诰封碑文》，肯定了明珠的历史功绩。

尽管御史郭琇疏劾大学士明珠八款[4]，康熙帝将明珠革去大学士[5]；但这是康熙中期政治斗争的产物，需要加以分析。明珠有其应劾之过，也有其应评之功。瑕不掩瑜，拙文《明珠论》[6]，重新评价了明珠的历史功绩，兹不赘述。

---

〔1〕《清圣祖实录》卷五七，康熙十四年十月乙卯。

〔2〕《清圣祖实录》卷六八，康熙十六年七月甲辰。

〔3〕《清史列传》卷八《明珠传》。

〔4〕蒋良骐《东华录》卷一四，康熙二十七年二月。

〔5〕《康熙起居注册》，康熙二十七年二月初九日。

〔6〕拙文《明珠论》，载《满族研究》1987年第1期。

似可以说，《明珠及妻觉罗氏诰封碑文》的价值，不仅在于康熙帝谕定了明珠的功绩，而且在于记述了明珠与康熙帝之间的特殊关系，特别是明珠对康熙帝庙算重大治策时的特殊作用。

第一，明珠精励勤慎，政事敏达。《碑文》褒许他"凤阁清才，鸾台雅望"。明珠在任刑、兵、吏、礼四部尚书和大学士时，熟悉典章，办事谨敏，"抒钦翼"，"佐经猷"，在康熙帝政策的制定与执行、官员的铨选与考核过程中，均发挥了重要作用。他自任刑部尚书到辞世，从政长达40年，其间削平"三藩"、统一台湾、抗御外敌、用兵西北、治河通漕、崇文重教等，都参与其事，功不可没。

第二，明珠参与机务，密勿决策。明珠比康熙帝长19岁。玄烨亲政时14岁，明珠则33岁，一位是青年君主，一位是盛年重臣。明珠以康熙帝经筵讲官与宰辅权臣的双重身份，参与重大治策的谏议与执行。康熙帝在《明珠及妻觉罗氏诰封碑文》中，记述了他同明珠之间微妙而殊异的君臣关系：

> 启乃心以沃朕心，尚嘉谟[1]之时告；慎厥位以风有位[2]，期庶绩之咸熙[3]。

明珠的谋议与建言，对康熙帝有着"沃朕心"与"风有位"的作用。从上述康熙帝对明珠的26字称许，可以分析出明珠

---

[1] "嘉谟"，《礼记·坊记》："尔有嘉谟嘉猷，入告尔君于内。"疏云："尔有善谋善道，则入告尔君于内。"
[2] "有位"，《尚书·大禹谟》："慎乃有位。"传云："有位，天子位。"
[3] "庶绩咸熙"，《尚书·尧典》："允釐百工，庶绩咸熙。"传云："允，信；釐，治；工，官；绩，功；咸，皆；熙，广也。"

对康熙帝：需定之策，建言；拟旨之策，谋划；议商之策，陈奏；争议之策，直谏；可行之策，承旨；不当之策，风劝；欠缺之策，补充；既定之策，遵行。当然，明珠同康熙帝的关系，在各个不同的时期，有着不同的特点，这里不做具体分析。

第三，明珠罢相之后，仍膺重任。他任内大臣，三与征噶尔丹之役，奉命赈济流民，叙功复原级，又加二级。康熙四十七年（1708）六月初六日，明珠死奏闻后，命"予故领侍卫内大臣、一等公福善，内大臣明珠，各祭葬如例"[1]。翌月初三日，又颁《明珠谕祭碑文》。

明珠谕祭碑，康熙四十七年（1708）七月初三日，立于北京海淀上庄村。碑身高216厘米，宽81厘米，镌满、汉文，正书。左为满文，6行；右为汉文，6行，每行40字，共155字。

《明珠谕祭碑文》，《清圣祖实录》未载，碑文很短，且不易见，兹全录如下：

> 维康熙四十七年，岁次戊子，七月朔乙亥，越三日丁丑，皇帝遣礼部郎中兼参领瓦哈礼，谕祭正黄旗议政大臣、内大臣、前太子太傅、武英殿大学士兼礼部尚书、佐领、加三级明珠之灵曰：鞠躬尽瘁臣子之芳踪，赐恤报勤国家之盛典。尔明珠性行纯良，擢内大臣敬慎厥职。方冀遐龄，忽焉长逝。朕用悼焉，特颁祭葬，以示悯恻。呜呼！宠锡重垆，庶沐匪功之报；名垂信史，聿昭不朽之荣。尔如有知，尚克歆享。

---

〔1〕《清圣祖实录》卷二三三，康熙四十七年六月辛亥。

康熙帝最后对明珠的功绩做出谕定评价。虽不能以钦定是非为是非，但综观明珠的一生，其政绩，其文业，都是应当肯定的。明珠作为中国古代史上的名相，中国满族史上的政治家，《明珠及妻觉罗氏诰封碑文》和《明珠谕祭碑文》提供了两例佐证。

（原载《四平民族研究》1987 年第 2 期）

清代史坛大家孙承泽述论

清初史坛大家孙承泽（1593—1676），《四库全书总目提要》著录其撰述23种，凡400余卷。其插架之作，远多于此数。但近三百年来，因薄其为人，兼及其著述。兹就孙承泽所处的历史条件、宏富著述及学术地位，试做探述与浅论。

一

孙承泽生活在明末清初动荡纷乱的时代，一生经历坎坷。

明朝末年，主昏政暗，赋苛财竭，军事败坏，党争不已，又加连年凶荒，饥民揭竿而起。崇祯元年（1628），陕西频年饥馑，农民"死者枕藉"[1]，义军四起，势如燎原。崇祯二年（1629），后金兵南犯，京师戒严，勤王兵"叛将结流寇"[2]，旬日间众至数万余，转略陕西、山西、河南间[3]。时阶级矛盾与民族矛盾极为尖锐，而孙承泽仍闭门危坐，诵读经书，以求仕进。

---

[1] 夏允彝《幸存录》卷一。
[2] 孙承泽《畿辅人物志》卷一四《梁应泽传》。
[3] 谈迁《国榷》卷九〇。

崇祯三年（1630），孙承泽乡试中举，时年38岁。翌春，又"盛年甲第"，登辛未科进士[1]。据《孙公承泽行状》载：

> 孙承泽，顺天府上林苑采育人，字耳伯，号北海。先世籍山东青州府益都县。明永乐中，其祖明善迁实京畿。七传至公，中庚午顺天举人，辛未进士。[2]

孙承泽中进士后，赴河南，任县令。据县志所载，孙承泽任陈留令，其政绩不著，故志书名宦传阙简[3]。后于崇祯八年（1635），转祥符县令[4]。时农民军屡入河南，孙承泽练兵固守，同农民军顽抗。《祥符县志》载：

> 时督遣甚严，承泽催科有法，不致困民。教民孝弟，恳切诚笃，刻功过格；口讲指画，务积诚感人，民多革心。在任三载，乡农不赌，勾摄悍吏。擢拜给谏，卧辙乞留。[5]

孙承泽在陕北农民起义暂时处于低潮期间，出仕中州，宣孝悌，禁聚赌，刑贪吏，缓催征，也算得明末浑浊官场中的一员清官。

崇祯十年（1637），孙承泽"以卓异，授刑科给事中，历升

---

〔1〕《明进士题名碑记》崇祯辛未科，首都博物馆藏。
〔2〕 王崇简《孙公承泽行状》，《碑传集》卷一〇。
〔3〕 康熙《陈留县志》卷二一。
〔4〕 光绪《开封县志》卷三。
〔5〕 乾隆《祥符县志》卷一三。

户、工左、右给事中，刑科都给事中"[1]。他身居给谏[2]，叨叨疏奏[3]，如"慎揆席、录建言、释逮系、严保举、明泰卦诸疏，一时传为名谏"[4]；又在平台受召，"皆阐道以明理，实植纪而扶纲"[5]。尽管孙承泽在为力挽明社倾危而作舌笔之争，但是明廷已患不治之症，所上药疏石奏，均无补于其一二。

甲申之变，明社倾覆。孙承泽见君崩国亡，矢志愚忠，决意追殉崇祯帝。康熙《顺天府志》记载：

> 甲申，闯贼陷都。乃自经，佣书者救之；继服片脑，又呕出；继赴井，又为仆救。[6]

孙承泽在解悬、呕药、挽溺之后，为大顺军所执。他先示求速死，但"贼，河南人，夙知公，曰'公有遗德于吾乡'，命伪尉守之"[7]。旋用"温言慰藉"，并"日以饮食馈送"[8]。大顺取代明朝。孙承泽终于降附大顺，被委任为"四川防御使"[9]。孙承泽受职后，未就任。李自成山海关兵败，旋撤出北京。孙

〔1〕 王崇简《孙公承泽行状》，《碑传集》卷一〇。
〔2〕 李清《三垣笔记·附识中》。
〔3〕 《刑科给事中孙承泽等题稿》，《明清史料》辛编，第5本。
〔4〕 康熙《大兴县志》卷五。
〔5〕 王崇简《祭孙北海少宰文》，《青箱堂文集》卷九。
〔6〕 康熙《顺天府志》卷七。
〔7〕 王崇简《孙公承泽行状》，《碑传集》卷一〇。
〔8〕 孙承泽《天府广记》卷三四。
〔9〕 顾炎武《明季实录》，《顾亭林先生遗书》文瑞楼本，第30页；《甲申传信录》卷五作"顺庆防御使"，顺庆属四川。

承泽遂"潜回上林，养疴村落"[1]。

孙承泽见用于大顺，被故明缙绅视为"叛逆"，也为封建巨儒所不齿。其时，甲申陵谷之变，诸臣录赴吏政，但"一时罣入仕籍者，非必愿仕之臣；其不入仕籍者，亦非尽不愿仕之臣"[2]。所以，不能以是否"槐国衣冠"而定其臧否。孙承泽身为明朝官员，不管出于何种动机，也不论尔后如何剖白，肯于"降贼"受职，终究在客观上与大顺站在同列，在舆论上予农民军以支持。顾炎武作《叛逆奸臣及贼授伪官考》，表忠节，挞降臣。但是，今天看来，明季勋戚文武死节诸臣，忠贞可悯，而不可概予表彰；降附大顺政权诸臣，义节不亏，亦未可一概轻非。

阶级斗争未息，民族纷争又起。李自成率兵退向西安，多尔衮统军进占北京。孙承泽于顺治元年（1644）五月降清后，复官为刑科都给事中，寻转吏科都给事中[3]。孙承泽等上《六科公本揭帖》[4]，请肃礼仪、创宏规。旋即升为太常寺少卿、提督四译馆事。[5]尔后，屡经升转。顺治二年（1645）三月，升为通政使司左通政[6]；八月，又升为太常寺卿[7]。顺治四年（1647），改为大理寺卿[8]。翌年，升兵部右侍郎[9]。顺治八年

---

〔1〕 孙承泽《天府广记》清抄本，卷三四。

〔2〕 钱䚴《甲申传信录》卷五。

〔3〕 《清世祖实录》卷六，顺治元年七月甲午。

〔4〕 《孙承泽等六科公本揭帖》，《明清史料》甲编，第1本。

〔5〕 《清世祖实录》卷一一，顺治元年十一月庚寅。

〔6〕 《清世祖实录》卷一五，顺治二年四月戊辰。

〔7〕 《清世祖实录》卷二〇，顺治二年八月癸卯。

〔8〕 《清世祖实录》卷三二，顺治四年六月丙戌。

〔9〕 《清世祖实录》卷三九，顺治五年七月己丑。

（1651），转吏部右侍郎[1]。明年，又改吏部左侍郎，仍兼都察院右都御史[2]。

孙承泽既先降"贼"，清代学人视之为"逆臣"；继又降"夷"，民初学林鄙之为"失节"。由是近三百年来，孙承泽为世人所轻。孙承泽降"贼"，前已略为评述；至于降清，需做历史分析。明清之际，中国社会政治舞台上主要有南明、大顺、清朝三种政治势力。明"至崇祯之时，人心已去"[3]。偏安一隅的南明，是腐败明朝的继续。但南明中能与民众抗清斗争结合的政治势力，其积极作用不宜低估。南明尤不乏坚贞刚烈之士，史可法、张煌言、何腾蛟、瞿式耜和阎应元等，均临危不屈，志决心坚，仗节全贞，正气凛然！

清军入关后，中国经过半个世纪的分裂动乱，乱极思治。南明和大顺都没有力量肩负再造统一的历史重任。在当时的历史条件下，只有清朝能再造国家统一，实现社会安定；也只有清朝能抵御外来侵略，维护领土完整。这是历史发展必然性与偶然性的统一。顾（炎武）、黄（宗羲）、王（夫之）等人，坚持"夷夏之防"，亮节不仕，忠介可嘉；而孙承泽等人，能够审时度势，降附清朝，似无须訾议。对降清明臣视为大节有亏之人，加以斧钺，是在清巩固其统治之后。乾隆四十年（1775），乾隆帝谕令国史馆立《贰臣传》，谕称：

> 若而人者，皆以胜国臣僚，遭际时艰，不能为其主临

---

[1]《清世祖实录》卷五五，顺治八年三月癸未。
[2]《清世祖实录》卷六七，顺治九年八月壬子。
[3] 顾炎武《亭林文集》卷四。

危授命，辄复畏死幸生，靦颜降附，岂得复谓之完人？即或稍有片长足录，其瑕疵自不能掩。……朕思此等大节有亏之人，不能念其建有功绩，谅于生前；亦不能因其尚有后人，原于既死。今为准情酌理，自应于国史内另立《贰臣传》一门。[1]

孙承泽死后百年，以其为明朝官员降附于清，被列为贰臣，不能与诸臣并登汗简。

孙承泽经历明末阶级斗争、清初民族纷争之后，又陷入统治集团党争的政治旋涡之中。先是，孙承泽初录东林，"逆珰魏忠贤煽虐谄佞者，为建生祠于（上林）苑中，诸生罗拜，承泽独抗不往"[2]。后来，"承泽崇祯庚午乡试，出姚希孟之门；辛未会试，出何如宠之门。故其附东林也甚力"[3]。姚希孟，其座主韩爌，馆师刘一燝，舅父为状元文震孟，两师秉政，甥舅同第。但天启时党祸大作，首辅韩爌遭魏阉忌恨，"削籍除名"[4]；辅臣刘一燝被"削官、追夺诰命、勒令养马"[5]；文震孟虽中天启壬戌科状元，但因得罪魏忠贤，忠贤传旨"廷杖震孟八十"[6]；其甥姚希孟以附东林，也被削籍。崇祯帝即位后，起希孟为日讲官。"希孟雅为东林所推，韩爌等定逆案，

〔1〕《光绪会典事例》卷一〇五〇。
〔2〕康熙《大兴县志》卷五。
〔3〕《四库全书总目》卷六三《益智录提要》。
〔4〕《明史》卷二四〇《韩爌传》。
〔5〕《明史》卷二四〇《刘一燝传》。
〔6〕《明史》卷二五一《文震孟传》。

参其议"[1]。何如宠官礼部右侍郎，阉党言"如宠与左光斗同里友善，遂夺职闲居"[2]。孙承泽在天启朝，"时人目为东林秀才"[3]；至崇祯初，又因师承关系，愈加倾向东林。

入清后，在满洲贵族统治集团两派角逐中，孙承泽被挤下台。顺治七年（1650）十二月，摄政睿亲王多尔衮死[4]。翌年正月，顺治帝亲政。旋命"追论睿王多尔衮罪状"[5]。原为多尔衮"佐理机政"的内院大学士等，被以亲附睿王"结党怀奸"[6]罪论处。礼部尚书谭泰"伏诛"[7]。大学士陈之遴"论斩"[8]。大学士陈名夏之罪状，宁完我劾奏称：

> （名夏）包藏祸心以倡乱。尝谓臣曰："要天下太平，只依我两事。"臣问何事？名夏推帽摩其首曰："留发复衣冠，天下即太平。"[9]

清初旨定："有为剃发、衣冠、圈地、投充、逃人牵连，五事具疏者，一概治罪，本不许封进。"[10]陈名夏以私议清初弊政，党附睿王，被处绞死。而孙承泽又以素附陈名夏被休致。

---

〔1〕《明史》卷二一六《姚希孟传》。
〔2〕《明史》卷二五一《何如宠传》。
〔3〕王崇简《孙公承泽行状》，《碑传集》卷一〇。
〔4〕《清世祖实录》卷五一，顺治七年十二月戊子。
〔5〕《清世祖实录》卷五三，顺治八年二月己亥。
〔6〕蒋良骐《东华录》卷七，顺治十一年三月。
〔7〕《清史列传》卷四《谭泰传》。
〔8〕《清史稿》卷二四五《陈之遴传》。
〔9〕《东华贰臣传》卷一一《陈名夏传》。
〔10〕《清世祖实录》卷二八，顺治三年十月乙酉。

先是，陈名夏掌吏部，孙承泽为吏部右侍郎，又转为左侍郎。陈名夏迁内弘文院大学士后，高尔俨任吏部尚书[1]。顺治十年（1653）二月，孙承泽值吏部尚书高尔俨以疾乞罢之机，疏请由大学士陈名夏分理吏部。此事史载：

> "吏部尚书权衡所寄，得人为难。伏见大学士陈名夏在吏部时，颇能持正，请以名夏分理部事，必能仰副澄清之治。"上览奏，谓阁臣曰："朕见承泽此疏，洞其隐微，代为含愧。彼意允其所请而用名夏，则于彼有利；否则，又将使朕猜疑名夏也！"因以侍郎推举阁臣，有乖大体，责令回奏。[2]

其时，已惩治睿王党羽，陈名夏危若悬卵。孙承泽疏荐陈名夏，顺治帝阅奏后愠怒。承泽览旨，战栗引罪，以两耳重听乞休。同年三月，孙承泽"病免"[3]。时年61岁。

孙承泽初录东林，继降大顺，终入清朝。他鼎易其主，三遇坎坷，晚年闲居，学志弥坚，钩稽历史册籍，专注从事著述。

二

孙承泽致仕后，在北京西山卧佛寺之阴，营筑"退谷"[4]，

---

〔1〕《清世祖实录》卷五九，顺治八年八月己酉。

〔2〕《清史列传》卷七九《孙承泽传》。

〔3〕《清世祖实录》卷七三，顺治十年三月庚寅。

〔4〕 孙承泽《山居随笔·翁跋》，风雨楼秘笈留真本。

自称"退谷逸叟"〔1〕。他或居城南书舍〔2〕，或居退谷草亭，拥书万卷，广征博录，倾力史籍编纂工作。

孙承泽山居之后，着力搜集和记述崇祯朝的史事。私家载述崇祯朝的史籍，述其初政如《崇祯新政记》《今史》，终非全豹；记其季政如《崇祯长编》仅载崇祯十六年（1643）十月起，至翌年三月止，共半年的史事。另如《㦤书》，载录崇祯十四年（1641）起以迄明亡之史，亦属断简。他如顺天大兴人王世德撰《崇祯遗录》，书仅一卷。至如文秉著《烈皇小识》，为编年体，记崇祯事，"可备一朝史料"〔3〕，然较简略，屡有疏误。孙承泽"痛心亡国，追源祸患之由来，援古证今，以昭鉴戒"〔4〕，著《思陵勤政记》《思陵典礼记》和《山书》等记载前朝史事之专书。

《山书》，记崇祯朝史事，又称《崇祯山书》。它自崇祯元年（1628）正月起，迄十七年（1644）三月止，每年一卷，唯十五年分为两卷，故全书十八卷。《山书》以年为经，以事为纬，按事列条，冠以标题，凡四百零四目，二十余万言，字数比《烈皇小识》多一倍余。孙承泽著《山书》，因文碍时讳，"为乾隆间禁书，传本极罕"〔5〕，终未雕梓。《山书》不仅记崇祯朝典故，也载政事。如卷一《正法逆恶》，记魏忠贤败死事〔6〕；卷七《起用旧辅》，载起用何如宠诏谕；卷十一《江南

---

〔1〕　孙承泽《两朝典故编年考·自序》，清抄本（胶卷）。

〔2〕　孙承泽故居在今北京市宣武区后孙公园。

〔3〕　文秉《烈皇小识·自序》。

〔4〕　孙承泽《山居随笔·邓实题记》。

〔5〕　谢国桢《晚明史籍考》卷三。

〔6〕　孙承泽《山书》卷一，清抄十四册本。

复社》，述张溥立复社始末；卷十四《海运便利》，录临清副总兵黄胤上海运图疏等。孙承泽曾居官台谏，蕆藏邸抄，所载诏谕、奏疏、政事、典制、科试、漕运、城防、宫闱等，以其笔录闻见，摘节邸报，史料弥足珍贵。记崇祯朝史事之书，孙承泽《崇祯山书》长于掌故，文秉《烈皇小识》多录政事，张岱《石匮书后集》偏重纪传，三著鼎峙，各具所长。

孙承泽不仅记载崇祯朝史事，而且编纂典章制度专著。所撰《学典》三十卷，《四库全书总目提要》称："是书所载，皆历代建学、设官、行礼、讲学、科举之事，自虞迄明，分年编载。"[1]曾任国子监祭酒、礼部尚书的王崇简《致孙北海书》云："《学典》之纂，此昔人所无，奉命校阅，纯粹赅博。"[2]

《学典》内容广博，史料精粹，条理清晰，泾渭分明，是一部专述选举的大著。《学典》之外，又编《典制纪略》，分河道、漕运、盐茶、钱钞等门，"广征博引，颇资考核"[3]。孙承泽纂著的典制巨帙为《元明典故编年考》，又称《两朝典故编年考》，其自序云：

> 《文献通考》为经世致用之书，至宋末而止。后有续者弗备也。山居积料十余簏，拟续成之，以年力日衰而止。择其简要者为编年一书，计百卷，通考编类，欲稽其事。[4]

是知孙承泽病明王圻所纂《续文献通考》驳杂弗备，志欲

---

〔1〕《四库全书总目》卷八三《学典提要》。

〔2〕 王崇简《青箱堂文集》卷二。

〔3〕《四库全书总目》卷一三九《典制纪略提要》。

〔4〕 孙承泽《两朝典故编年考·自序》，清抄本（胶卷）。

重续之。其《学典》《典制纪略》及《元明典故编年考》，皆为续编文献通考之积料，终以年力不继，各自成编。而《元明典故编年考》，始自元太祖，迄于明万历十年，约九十万言。原筹纂至明末，未竟其业。《元明典故编年考》分元、明两代，载录重要典章制度。

《元朝典故编年考》，《四库全书总目》著录与康熙《大兴县志》所载卷本吻合。是书仅元世祖朝即录一百零六目。它与陶宗仪《南村辍耕录》相较，有同异，也有增补。如"修琼华岛"辑自陶书"万岁山"[1]条。但诸多条目为《南村辍耕录》所无。记城阙如"修筑宫城""两京行宫""迁汴宫城"；记教育如"立国子学""蒙古国子学""大都路学"；记水利如"修通惠河""置都水监""开金口河""浚白河"；记经济如"置京畿都漕运使司""户口之数"等。且《元朝典故编年考》以朝为纲，以事为目，比《南村辍耕录》条目清晰。《元朝典故编年考》卷末所录元时秘册，为世所罕睹。"自《永乐大典》以外，惟见于此书"[2]。但《永乐大典》大多散佚，所录大都史料，借其珍存。

《明朝典故编年考》，共九十卷，按朝列事，凡三千六百九十三目，精博宏赡，颇便翻检。如明太祖朝二十卷，九百十二目，诸凡诏谕、官制、城阙、军制、儒学、田令、钱法、财赋、水利、盐茶、驿递、坛墠、礼仪、选举等，广为搜辑，分年缕述。又如"逃人法"，并非满洲贵族所创，明宣德三年

---

[1] 陶宗仪《南村辍耕录》卷一〇。
[2] 《四库全书总目》卷八一《元朝典故编年考提要》。

（1428），户部夏元吉即具疏请《宽逃人之法》[1]。综览私人撰修的元明典制史籍，多分类列目，简述史实。如陶宗仪《南村辍耕录》以卷系目，分目列事；余继登《典故纪闻》列朝摘事，但不标目；王士性《广志绎》以地理方位为序，分述各事；沈德符《万历野获编》则同类相从，按类分目。《元明典故编年考》的学术价值，在于独创体例，以朝为纲，以时为序，列目述事，亦足称便。特别是清代学者于搜辑史料、研究典制取得比较突出的成就，而《元明典故编年考》在这方面较早地做出了贡献。

　　孙承泽为历史人物作传，留下多种著述。《研山斋图绘集览》为画苑列传，自顾恺之，至邹之麟，共录八十四家，每家先叙本末，后述所见真迹。[2]孙承泽于鉴赏书画，别有专长。先著《研山斋墨迹集览》《研山斋法书集览》，后于顺治十七年（1660），岁次庚子之夏，著《庚子销夏记》[3]八卷。书中列所藏自晋、唐至元、明书画真迹，并附列经眼书画真迹，有品评，也有考据，其"鉴裁精审，叙次雅洁"[4]，为乙部艺术群籍中之鸿爪。孙承泽的《益智录》，起周迄明，凡十二卷，"是书为万历、天启间诸人传尤详"[5]。又著《四朝人物传》[6]，据谈迁《北

---

〔1〕　孙承泽《两朝典故编年考》卷三八，清抄本（胶卷）。

〔2〕　《四库全书总目》卷一一四《研山斋图绘集览提要》。

〔3〕　孙承泽《庚子销夏记·自序》。

〔4〕　《四库全书总目》卷一一三《庚子销夏记提要》。

〔5〕　《四库全书总目》卷六三《益智录提要》。

〔6〕　《四库全书总目·四朝人物略提要》载："《四朝人物略》六卷，国朝孙承泽撰。自汉至唐、宋，为五卷，全袭名臣录之文；明一代总为一卷，皆用刘孟雷所为翊运、硕辅、名卿、正学等传为之。"疑《四朝人物略》与《四朝人物传》并非一书，二书未经目，待考。

游录》载：

> 寻饭于吴太史所。太史同年侍郎孙北海（承泽），撰
> 《四朝人物传》。其帙繁，秘甚。太史恳年余，始借若干首。
> 戒勿泄。特示余曰："君第录之，愿勿著其姓氏于人也。"[1]

孙承泽将《四朝人物传》中"平生企慕"的京畿人物，辑成《畿辅人物志》传世。其自序云：

> 迨其晚季，值一二柄臣，袭亡汉、弱宋之党论，以惑
> 主听。万历而后，畿辅多正人君子，卒无有安其身以行志
> 者，或困死谪戍，或终老罢闲，或忧谗畏讥，一筹莫展，
> 驯至束手殉义，亦可哀矣！[2]

于是，孙承泽据邸抄，搜遗文，寻碑碣，访乡里，"博综前人所载，以及章奏、志表、诸文，或得诸后遗裔之所传说，详论约取"[3]，著《畿辅人物略手稿》，录五十人[4]。后补充修订付梓，成《畿辅人物志》，保存了重要史料。如阉党余孽刑逼某木匠诬袁崇焕为奸细，即为他书所不见[5]。《畿辅人物志》载录 128 人，比万历《顺天府志》所载明代人物 32 人（烈女未

---

〔1〕 谈迁《北游录》。
〔2〕 孙承泽《畿辅人物志·自序》。
〔3〕 王崇简《畿辅人物志序》，《青箱堂文集》卷三。
〔4〕 孙承泽《畿辅人物略手稿》（稿本）。
〔5〕 孙承泽《畿辅人物志》卷一六《李若珽传》。

计）[1]多三倍。它并为其后康熙和光绪《顺天府志》及京畿各州县志中人物传提供了重要资料。康熙《大兴县志》载录明代人物多袭录此书即是例证。

孙承泽于历史地理学方面亦写出有价值的著述。康熙《大兴县志》载其著有《寰宇志略》《河纪》《水利书》等[2]。《河纪》一书，据《四库全书总目》著录其"记黄河迁徙始末，兼及畿辅水利"[3]。《水利书》当即注《禹贡》之书的《九州山水考》。孙承泽在今存《九州山水考》中，反对"由己饥、由己溺"的"无水不为害者"的观点，提出"无水不为利也，运输之政兴焉，灌溉之泽普焉"这一变水害为水利的见解。它是一部有学术价值之作。

孙承泽毕生史学著述中的精品，是《春明梦余录》和《天府广记》。天府即京城。我国都城史的研究有其发展的过程。最早记载京师及其附近地区历史的《三辅黄图》已佚，后有佚文辑本[4]。至宋代宋敏求撰《长安志》，记述我国封建社会前期政治中心长安的历史与地理。孙承泽借宋敏求以知制诰贬知绛州，述《春明退食录》之典，始著《春明梦余录》，记载明代典章制度，也载述我国封建社会后期政治中心北京的历史与地理，从而成为我国都城史研究中有价值的传世之作。《四库全书总目提要》撰者虽力贬孙承泽，但仍对《春明梦余录》做出了肯定性的评论：

---

〔1〕　万历《顺天府志》卷五。

〔2〕　康熙《大兴县志》卷五。

〔3〕　《四库全书总目》卷七五《河纪提要》。

〔4〕　陈直《三辅黄图校证·自序》。

于明代旧闻，采撷颇悉。一朝掌故，实多赖是书以存。且多取自实录、邸报，与稗官野史据传闻而著书者究为不同。故考胜国之轶事者，多取资于是编焉。[1]

《四库全书总目提要》撰者侧重于从考据方面去评价《春明梦余录》，对其在典制史、都城史方面的学术价值，尚嫌评价不足。《春明梦余录》"刊行传世，几使洛阳纸贵"[2]，可作为其学术价值及社会影响的一个例证。孙承泽撰《春明梦余录》之后，又著《天府广记》。《四库全书总目》将《春明梦余录》列入子部杂家类，而将《天府广记》列入史部地理类，以示二书之别，似嫌不妥。因为《春明梦余录》带有地方志的色彩，《天府广记》亦重于典章制度。如二书相较，《天府广记》似比《春明梦余录》有如下特点：

第一，引类相从。《天府广记》将《春明梦余录》的七十卷厘定为三十七卷。如卷六含《春明梦余录》之卷六宫阙、卷七正殿、卷八殿门、卷九文华殿、卷十文华旁殿、卷十一武英殿、卷十二文渊阁等七卷。又将其卷二三至二八合并为一卷。再将其卷五四国子监、卷五五府学、卷五六首善书院归并为学校一卷。以上将十六卷合并为三卷，同类条属丝贯，体例更加完备。

第二，修剪枝蔓。《春明梦余录》于《礼部》下先列子目"礼制"，而首以朱熹"仪礼、经传、通解"一条，次以吴澄"三礼考注"一条，再次以朱熹"家礼"一条。以上原不应系于《礼部》，故《天府广记》删之，至若删节奏疏等，多为出于匠

---

〔1〕 《四库全书总目》卷一二二《春明梦余录提要》。

〔2〕 孙承泽《天府广记·朱序》，清抄本。

心，剪裁史料，划一体例，并非因碍时讳，惧罹文网。是书成于康熙十一年（1672）[1]，时"三藩之乱"有一触即发之势，清廷注意调整满汉关系，尚未大兴文字之狱。

第三，搜遗拾阙。《天府广记》卷六增补"郊坛"，卷三一缀补"衍圣公府"，卷三三至三四人物、卷四一赋、卷四二至四四诗，均为补缺。《天府广记》从《畿辅人物略手稿》和《畿辅人物志》中，将顺天府属人物六十个列传录入，使其内容较为充实，体例更臻完善。但宛平梁应泽、通州刘廷训、大兴李若琏、京师郭登和马应乾等，皆因牵涉东事而未予收录。

第四，考证诠次。《史记》载：周封尧之后于蓟[2]，封召公奭于燕[3]。蓟与燕之关系，为历来治燕史者所论辩。孙承泽在《天府广记》中，对南燕与北燕详为考证。另如建置，《春明梦余录》于明代先述洪武元年（1368）改大兴府为北平府，次述永乐元年（1403）诏允礼部尚书李至刚请以北平为京师，再述洪武元年改北平府诏，复述永乐朝李时勉上《北京赋》[4]，简牍错置，诠次失序。《天府广记》则将《北京赋》移至卷四一赋中，并对上述史料，以时为序，重加诠次，次第井然。

清代历史编纂学家孙承泽，积二十余年，博采群籍，丝贯革穿，详考明代典章制度，研讨北京历史，撰成被称为"绝大著作"[5]的《天府广记》。其纂述过程，大体可分作三个阶段：

---

〔1〕　孙承泽《天府广记》，清抄本。
〔2〕　《史记》卷四《周本纪》。
〔3〕　《史记》卷三四《燕召公世家》。
〔4〕　孙承泽《春明梦余录》卷一。
〔5〕　孙承泽《天府广记·陈跋》，清抄四十三卷本。

第一，分类断代，搜集资料，所辑《学典》及《元明典故编年考》即为例证。第二，按门别类，编纂史料，所撰《畿辅人物志》和《春明梦余录》可作明证。第三，增删考稽，厘定诠选，终于著成《天府广记》。上举数书虽各成专著，但《天府广记》造端宏大，元元长编，实为其集大成之作。《日下旧闻》撰者朱彝尊（竹垞）云：

> 《天府广记》搜采广罗，文献彰著，洵为艺林之大乘，考核家藉此以为据信也。惜乎未及雕梓，而嗜古讨论之士，乃假以传抄，藏诸笥箧，不啻珍璧。余修辑《日下旧闻》，检阅经史子集，凡有系于京华之典故遗文，靡不极力索次。于是引用成书千有余种，然亦有阙佚未尽者焉。且夫京师居北辰之所，惟人文之薮，观其山川，览其形势，四境九衢，甲于省郡。况士大夫退食之暇，登临凭眺，考古证今，是以代有记载，时有述作，皆不若退谷之《天府广记》，致之尽而罗之广也。[1]

孙承泽最有成就、最大价值的史学著作是他的《天府广记》。北京自金代成为皇都，迄《天府广记》成书，历时五百年。其间记述北京历史的专书甚少，即便有之，或散佚，或疏略，或残简，抑或尘封。孙承泽撰著的《天府广记》，是第一部系统翔实地记述北京历史的鸿篇巨制。中国都城史的研究不始于孙承泽，但他的《天府广记》却为开拓世界著名古都北京历史的研究奠下基石。后来的北京都城史研究如朱彝尊的《日下

---

[1] 孙承泽《天府广记·朱序》，清抄本。

旧闻》和于敏中等的《日下旧闻考》，是在它的影响下走上了更广阔的道路。北京史学之兴，孙承泽始开其端。他开创了一条都城史学新路，即发掘、搜纂和研究都城历史文化遗产的新路。

三

孙承泽之所以在史学上取得一定的成就，与其哲学观点、政治思想和治学态度密切关联。

明朝的覆亡，予当世的缙绅鸿儒以极大的震动。他们身历沧桑巨变，为溯源祸患之由来，痛苦地回到经学，去剥取成果，探索殷鉴。孙承泽晚年嗜《易》，"自居退谷，日抱大易，读于荒崖寂寞之宾"[1]。寂寞荒崖，抱《易》诵经，半为送走草亭孤独，半为探求治世之道。他先后著《诗经朱传翼》《尚书集解》《周礼举要》《孔易释文》《春秋程传补》等百余卷。

晚明的学风，心学泛滥，空疏无本。明末清初的巨儒，厌读空疏无本的心学。所以孙承泽在其经学著述中扬宋学、抑王学，"谓守仁立身居家并无实学，惟事智术笼罩，乃吾道之莽懟"[2]。但孙承泽尊扬宋学，也与程、朱有别。他引述朱熹言："太极只是一个理字，未有天地之先，毕竟是先有此理。理动则生阳，亦只是理；静而生阴，亦只是理。因其极至，故名曰太极。"[3]朱熹认为太极是理，是万物的根源："太极只是天地万物之理。在天地言，则天地中有太极；在万物言，则万物中各

---

[1] 孙承泽《孔易释文·自序》。
[2] 《四库全书总目》卷九七《考正晚年定论提要》。
[3] 孙承泽《广字义》上卷。

有太极。未有天地之先，毕竟是先有此理。"[1]孙承泽不赞成上述"理在气先"的命题，他认为：

> 贤希圣，圣希天，天实理也。其行健，其德纯。君子法之，自强其行，以进修其德。后世尊天者，曰太虚、曰太空。六经中无是语。天体固无不虚、无不空，使学者但法其虚、空，遂开异学一路。昊天曰明，及尔出王；昊天曰旦，及尔游衍。无在，非天也；无在，非实理也。学者事天，安敢不谨？自天之下，有形属地。平土，地也；积累而为冈陵，亦地也。自地之上，有气皆天。离地寸许是气，离地寸许是天。人曰在气中、日在天中也。高高在上者，气之积也。[2]

孙承泽的这种思想，显然受了张载"太虚无形、气之本体"[3]的影响。他明言天理为虚空，实"六经"所不载，斥其为异学。孙承泽提出"天实理""天实气""理实气"的朴素唯物主义命题。他还阐发天"运转不停"[4]，即天与理是不断运动、变化的朴素辩证思想。孙承泽在其经学著述中，透露出一鳞半爪的带有唯物主义倾向的见解，可看出他与朱熹的客观唯心主义观点并不完全一致。因此，《四库全书总目提要》撰者，评论孙承泽的哲学观点："惟假借朱子以自重"，并"借朱子之

---

[1] 《朱子语类》卷一。
[2] 孙承泽《砚山斋集》。
[3] 张载《正蒙·太和篇》。
[4] 孙承泽《孔易释文》卷一。

言以攻朱子"[1]。孙承泽在其经学著作中阐述的命题自相抵牾，故被官方哲学斥为"首鼠两端"[2]。

在批判空疏无本的王学时，孙承泽崇实尚变。崇实，使他斥空疏，务实际，勤奋广罗资料，分门别类入簏，进行卷帙浩繁的历史编纂。尚变，则使他识时务，知进退，进而不浮，退而不坠，老骥伏枥，博学有成。

孙承泽不仅在哲学观点上颇有可取之处，而且在政治思想上表露出早期的启蒙思想。封建政治制度的核心是君主专制。黄宗羲著《明夷待访录》，在抨击君主专制时，强调提高相权，以分君权。他认为：天子传子，宰相不传子，天子之子不皆贤，尚赖宰相传贤足相补救；但自明太祖朱元璋罢丞相，明始无善治。他提出宰相设政事堂，并定章奏程序："凡章奏进呈，六科给事中主之；给事中以白宰相，宰相以白天子，同议可否。天子批红，天子不能尽，则宰相批之，下六部施行。"[3]孙承泽则借《周礼》这袭圣王古裳，加以隐身，提出重相权、抑君权的历史课题：

> 余反复读《周礼》一书，见当日挈治平之道，付之六官，又挈五官分任之职，付之冢宰一官，纲举而目斯张，领挈则衮自顺。[4]

孙承泽以《周礼·冢宰》为据，主张天下纲领操之于宰相，

---

〔1〕《四库全书总目》卷九七《考正晚年定论提要》。

〔2〕《四库全书总目》卷一八《诗经朱传翼提要》。

〔3〕 黄宗羲《明夷待访录·置相》。

〔4〕 孙承泽《五经翼》卷一九《周礼举要》。

宰相要总六典：

> 天下大务，统于六典，太宰所任者，治典耳。举教典、礼典、政典、刑典、事典，而又总统焉。

宰相既要总六典，又要统宫闱：

> 人主燕私之际，与之同焉。倘无以统之，则或转移其心志，变易其耳目，窥伺以知其旨，奢靡以中其欲。人主一坠其术，则亦何所不至？此天官所以兼统宫闱，自宫正、膳夫、酒正、内宰，无不总统者，内外朝廷一体也。

宰相不仅要总统内外朝廷，而且要摄君治国：

> 有司微职，惟人主是从。何敢与天子论当否、争是非、持予夺？天子知其供而不知其节，是以侈心生、费用大、搜取者广矣。是以悉领之冢宰，得以节制其间，使上无私费，下无擅供，王、后、世子不敢过取。此冢宰所以兼制国用也。

宰相摄制天子、王后、世子，自然会遭到传统君权至上观念的抵抗，他又说：

> 世儒以谓至尊，不可以法数制之，非正论也！[1]

---

〔1〕 孙承泽《五经翼》卷一九《周礼举要》。

孙承泽与朱熹所谓王者"手握天下之图，身据兆民之上"[1]的君权至高的思想不同，而主张宰相统制国君、国君摄于宰相。这较黄宗羲君权与相权并重的思想更深刻，是对君主专制的挑战。孙承泽在清康熙二年（1663）主张以法数制治国君，实为我国近世君主立宪思想的一株萌芽。

同孙承泽早期启蒙思想相联系的，是其进步的历史观。孙承泽没有留下系统的阐述历史观的著作，但在其文集中曾透露一二：

> 世之有史，犹日月之行天，不可一日无者也。当金源既墟，元遗山筑史亭，日录遗事，著《南冠录》，金赖以有史。元都既陷，危太朴赴崇国寺井，寺僧挽之曰："公，史才，不可死。"太朴竟负僧言。杨铁崖年已七十，隐居南中，应聘著史，史成作《老客妇吟》，见志放还。[2]

孙承泽不仅以元好问、危太朴、杨铁崖为鉴以自励，并断然不取伯夷、叔齐宁肯饿死也不食周粟的梗顽态度；而且认为历史是发展变化的——"随时变易，以从道也"[3]，即要从发展和变化中去研究历史。这个思想前人早已有过，但它帮助孙承泽自立于学林，自强不息地研究历史。

有关孙承泽治学，有几点稍作提示。

第一，搜藏书籍。治史需要大量册籍。其时除中府秘典外，

---

[1] 《朱子大全》卷一五《文集》。
[2] 孙承泽《砚山斋集》。
[3] 孙承泽《孔易释文》卷一。

没有公共图书馆。因此，丰富的藏书成为私家纂史的一个重要条件。孙承泽家玉凫堂藏书七万余卷[1]，有"藏书甲天下"[2]之誉。甲申之变，书多散佚。后广汇"天下之奇珍秘籍"[3]。如《大观帖》光彩精美，为稀世之珍，莆田方楷曾以万金求之不可得，后归孙承泽。他搜藏册籍至万余卷，时称退谷万卷楼[4]。"近代藏书惟北平孙北海少宰、真定梁堂村司农为冠"[5]。因为家藏大量图书，借以左鼎彝、右图史，幽居编撰史籍。

第二，闭门纂述。孙承泽退食后，杜门却轨，不问朝事，"不惟红尘扰扰不干其胸次，即门内诸务绝不挂其齿臆间"[6]。他的居处，在天坛北金鱼池有别业[7]，在西山卧佛寺有退谷[8]。谷后高山屏障，而卧佛寺、广慧庵环蔽其前，冈阜迴合，竹树深蔚——"谷口甚狭，乔木荫之，有碣曰退谷。谷中小亭翼然，曰退翁亭，亭前水可流觞。东上则石门巍然，曰烟霞窟。入则平台南望，万木森森，小房数楹，其西三楹则为退翁书屋。"[9]孙承泽虽年逾花甲，却没有混迹萝园，游身退谷，赏景移时，虚掷干支，而是一榻一炉一罂樽，一笔一纸一顶墨，手搦竹管，目不离卷，专心致志地从事撰述。

---

〔1〕 孙承泽《五经翼·自序》。

〔2〕 孙承泽《五经翼·严序》。

〔3〕 孙承泽《庚子销夏记·卢序》。

〔4〕 朱彝尊《竹垞文集》卷二二。

〔5〕 《征刻唐宋秘本书启》，《绛云楼书白补遗》光绪刻本。

〔6〕 王崇简《青箱堂文集》卷一〇。

〔7〕 孙承泽《天府广记》卷三七。

〔8〕 冈田玉山等《唐土名胜图会》卷四。

〔9〕 孙承泽《天府广记》卷三五。

第三，会友切磋。孙承泽在当世博学识[1]，负盛名，居辇毂之区，四方学士多愿从之搜讨。当时名儒顾炎武、朱彝尊等曾亲至其寓，如《顾亭林先生年谱》载："入都，与秀水朱竹垞（彝尊）、嘉定陆菊隐等同在孙侍郎家详定所藏古碑刻。"[2]叶方蔼、谈迁等亦往其寓，同堂接茵，主宾研磋。

第四，以史还史。孙承泽借朱熹治经的话来说明治史"如烛笼，添一条骨，则障了一路明；能去其障，使之通体光明乃更好"[3]。治学如烛笼，减其条骨，增其光明，以经还经，以史还史，这是孙承泽治学的基本精神。

以上诸点，在封建史家中是屡见不鲜的，但它却是孙承泽成为清代史坛大家的重要因素。

孙承泽是勤奋笃实的学者。与其有五十年交谊的王崇简说：

> 先生予告归第，闭门养重，拥书万卷，搜讨古人。予时一过之，未尝不相对忘反。复营退谷于西山，当松粒春新，柿林霜老，先生携笈其间，辄经时月，数年如一日也。[4]

清代北京史坛大家孙承泽，以耄耋之年，孜孜矻矻，撰述等身，殊为可鉴。

（原载《故宫博物院院刊》1983 年第 1 期）

---

〔1〕 吴长元《宸垣识略》卷一六。

〔2〕 吴应奎《顾亭林先生年谱》。

〔3〕 孙承泽《藤阴札记》。

〔4〕 王崇简《青箱堂文集》卷三。

孙承泽生年考

《天府广记》撰者孙承泽的生年，《中国历史人物生卒年表》《历代名人年谱》《宋元明清书画家年表》以及《天府广记·出版说明》等均载为明万历二十年（1592）。但孙承泽的自述和一些文集的记述与上述载录迥异。兹将搜集的有关资料，略为钩稽，粗做考辨。

一、王崇简（敬哉）《孙公承泽行状》载：

> 公中崇祯庚午顺天举人，辛未进士。历任陈留知县，调祥符县。以卓异授刑科给事中，历升户、工左、右给事中，刑科都给事中。大清定鼎，补吏科都给事中，历升太常少卿、翰林院提督四译馆，通政司左、右通政，太常卿，大理卿，兵部左、右侍郎，吏部左侍郎管右侍郎事。寻以都察院右都御史、太子太保，年六十引疾，家食二十余年而殁。[1]

---

[1] 王崇简《孙公承泽行状》，《碑传集》卷一〇。

上引史料虽未明言其生卒年，但所志"引疾"之事，或有助于考稽其生年。

二、进缮本《东华贰臣传》中《孙承泽传》详载其乞休事：

> （顺治）十年二月，吏部尚书高尔俨以疾乞罢。承泽奏言："吏部尚书权衡所寄，得人为难。伏见大学士陈名夏在吏部时，颇能持正，请以名夏分理部事，必能仰副澄清之治。"上览奏，谓阁臣曰："朕见承泽此疏，洞其隐微，代为含愧。彼意允其所请而用名夏，则于彼有利；否则，又将使朕猜疑名夏也！"因以侍郎推举阁臣，有乖大体，责令回奏。承泽战栗引罪，自陈愚昧，乞宥。[1]

寻罢之。《清世祖实录》顺治十年三月，亦载记孙承泽乞休事。

三、《清世祖实录》卷七三载：

> 都察院右都御史、管吏部左侍郎事孙承泽，引疾乞休，允之。[2]

由是确知孙承泽于顺治十年（1653）三月"引疾乞休"，获允。是岁孙承泽的年齿，尚需其他材料佐定。

---

〔1〕《东华贰臣传》卷一二《孙承泽传》。
〔2〕《清世祖实录》卷七三，顺治十年三月庚寅。

四、王崇简（敬哉）《祭孙北海少宰文》云：孙承泽"年甫六十，营退谷以终老，期老学以自匡"[1]。

前录王崇简（敬哉）两言孙承泽"年六十"休致，是为确指，抑或泛指？如无其他有力材料，仍难以确断其生年。

五、《周礼举要》书中孙承泽自署云：

> 癸卯，著于西山水源头草亭。时退翁年七十有一。[2]

癸卯年，即康熙二年（1663）。是年孙承泽71岁。是为首见孙承泽自记年齿，但孤证难立，尚需参旁证。

六、《九州山水考》书内孙承泽自记曰：

> 余于丙午之春，注《洪范》成，复注《禹贡》，至次年中夏，三易稿而书成。……七十五叟孙承泽，识于南城书舍之桐下。[3]

上文的丙午年，即康熙五年（1666）。其次年的丁未年，即康熙六年（1667），是年孙承泽75岁。同年，孙承泽在《孔易释文》中亦记其年齿，可互相参证。

---

[1]　王崇简《青箱堂文集》卷九。
[2]　孙承泽《五经翼》卷一九《周礼举要》。
[3]　孙承泽《九州山水考》下卷。

七、《孔易释文》书首孙承泽自述云：

> 西川胡公世安，携所著《秀岩易编》，过相订正。余出《孔易》以示。胡跃然兴起，击节不置，慨欲捐赀，为之付梓。余谓："伊川先生七十二而《易传》成，秘不示人。曰：'尚冀少有所进。'余何人，斯敢以自足。"复迟六年，余年七十有五，感胡公之先世逝，重加衰益，刻之家塾。

末署："康熙六年，丁未，秋七月，退谷孙承泽识于城南书舍。"[1]

由上述五、六、七三则史料可知，孙承泽在康熙二年（1663）为71岁，康熙六年（1667）为75岁。

八、《诗经朱传翼》书载孙承泽自叙云：

> 康熙十一年，壬子，夏，六月朔，都门八十老人孙承泽撰。[2]

康熙十一年（1672），孙承泽为80岁，同上述所载年岁推算符合。载录孙承泽80岁的史料，除上引《诗经朱传翼》外，还有下面的材料。

---

[1] 孙承泽《孔易释文》卷首。
[2] 孙承泽《诗经朱传翼》卷首。

九、《天府广记》卷首孙承泽自识云：

> 都门八十老人孙承泽撰。[1]

但是，上引孙承泽的自识并未署纪年。因此，需先确定《天府广记》成书之年，再计算其时之年齿。下面的材料，披露其端倪。

十、《天府广记·成德传》中孙承泽自述其感慨曰：

> 荷蒙再生，以至今日，一筹莫展，老病告休，二十余年，无所补益于世。今见两公手札，从容就义，临危犹辱推反，惭愧欲死。八十之老，行见两公九原，或鉴此区区苦衷也。[2]

这条材料较上条材料稍微具体，即载其休致二十年后，著成《天府广记》，时年已八十矣。载记孙承泽年八十的材料，下面再检一则。

十一、《尚书集解》卷首孙承泽自述言：

> 余旧著《集解》一编。今年届八旬，恐其散逸，重加衰益，刊之家塾。……康熙十一年二月，退谷孙承泽撰。[3]

---

〔1〕 孙承泽《天府广记》卷首，清抄本。
〔2〕 孙承泽《天府广记》卷三四。
〔3〕 孙承泽《尚书集解》卷首。

上列八、九、十、十一凡四条材料表明，康熙十一年
（1672）孙承泽为80岁，时距顺治十年（1653）其休致恰为
二十年。康熙十一年，八十退谷老翁，二月撰成《尚书集解》
二十卷，六月又著成《诗经朱传翼》三十卷，同年还纂成《天
府广记》四十四卷等，学士暮年，勤于著述，成果卓异，令人
赞叹。

十二、同孙承泽有"五十年之交谊"的王崇简，在《青箱
堂文集》中，不仅明言孙承泽之生年，而且确指其出生之月日。
他在《少宰孙公七十寿序》中言：

> 少宰孙北海先生，自癸巳致政，至壬寅为今上御极之
> 元年，是岁十有一月七日，为先生七十诞辰[1]。

癸巳年为顺治十年（1653），壬寅年为康熙元年（1662）。康
熙元年孙承泽为70岁，康熙十一年（1672）孙承泽恰为80岁。

综上，可以得出结论：孙承泽生于明万历二十一年十一月
初七日，即西历1593年11月29日。由此推算，孙承泽于崇祯
三年（1630）庚午38岁成举人，翌年辛未39岁中进士，顺治
十年（1653）癸巳61岁休致，康熙元年（1662）壬寅为70岁，
康熙六年（1667）丁未为75岁，康熙十一年（1672）癸丑为
80岁，其文集自述与文献记载吻合。

孙承泽卒于康熙十五年（1676），《清圣祖实录》载：

---

〔1〕 王崇简《青箱堂文集》卷五。

予故致仕太子太保、都察院左[1]都御史管吏部左侍郎事孙承泽，祭葬如例。[2]

孙承泽生于明万历二十一年（1593），卒于康熙十五年（1676），享年八十四春秋。康熙《顺天府志》载其享年八十三,《宋元明清书画家年表》等载其享年八十五，均系疏误，兹为赘记。

（原载《史苑》1983年第2辑）

---

〔1〕《清世祖实录》卷五五，顺治八年三月癸未载："转吏部右侍郎高尔俨为左侍郎，仍兼都察院右都御史、内秘书院侍读学士，调兵部右侍郎孙承泽为吏部右侍郎，仍兼都察院右都御史。"卷七三，顺治十年三月庚寅载："都察院右都御史、管吏部左侍郎事孙承泽引疾乞休，允之。"《孙公承泽行状》也作"右都御史"。故知《清圣祖实录》此载"都察院左都御史"之"左"字当为"右"字之误。

〔2〕《清圣祖实录》卷六一，康熙十五年六月甲寅。

唐英：千年一瓷人

　　唐英是中国御窑千年史上，既有著作又有精品，既会管理又会匠作，既擅诗文又长书画，既倾心事业又清廉自守，可谓：御窑千年史，唐英第一人。本文以唐英旗分、历史贡献、心灵纠结，分作三节，进行辨述。

一

　　唐英——千年一瓷人，首应辨明他的旗分与身份，因为这是影响其事业、其人格的一大因素，且存在着应当辨明的学术争议。

　　唐英隶籍的旗分和身份，是满洲正白旗包衣，还是汉军正白旗人？当下所见论著，多持后者之说。史籍之记载，亦颇有差异。这是一个需要考辨的问题。

　　唐英（1682—1756），字俊公，又作隽公，自称蜗寄老人，先祖为明末和后金时期辽东沈阳（今辽宁省沈阳市）人。唐英隶籍的旗分和身份，是满洲正白旗包衣，还是汉军正白旗人？史有两说：

　　其一说，唐英隶籍汉军旗人。持此论者，影响最大的是

《清史稿·唐英传》的记载：

> 唐英，字俊公，汉军旗人。[1]

《清史稿》初刻于民国十七年（1928），虽其流布广、影响大，却非时间早、史实确。此前，说唐英是汉军旗人，也有书载。清人铁保编修、嘉庆九年（1804）成书的《熙朝雅颂集》，采录唐英诗23首，其诗前作者小传云：

> 英，字俊公，一字叔子，晚号蜗寄老人，汉军人，官粤海关监督，有《陶人心语》。[2]

上述记载，似应可信。这或是因为：

第一，作者官高。《熙朝雅颂集》编者铁保（1752—1824），[3]隶满洲正黄旗，乾隆三十七年（1772）进士，年二十一，历官侍讲学士、侍读学士、漕运总督、都统、广东巡抚、山东巡抚、两江总督、礼部尚书、吏部尚书，并任"八旗通志馆"总裁，可谓位高权重，官宦显赫。

第二，时间较早。《熙朝雅颂集》成书于嘉庆九年（1804），翌年雕梓。其编纂者铁保自称："臣充'八旗通志馆'总裁官，编辑艺文，得满洲、蒙古、汉军诗抄百数十家，篇帙浩繁，未能悉登简册。当于通志内列其名目，其所为诗，拟别辑一书，

---

〔1〕《清史稿》卷五〇五《唐英传》，中华书局点校本，1977年，第13926页。

〔2〕铁保辑、赵志辉校点补《熙朝雅颂集》卷五六，辽宁大学出版社，1992年，第1038页。

〔3〕《清史稿》卷三五四《铁保传》，第11280—11282页。

以垂久远。"〔1〕由是，铁保奉旨编纂《熙朝雅颂集》。此集，成书早，影响大。

第三，皇帝钦阅。《熙朝雅颂集》由清嘉庆帝颙琰御制序，云："前此铁保在京供职，曾有采辑八旗诗章之请，经朕允行。兹据奏进诗一百三十四卷，请赐书名。朕几余披览，嘉其搜罗富有，选择得宜，格律咸趋于正，而忠义勇敢之气，往往借以发抒。存其诗实重其人，益仰见列圣培养恩深，蒸髦蔚起，正未有艾。爰统命名《熙朝雅颂集》，并制序冠于简端，以垂教奕祀，非徒赏其淹雅博丽之词也。着将原书发交铁保，付之剞劂，用昭同风盛轨焉。"〔2〕

第四，影响深远。《熙朝雅颂集》问世后，影响深远。如：

（1）清道光刻本、彭蕴灿编著《历代画史汇传》卷三十载："唐英，字俊公，一字叔子，号蜗寄老人，汉军人，粤海关监督。"〔3〕

（2）《八旗画录》载唐英"隶汉军正白旗"。

（3）民国《奉天通志》载："唐英，沈阳人，隶汉军正白旗。"〔4〕

（4）民国年间徐世昌辑《晚晴簃诗汇》载："唐英，字俊公，一字叔子，号蜗寄，汉军旗人，历官内务府员外郎、九江

---

〔1〕《熙朝雅颂集·前言》，赵志辉文，第2页。

〔2〕《清仁宗实录》卷一二九，嘉庆九年五月丁未十九日，中华书局影印本，1986年。

〔3〕彭蕴灿《历代画史汇传》卷三〇，清道光刻本，国家图书馆藏。

〔4〕翟文选修、王树枬纂《〔民国〕奉天通志》卷二六〇，民国二十三年（1934）铅印本。

关监督。"〔1〕

（5）今人《景德镇讲义·唐英》载记：唐英"沈阳人，隶属汉军正白旗"。

（6）今人石奎济、石玮编著《景德镇陶瓷词典·唐英条》载述：唐英"隶汉军正白旗"〔2〕。

（7）今人张发颖编《唐英全集》，其《序》云：唐英"隶汉军正白旗"。〔3〕

以上所揭，七条资料，均载明唐英所隶籍旗分，为汉军正白旗。上引资料之外，还有其他载述，因书异意同，而不必赘述。

然而，史事的判定，历史的真实，应当遵循下述"四不原则"，即：不以作者的权贵身份而定，不以史料的时间早晚而定，不以君王的钦阅谕旨而定，不以史证的数量多寡而定，应以缜密考证的史实而定。

有关唐英的身世和旗分，早期史料奇缺。经查，唐英及其先祖的资料，《老满文原档》〔4〕《满文老档》均未查见，《清太祖武皇帝实录》《清太祖高皇帝实录》《满洲实录》《清太宗实录》《清世祖实录》《清圣祖实录》和《清世宗实录》等亦未载录。其后在《清高宗实录》中，唐英史事，凡有七见，如记载唐英为"内务府员外郎"。

---

〔1〕 徐世昌辑《晚晴簃诗汇》卷六二，民国退耕堂刻本。

〔2〕 石奎济、石玮编著《景德镇陶瓷词典》，江西人民出版社，2014年，第520页。

〔3〕 张发颖编《唐英全集·序》，学苑出版社，2008年，第1页。

〔4〕 《老满文原档》又称《旧满洲档》《无圈点档》《满文原档》《满文老档》等，同指今存台北故宫博物院图书文献处的清初最原始的以无圈点老满文为主撰写的清朝开国编年史料之档案。

其二说，唐英隶籍满洲正白旗包衣，笔者秉持此说。兹据史料，分别缕述，略加分析，以做考证。

第一，雍正《江西通志·陶务叙略碑记》载述：

> 英，关东之沈阳人也。世受国恩，从龙日下，隶籍内务府。幼即供役于养心殿，二十余载。我皇上御极之元年，仰蒙高厚殊恩，拔置郎署。方恐报称无由，乃复于雍正二年秋八月，怡贤亲王口宣天语，命英督监江西窑务。[1]

上述的雍正《江西通志》，为清雍正七年（1729），江西巡抚谢旻奉诏纂修并任监修，开局编辑。[2]雍正十年（1732）刻本，一百六十二卷、首三卷。[3]书中的《陶务叙略碑记》为唐英撰写，其时间应在雍正七年（1729）到九年（1731）之间。这是所见唐英身世的最早文字资料，且确实可信。

上文的唐英"隶籍内务府"，明确表明：唐英并不隶籍于汉军正白旗，因为汉军正白旗不隶籍于内务府；唐英隶籍于内务府与隶籍于八旗汉军正白旗是根本不同的。这是因为：清朝的八旗制度，分为八旗满洲、八旗蒙古、八旗汉军，而又各含镶黄、正黄、正白、镶白、正红、镶红、正蓝、镶蓝八个旗，共二十四个旗。在八旗满洲中，镶黄、正黄、正白三旗，直属

---

〔1〕 唐英撰《陶务叙略碑记》，谢旻等纂修《〔雍正〕江西通志》卷一三五，清雍正十年（1732）刻本。

〔2〕 《四库全书总目》卷六八《江西通志》，中华书局，1965年，第606页。

〔3〕 庄威凤、朱士嘉、冯宝琳总编《中国地方志联合目录》，中华书局，1985年，第479页。

清帝，隶内务府，又称内务府三旗，或称上三旗。清制的领侍卫内大臣六员，由内务府上三旗中每旗出两员组成。所以，满洲正白旗是隶籍内务府的，汉军正白旗则是不隶籍于内务府的。[1]

第二，乾隆朝纂修的《八旗满洲氏族通谱》，乾隆九年（1744）成书，首见唐英身份为满洲正白旗下包衣。后任八旗满洲正白旗包衣旗鼓佐领，复为八旗满洲正黄旗包衣旗鼓佐领。于此，《八旗满洲氏族通谱》记载：

> 唐应祖，正白旗包衣旗鼓人，世居沈阳地方。来归年分无考。其曾孙唐英，现任员外郎兼佐领。元孙德格，现任八品官；庚保、寅保，俱现系举人；寅年，现系生员。四世孙唐景，亦现系生员。[2]

第三，《厂署珠山文昌阁碑记》亦曰"予家从龙入关，历世五叶，隶旗百载"云云。

第四，《八旗通志·旗分志》记载："以镶黄、正黄、正白为上三旗。余五旗统以宗室王公，居重驭轻，大宗维翰，盖皆创前古所未有，而建诸天地。"[3]

上述康熙、雍正、乾隆三朝文献、典籍、谱牒、档案、碑刻之记载，均清楚地说明：

其一，唐英的先祖籍辽东沈阳，汉人。

---

〔1〕《钦定八旗通志》卷二四《旗分志二十四》，吉林文史出版社，2002年，第423—437页。

〔2〕《八旗满洲氏族通谱》卷七八，辽沈书社，1989年。

〔3〕《八旗通志》卷一《旗分志》，东北师范大学出版社，1985年，第1页。

其二，唐英的曾祖唐应祖，在后金时期归顺后金汗努尔哈赤，后隶属于满洲正白旗包衣旗鼓佐领下之人。

其三，唐英隶籍于内务府，后官内务府员外郎，兼内务府正白旗包衣旗鼓佐领。

其四，唐英之子文保、寅保，时为生员。寅保考中乾隆六年（1741）辛酉科举人，后在时年十九中乾隆十三年（1748）戊辰科进士，后授庶吉士、任编修。唐英的第三子万保，年龄幼小，略而不述。[1]

在这里，要说明同唐英旗分、身份攸关的"正白旗""正黄旗""包衣""旗鼓人"四个概念。

前文已述，清朝的旗人，分作八旗满洲、八旗蒙古、八旗汉军。[2]其中，八旗满洲的镶黄旗、正黄旗和正白旗为"内务府三旗"，称作"上三旗"。

清朝的"包衣"，全称是"包衣阿哈"，其包衣的满文为bao i，汉语意思是"家内的"或"家里的"；"阿哈"的满文为"aha"，汉语意思是"奴仆"。

清初的"旗鼓"，满文写作 cigu，为汉语"旗鼓"的音译。古代中原军队有旗鼓、仪仗人，而归顺满洲的汉人，被编为佐领，隶籍旗鼓佐领者，就称为旗鼓人。

清制正白旗有三：一是满洲正白旗，二是蒙古正白旗，三

---

[1]　唐英之第三子万保，生于乾隆五年（1740）八月十八日。《陶人心语》卷三载："庚申中秋后三日，三子生于江州使署。"唐英欣喜作诗云："天上一年光满月，人间六十客添丁。"

[2]　清朝在旗的称旗人，不在旗的称民人。旗人，不能称作旗民，因为"旗"和"民"是两个不同的范畴，不可混淆。

是汉军正白旗。[1]唐英隶籍的不是汉军正白旗，也不是蒙古正白旗，而是满洲正白旗。唐英及其先祖是汉人，不是满洲人，怎么会隶籍于满洲正白旗呢？因为他是满洲正白旗的包衣。

所以，唐英先是隶属于清内务府八旗满洲正白旗包衣旗鼓佐领下的人。据《钦定八旗通志》记载：唐英隶籍于内务府八旗满洲正白旗包衣"第四参领第二旗鼓佐领"。[2]该佐领为康熙三十四年（1695）编立，初以马虎为佐领，而后佐领或故，或转，或革，或调，其第五任旗鼓佐领，命员外郎唐英管理。而唐英怎么又与满洲正黄旗有关系呢？这是因为唐英被免去正白旗之佐领，而被任命为满洲正黄旗包衣旗鼓佐领。《钦定八旗通志》又载：八旗满洲正黄旗包衣第五参领下第四旗鼓佐领，康熙三十四年（1695）分立，而后佐领或故或调，以唐英管理。唐英为该旗包衣第五参领下第四旗鼓佐领的第八任旗鼓佐领。[3]后其子寅保，任满洲正黄旗包衣第五参领下第一旗鼓佐领的第十六任旗鼓佐领。[4]

唐英的旗分与身份，其旗分属于满洲正白旗，其身份为包衣。唐英的旗分属于八旗满洲正白旗，其与八旗汉军的关系，

---

[1]　清八旗汉军，天聪五年（1631）正月，皇太极将满洲八旗中的汉人拨出，另编一旗，后称汉军。崇德二年（1637）七月，分设汉军为二旗。崇德四年（1639）六月，又增设汉军二旗。崇德七年（1642）六月，汉军四旗扩充为八旗，旗色改为与八旗满洲、八旗蒙古相同。从此，清朝八旗实际上有八旗满洲、八旗蒙古、八旗汉军，共二十四旗，但仍统称其为八旗。

[2]　《钦定八旗通志》卷五《旗分志七》，文津阁《四库全书》本，国家图书馆藏。

[3]　《钦定八旗通志》卷五《旗分志五》，吉林文史出版社，2002年，第94页。

[4]　同上书，第93页。

需进一步探讨。

唐英家族首见"汉军"学籍，始自寅保参加科举考试。唐英之子寅保，中乾隆六年（1741）辛酉科举人。此科中举者有汉军12人，其中汉军镶黄旗1人、汉军正黄旗1人、汉军正白旗5人、汉军正红旗2人、汉军镶红旗1人、汉军镶蓝旗2人；在正白旗5名中举者中，有"包衣庆恩佐领"的寅保和包衣四保柱管领的姚文。[1]《钦定八旗通志》中特别标明：寅保和姚文都是隶籍于正白旗的"包衣"。显然，其旗籍隶属于满洲正白旗，其身份则为"包衣"。[2]

而后，寅保考中乾隆十三年（1748）戊辰科第三甲第二名进士。[3]此科，八旗满洲籍8人、八旗蒙古籍1人、八旗汉军籍1人。《钦定八旗通志》记载："汉军，寅保（正白旗一名。)"[4]在北京孔庙进士题名碑上，镌刻着："寅保 正白旗汉军人。"[5]

以上，文献记载与文物碑刻都表明：寅保中举时的学籍身份是"包衣"，中进士时学籍是"汉军"。其时，旗人参加科考，只有三种学籍——满洲、蒙古、汉军，内务府三旗包衣佐领、包衣旗鼓佐领下人，凡原为汉人者，均被列入"汉军"学籍。学籍与旗籍，既有相同之处，更有相异之处。虽寅保的学籍是

---

〔1〕《钦定八旗通志》吉林文史出版社标点本，第1747页，在人名重排时顺序错简。

〔2〕《钦定八旗通志》卷一〇六《选举志五》，文津阁《四库全书》清史资料汇刊本，商务印书馆，2006年，第119页。

〔3〕《明清进士题名碑录索引》，上海古籍出版社，1980年。

〔4〕《钦定八旗通志》卷一〇四《选举志三》，吉林文史出版社，2002年，第1575页。

〔5〕北京孔庙进士题名碑，第183号，北京孔庙和国子监博物馆藏。

"汉军"，但其旗分仍隶籍满洲正白旗包衣佐领。铁保《熙朝雅颂集》记载：

> 寅保，字东宾，一字芝圃，汉军人。乾隆戊辰进士，改庶吉士，散馆授编修，改内务府郎中官，杭州织造。有《秀钟堂诗钞》。[1]

上文寅保的"汉军"为科考时的"学籍"；他的"旗籍"仍为满洲正白旗包衣。然而，寅保之父唐英，终生未参加科考，依然是八旗满洲正白旗包衣。缘此，《清史稿·唐英传》记载："唐英，字俊公，汉军旗人。"其根据何在？这或由其子寅保学籍而衍伸其父，或据《熙朝雅颂集》的载述，无论前者或后者，都是值得讨论的。

寅保考中进士时的"汉军"，是指广义的汉军，也就是科考时的学籍，并不是说明唐英及其子寅保隶籍于八旗汉军的正白旗，因在《钦定八旗通志》的"旗分志"中，汉军正白旗里查不到唐英及其子寅保旗分的文字记载。

近世以来，所谓汉军有着狭义与广义之分：其狭义，是指八旗汉军；其广义，指后金和清初归附的汉人，被编入汉军和内务府三旗包衣佐领、包衣旗鼓佐领人。后者如唐英，在《八旗满洲氏族通谱》中，被列入内务府满洲正白旗包衣旗鼓佐领人，而不被列入汉军。特别是在官修《钦定八旗通志》的"旗分志"汉军正白旗里，根本找不到有关唐英的记载；但在该书"旗分志"的内务府八旗满洲正白旗包衣佐领或旗鼓佐领下，却

---

〔1〕 铁保辑《熙朝雅颂集》卷七六，第 1283 页。

记载着"唐英"。

由上可知，唐英的身份先是内务府八旗满洲正白旗包衣旗鼓佐领下的人，后升为该旗的旗鼓佐领；后又任八旗满洲正黄旗包衣旗鼓佐领。这样的身份，使唐英一直受到宫廷的信任，为宫廷内务府侍奉；同时，尽管职务升迁，官至内务府员外郎，但唐英终生没有洗掉"包衣"的身份。

唐英生活在康熙、雍正、乾隆三朝，其隶籍旗分，未查见改变。

在康熙朝——内廷供役，旗分未变。唐英出生在康熙二十一年（1682）五月初五。7岁入学读书。康熙三十四年（1695），14岁时被编入内务府八旗满洲正白旗包衣第四参领第二旗鼓佐领下人。康熙三十六年（1697），16岁时入养心殿造办处供奉，后任职宫廷画样。[1]唐英忠耿做事，勤奋学习，在内廷见识名器、名书、名画、名家。如他同"四王"之一、《万寿盛典图》总裁官王原祁，系舟峰下，月映篷窗，二人对谈，受其指点：

> 有志斯道者，当于笔外求笔、墨外用墨，丘壑探之冰雪襟怀，结构炼之炉冶造化。趣味在有意无意之间，彩泽含若隐若显之中。……宁古毋今，宁拙无巧，惜墨等兼金，运笔疑鬼斧。兴至，则吮毫舒楮；兴尽，则趺坐闲吟。作画时如万物皆备，置笔后一物不着，乃为身在壶中跳出圈外，此则品高道胜者也。[2]

---

〔1〕《养心殿造办处各作成做活计清档》，中国第一历史档案馆藏。
〔2〕《唐英全集·题罗梅仙画山水跋》，学苑出版社，2008年。

唐英虽得到康熙帝的信任，积淀丰厚文化的底蕴；但唐英包衣的身份，使他没有机会潜心读书、精熟经典、参加科考、取得功名，而留下内心的终生伤痛。唐英的旗分和身份，终康熙朝没有得到改变。

在雍正朝——协理陶务，旗分未变。雍正元年（1723），雍正帝即位后，唐英遇到新的转机，被提拔为内务府员外郎。雍正三年（1725），圆明园来帖称：唐英"奉旨画的款式甚好"。他做事勤勉，艺术修养高，受到雍正帝的肯定。雍正帝对唐英的表扬，成为他将要受到重用的信号。先是，明景德镇御器厂，"以中官督造，后改巡道，督府佐司其事，清初因之"[1]。康熙时，景德镇御窑先有臧应选督陶，出现"臧窑"御瓷；而后郎廷极督陶，出现"郎窑"御瓷。雍正时年希尧督陶，出现"年窑"御瓷。雍正六年（1728）八月，时唐英心灵聪慧，书画皆优，为人诚正，做事勤勉，命唐英赴景德镇，驻厂督陶，协助总理陶政的年希尧工作。唐英承旨，出都赴任，于十月间，抵达景德镇御窑厂。这一年，他47岁，是其人生事业的转折点。他到任后，整顿陶务，将烧造瓷器的名目、胎釉、纹饰、尺寸、铭款、工匠、出纳、赏勤、劝惰等，造册奏报，按月核算，归年希尧总管。唐英任事，兢兢业业，一干七年，薪水颇丰厚，年银五百两。[2]然而，唐英的旗分和身份，终雍正朝没有得到改变。

在乾隆朝——创造辉煌，旗分未变。唐英先后管理淮安关、九江关，遥领陶务；又任职粤海关；再回九江关。直到乾隆

---

〔1〕《清史稿校注》卷五一二《唐英传》，台湾商务印书馆，1999年，第11572页。
〔2〕《唐英督陶文档·陶务叙略》，学苑出版社，2012年。

二十一年（1756）七月二十七日才获准辞职，同年七月二十九日在署中病故。[1]唐英在乾隆朝，于景德镇御窑的窑务及相关工作，长达近二十年。在有清一代景德镇御窑督陶官中，唐英任事最久，工作最勤，业务最精，贡献最大，烧造出举世闻名的"唐窑"瓷器。然而，唐英的旗分和身份，在乾隆朝至其临终前，没有得到改变。

唐英 16 岁就进入内务府，并在内务府造办处做画样设计，这对唐英的人生产生了很大的影响：一是养成忠于职敏于行的素质；二是形成既谨慎又敬业的性格；三是培养绘画功底和艺术修养。这为唐英日后在御窑厂督陶期间，揣摩上意，推陈出新，而烧造出精美的"唐窑"瓷器，奠定了良好的基础。其中的一个重要原因，是他身为内务府八旗满洲正白旗包衣的身份——既受到信任，应当勤奋工作；又受到卑视，应当敬慎工作。[2]

总之，辨明唐英的旗分与身份，是了解其奉上、敬上、唯上，为人、做人、待人，任事、勤事、慎事，苦学、实学、真学的重大枢机，也是探索唐英成为中国千年一瓷人的关键所在。

二

唐英——千年一瓷人，做出此评价的依据，是唐英既对中国也对世界烧造瓷器的历史做出了重大贡献。

唐英人生的重大转折点，是在雍正六年（1728）。这一年，

---

〔1〕《唐英督陶文档·唐英去世江西巡抚代其子寅保折》，第 111 页。

〔2〕 阎崇年《御窑千年·唐英督陶》，生活·读书·新知三联书店，2017 年。

雍正帝命"唐英着内务府员外郎衔，驻景德镇御窑厂，佐理陶务，充驻御窑厂协理官"。[1]时年希尧总理景德镇御窑陶务。唐英时年47岁，走出内务府，初到御窑厂，对于陶瓷烧造，如他自己所说："茫然不晓，日唯诺于工匠之意，惴惴焉，惟辱命误公之是惧。"唐英面临着新的形势、任务、工作和责任，是退缩，是应付，是蛮干，还是奋进——放下官员架子，变外行为内行？唐英选择了后者。他说：

> 用杜门，谢交游，聚精会神，苦心竭力，与工匠同其食息者三年。[2]

唐英的做法是：

第一，闭门谢客，不应酬，不唱和，不访客，不出游。

第二，放下架子，与工匠，同吃饭，同劳作，同休息。

第三，刻苦钻研，用三年，学制胎，学色釉，学烧造。

第四，成为内行，会制胎，会彩绘，会釉料，会窑火。

三年之后，到雍正九年（1731），唐英说："于物料火候、生克变化之理，虽不敢谓全知，颇有得于抽添变通之道。向之唯诺于工匠意旨者，今可出其意旨唯诺夫工匠矣。因于泥土、釉料、坯胎、窑火诸务，研究探讨，往往得心应手。"[3]

一个内府官员，一个八旗画匠——"纸上得来终觉浅，绝知此事要躬行。"（陆游句）唐英，能躬下身来，向工匠学习，

---

〔1〕《瓷务事宜示谕稿序》，《养心殿造办处各作成做活计清档》，中国第一历史档案馆藏。

〔2〕《唐英督陶文档》，第3页。

〔3〕《瓷务事宜示谕稿序》，《唐英全集》第1册，第179页。

变外行，为内行，实在难得，实为可贵。其精神，其实践，言行合一，知行合一，堪称榜样，百世可鉴。

唐英于御窑瓷器，主要有三大贡献：

第一，瓷艺贡献。唐英在28年的御窑管理与烧造过程中，亲自督导和烧造的瓷器，数量大，质量优，精品多，影响广，因而被誉为"唐窑"。从雍正六年（1728）到十三年（1735）的八年间，景德镇御窑烧造瓷器"不下三四十万件"。而一年两季接送京城的盘、碗、钟、碟等圆器，总计57种，其中一年，约8万余件。乾隆二年（1737），正月接旨、五月呈送瓷器59种、47120件。乾隆四年（1739），水陆分运呈交瓷器30375件。乾隆十年（1745）十二月，进呈"洋彩花瓶二千件，圆器五千二百六十四件；次色黄器二千三百二十一件"。乾隆十三年（1748），"进上色琢圆瓷器四千七百三十八件"。有学者估计，在乾隆初期的20年间，唐英督陶，共为宫廷烧造瓷器达50万—60万件。不仅数量庞大，而且新品和精品迭出。唐英既仿古又采今，既是集御窑瓷器艺术之大成者，又是集中华瓷器艺术之大成者。

所谓仿古，就是仿制历代名窑的名器。清朝雍、乾二帝追慕前朝精美瓷器。于是复制宋代名窑及明窑的瓷器，就成为唐英的重要任务。如雍正帝好钧窑，唐英到任不久，就派幕友吴尧圃赴钧窑旧址，调查釉料配置方法。他作《春暮送吴尧圃之钧州》诗，勉励吴君：

此行陶冶赖成功，钟鼎尊罍关国宝。

玫瑰翡翠倘流传，搜物探书寻故老。

吴尧圃不辱使命，查清了钧窑的工艺诀窍。有了扎实的技术储备，唐英的仿制工作极为成功。有诗赞曰："如汝柴官哥定钧，各肖其式繁其伦。"[1]

唐英烧造的仿哥窑金丝铁线纹、仿宋官窑的冰裂纹、仿汝窑的天青釉、仿钧釉等，与宋器非常相似。他仿制的明朝永乐、宣德脱胎白釉、甜白刻花、印花等瓷器，形似神似，可以乱真。

所谓采今，就是开展烧造技艺的研发与创新。乾隆时期的"瓷母"、转心瓶、轿瓶、仿生瓷、西洋画瓷等，创新之例，不胜枚举。在唐英时，釉上彩、釉下彩、颜色釉、粉彩等均有新的突破。在他主持下，景德镇御窑厂创烧颜色釉几十种，其中胭脂红、秋葵绿等是最为著名的颜色釉。

"唐窑"瓷器被公认是御瓷中的珍品，不仅在国内，而且在世界，都达到空前之水平，且集过去瓷器烧造之大成。于瓷器造型设计，圆器和琢器，从尊、鼎、觚、盘礼器，花果、山水、人物、文房，类型繁多，应有尽有；于瓷器颜色装饰，各种色釉57种，色彩斑斓，无所不有；于瓷器烧造技艺，山水、人物、花鸟、鱼虫，皴染之制，极尽所能。唐英能文能诗，善书善画，兼事篆刻，瓷器烧造，尤为精通。由于他潜心钻研瓷务，并且心身力行，积累了丰富制瓷经验，其主持烧造的精美瓷器，深受雍、乾两朝皇帝的赏识，成为中华瓷器艺术的珍品，在中国和世界瓷器史上，写下华彩之章。

清乾隆珐琅彩花卉纹诗句瓶，故宫博物院藏。瓶束颈、溜肩，圈足。通体施白釉，外壁用各色珐琅料，绘月季、蜡梅、

[1] 钱陈群《香树斋诗文集》卷八，清乾隆刻本，国家图书馆藏。

翠竹、水仙等花卉。题写"夕吹撩寒馥，晨曦透暖光"。闲章首引"佳丽"，末尾"金成""旭映"，末署"乾隆年制"四字双行款，外围双方框。画工细腻，妩媚娇艳。唐英将制瓷工艺与诗、书、画、印相结合。在陶瓷品类的创新上，后来成书的《景德镇陶录》赞叹道："厂窑至此，集大成矣！"[1]誉称唐英督陶开创"有陶以来，未有今日之美备！"[2]

清雍正珐琅彩锦鸡牡丹纹碗，故宫博物院藏。高 6.6 厘米，口径 14.5 厘米，足径 6 厘米。碗的胎体极薄，内外白釉，匀净光润，洁白如玉。外壁以珐琅彩装饰，用多种色彩绘画牡丹和锦鸡，末署"雍正年制"四字双行款，外围双方框。画诗书印，融为一体。画工细腻，色彩艳丽。

清乾隆多种釉彩大瓶，故宫博物院藏。高 86.4 厘米，口径 27.4 厘米，足径 33 厘米。这件瓷器是唐英等人的一个创造：汇仿古大成、集采今创新——仿宋官、哥、汝、钧等各窑、各釉于一器，施以青花、斗彩、五彩、珐琅彩、粉彩、金彩、洋彩，彩用白、青、蓝、黄、红、绿、紫、酱、金等，窑变、开片，釉下彩、釉上彩，十二面开光、十五种釉彩、十六道纹饰，施以金彩细条隔开。这件瓷器具有大、繁、难、美、精、绝六个特点，其工艺精卓，争奇斗艳，华丽繁缛，巧夺天工，是瓷器史上的一座丰碑，至今无法复制，被誉为"瓷母"。

唐英不仅在瓷艺上有重大突破，而且在学术上也有重大贡献。

第二，学术贡献。唐英悉心钻研陶务，身体力行，不仅实

〔1〕 蓝浦、郑廷桂《景德镇陶录》，黄山书社，2016 年。

〔2〕 《景德镇陶录》卷五，清嘉庆刻本、同治补修本，国家图书馆藏。

践经验丰富，而且进行科学总结，先后编写出《陶务叙略》《陶冶图说》《陶成纪事碑记》《瓷务事宜示谕稿序》等文献。学苑出版社出版的《唐英全集》则是其集大成者。唐英对御窑瓷器烧造及其发展创新，做出了开创性的贡献。

《陶冶图说》。先是乾隆帝命宫廷画师孙祜、周鲲、丁观鹏绘制《陶冶图》二十幅，记录乾隆御窑制瓷工艺过程。据《清宫内务府造办处各作成做活计清档》记载：乾隆八年（1743）闰四月，宫廷造办处将此图送交给唐英，命其按制瓷顺序编排，并为每张图画撰写文字说明。当年五月唐英即以左图右文编成《陶冶图册》，即《陶冶图说》。它图文并茂、完整地记录烧造瓷器的工艺与技术过程。唐英的《陶冶图说》，全文只有4500字，却是对我国古代制瓷工艺技术与实践的总结，是一部瓷器工艺史的经典文献，也是中国第一部系统完整记录景德镇御窑制瓷工艺的、有重大影响的历史性文献。[1]

《陶成纪事碑记》。这是一篇陶瓷工艺学著作，为当时御窑烧造陶瓷产品、工艺的实录。备载经费、工匠解额，胪列诸色瓷釉，仿古采今，有57种。自宋大观，明永乐、宣德、成化、嘉靖、万历诸官窑及哥窑、定窑、钧窑、龙泉窑，西洋、东洋诸器，皆有仿制。其釉色，有白粉青、大绿、米色、玫瑰紫、海棠红、茄花紫、梅子青、骡肝、马肺、天蓝、霁红、霁青、鳝鱼黄、蛇皮绿、油绿、欧红、欧蓝、月白、翡翠、乌金、紫金诸种，并有浇黄、浇紫、浇绿、填白、描金、青花、水墨、五彩、锥花、拱花、抹金、抹银等。名目繁多，不一而足。这

---

〔1〕 李子嵬《院画本〈陶冶图〉小考》，《督陶官文化与景德镇学术研讨会论文集》，江西美术出版社，2011年，第321页。

是唐英的一项重要学术贡献。景德镇考古工作者在御窑遗址发掘清理出《陶成纪事碑记》残碑，[1]具有重要的文物、历史与学术之价值，由景德镇市陶瓷考古研究所收藏。

今国宝级陶瓷中的唐英作品，无一例外，都是精品。如上海博物馆藏"乾隆五年"大花觚；国家博物馆藏"乾隆六年"大花觚等等。

唐英不仅在学术上有重大业绩，而且在管理制度上也有贡献。

第三，制度贡献。陶务繁杂，千头万绪，督陶官员管理与应付起来颇为吃力，哪顾得上总结经验、反思教训，又怎么想得到建章立制、泽被后人？唐英的过人之处就在于此。在他任内，人事、财务、生产、瓷艺，方方面面，都立规矩，不仅约束下级，而且约束自己。这里着重阐述御窑财务制度，就是《烧造瓷器则例章程册》。

在唐英督陶之前，御窑开支浩大，财务制度不清。钱花了多少、花到哪里去了，缺乏统计；什么钱该花、什么钱不该花，缺乏标准。制度有漏洞，办事人会钻营牟利，朝臣就会议论汹汹，皇帝就会猜疑不止，窑官就会动辄得咎。事情缘起，有过教训。乾隆六年（1741），皇帝朱批唐英，口气十分严厉：

> 不但去年，数年以来所烧者，远逊雍正年间所烧者。且汝从未奏销。旨到，可将雍正十、十一、二、三等年，所费几何、所得几何；乾隆元年至五年，所费几何、所得

---

[1] 江建新《唐英〈陶成纪事碑记〉及其出土残碑遗文校释》，《督陶官文化与景德镇学术研讨会论文集》，第304页。

几何，——查明造册，奏闻备查，仍缮清单奏闻。[1]

烧造瓷器，不合帝意，皇帝就要查账，怀疑臣属贪腐，实在不好伺候。唐英由此意识到：皇帝信任靠不住，陶官监督靠不住，下属操守靠不住。靠得住的是制度。而后，唐英拟定了《烧造瓷器则例章程册》。

《章程》就是造价标准清单："将圆、琢瓷器所需泥土、釉料、工饭等项银两，按造法、尺寸，分别贵贱、高次，逐一详查，核造制价则例章程册，呈送核定奏明，永远遵行。"[2]比如，御窑烧造一件映青（影青）大圆盘，应该花多少钱呢？根据《章程》查得，开支分为物料、人工、器具三类：

——物料每尺：泥土银一厘六毫，釉料银七厘，颜料银八厘，柴价银二厘五毫，炭价银四厘五毫。

——人工每尺：做细工饭银五厘七毫，刳削工饭银二分三厘，锥拱工饭银二分四厘，烧炉工饭银八厘，杂用人夫工饭银四厘一毫。坯工工饭银论件计算，每件一钱六分；款字银也按件计算，每件五厘。

——器具每尺：杂项器具家伙银九毫。[3]

章程所列，凡336条；各项开支，有凭有据；标准精到，细至厘毫。有了造价标准，可以核算成本。如果超支，皇帝就可以追究督陶官失察或贪腐的责任；没有超支，工匠心里有了

〔1〕《清宫瓷器档案全集》卷二，中国画报出版社，2008年，第61页；《遵旨敬谨办理陶务折》，《唐英全集》第4册，第1176页。

〔2〕唐英著，铁源、溪明点校《烧造瓷器则例章程册》，《唐英与唐窑——国际学术研讨会论文集》，华龄出版社，2016年。

〔3〕傅育红选编《乾隆朝〈烧造瓷器则例章程〉》，《历史档案》2015年第2期。

底细，陶官报销有了依据，大臣非议无以凭据，皇帝疑心可以消去。

唐英在两百年前就实施成本核算，观念超前，制度完备，切实可行，贡献斐然。

为了有效进行御窑厂管理，经唐英奏请，乾隆六年（1741）十二月十一日，乾隆帝派老格到景德镇，[1] 先任催总，后任协造，最后赏给七品衔。唐英与老格，二人协合，精勤任事，加之其他有利条件，御窑得以发展，出现乾隆御窑继康熙、雍正之后的新高峰。清代御窑历史说明：御窑管理，要由好的人来建立制度；好的制度，要由好的人来贯彻执行。到乾隆二三十年以后，随着唐英的故去、老格的病休，以及其他种种因素，御窑开始走向衰落。

唐英在"仿古采今"、制造精品，加强制度管理的同时，也有内心的灵动与肺腑的心语。

三

唐英——千年一瓷人，虽有事业的巨大贡献，也有心灵的深邃纠结。打开其心灵之窗，剖析其陶人心语，既有助于了解唐英瓷业贡献之心灵动因，也有益于挖掘唐英瓷艺创作之心灵源泉。

唐英的诗文集《陶人心语》，收录他的主要作品，其诗文，朴素无华，恬淡自然，展现心扉，袒露心声。如他在墨彩云龙三现纹笔筒上，有七律一首："指日春雷震太空，甲麟头角动英雄。乘云带雨飞千里，吸雾呼风上九重。掷扙葛陂仙法大，点

---

〔1〕《清宫瓷器档案全集》卷二，第63页。

睛僧壁巧人同。思波挑浪溶溶暖，一任遨游四海中。"又云：
"陶镕一发天地秘，神工鬼斧惊才雄。文章制度虽各别，以今仿
古将毋同。"[1]

唐英的人生，自谓"蜗寄"。具体分析，有八个字：任劳、
任怨、任贫、任贱。唐英身为督陶官，不仅任劳任怨，而且任
贫任贱。

一是任劳。雍正年间，窑务由年希尧统管，唐英只是协理。
但年希尧远在淮关，窑务鞭长莫及，一副重担全压在唐英身上。
"一切烧造事宜，俱系奴才经营"。[2]雍正帝去世以后，唐英接
过统管之职，却很难找到得力的协理之人。他只好不辞辛劳，
每年两地奔波，春秋巡厂，督办窑务。

唐英积劳成疾。乾隆元年（1736），唐英短暂卸去窑务，赴
淮关履新，却大病一场；乾隆十一年（1746），唐英已65岁，
不辞劳苦，巡视窑厂，却患上眼病，在镇上疗养两个月才痊愈。
长此以往，不是办法。唐英奏请辞去九江关职务，专管御窑，
谕旨不准。后调任粤关，气候不适，患了重病，调回景德镇。
乾隆二十一年（1756）七月二十七日，唐英"气血日衰，医药
不能奏效"，[3]才准他辞职。唐英寻于当年七月二十九日，在九
江关署中病故。[4]

二是任怨。唐英尽职尽责，乾隆帝并不体谅，反而经常指
责。瓷器的数量少了、质量差了、破损多了、工期迟了、花钱
超了，不管唐英是否有责，都会受到责斥。乾隆六年（1741）

---

[1]《陶人心语》，《唐英全集》。

[2]《陶人心语》，清刻本。

[3]《瓷务事宜示谕稿序》，《唐英全集》，第145页。

[4]《清宫中档·唐英奏折》，台北故宫博物院图书文献处藏。

四月十二日，因瓷器釉水不满意，"着怡亲王寄字申斥唐英"[1]。乾隆十三年（1748），唐英经历了一次连环催逼。四月初十日，乾隆帝命唐英烧造观音瓷像。刚到五月初一日，乾隆帝就问："烧造的观音如何还不得？"唐英据实禀报，皇帝不听，却生气了："想是唐英不至诚，着他至至诚烧造"。[2]六月二十三日，唐英入京觐见，乾隆帝当面叮对了烧造观音之事。才过七天，皇帝就又耐不住了——"着问唐英祭器做得几成，赶得来赶不来？着伊声明回奏。"唐英承诺冬至之前一定造好，这才幸免于难。

除了挨骂，还要挨罚。皇帝对御窑不满意，瓷器照收，罚钱照办。如乾隆元、二两年，"以所烧造瓷器钱釉水、花纹远逊从前，又破损过多，因分条核减，共银二千一百六十四两五钱五分三厘三丝五忽二微，奏令赔补，奉旨依议"[3]。这一笔赔偿金相当于四年多的工资。他上奏说："奴才伏念从前管理淮安关税，与窑厂迢隔二千余里，不能与协造之员及时见面细加讲究，致瓷器未尽妥协，实有鞭长莫及之势。"[4]皇帝不仅不听，后来干脆把赔补变成了制度："次色瓷器变价亏折原制价定以三成，破损瓷件定以二成。倘浮于此数，即着落唐英赔补。"[5]重罚之下，唐英憋屈得要死，却并未"扑责一人、贻误一事"，也没有泄火属下、委责于人，一切委屈，自己忍受。

---

〔1〕《清宫瓷器档案全集》卷四，第 298 页。

〔2〕《清宫瓷器档案全集》卷三，第 188 页。

〔3〕《唐英督陶文档·遵旨赔补烧造瓷器损失等事折》，第 66 页。

〔4〕《总管内务府事务和硕庄亲王允禄等为议定烧造瓷器章程事奏折》，中国第一历史档案馆。

〔5〕《清宫瓷器档案全集》卷二，第 77 页。

三是任贫。历朝历任陶官，督陶都是肥差，因为可以贪占。清人尝谓"御窑所制御用之物，必须加数倍制成，拣选其中毫无班点痕及裂文者始能进呈；余则谓之赢余，官吏共分，道员实占多数。故凡任九江道数年，赢余磁器甚多"。唐英不仅不损公肥私，还自掏腰包赔补。如多用银、变亏银、釉糙银、破损银等，旨令"着落唐英赔补"。[1]他揣摩上意，试制新器型，生怕皇帝不满意，怪他乱花钱，就用工资垫付烧造费用。所有新样瓷器，"皆奴才自出工本试造进呈"。[2]进项少、开支多，捉襟见肘，自然要穷。唐英曾多次吟诗叹贫："心为情缘热，家随宦况贫""六十五年半贱贫，贱贫琢练老精神"。

四是任贱。督陶官既非朝廷大臣，又非封疆大吏，位卑职低，身为包衣，唐英深知自己的一切都是皇帝给的，也随时可能被剥夺，唯有"冰兢自持"可保平安。半个多世纪的宦海沉浮，唐英"渊深临战栗，冰薄屡彷徨"，从未办过出格事、说过出格话。即使是这样，遇到位高权重之人，他还要"冷热面前赔色笑"，指望对方伸手不打笑脸人。这种低贱卑下身份，必定身心备受煎熬。

风尘学者，冠盖陶人。唐英曾作《书怀》诗云："风尘中学者，冠盖里陶人。"道出了自己内心的憋屈：虽为学者，却染风尘；虽有冠盖，却是陶人。如此纠结，焉不苦恼？

所谓风尘学者，学者之称，唐英当之无愧。他不仅在御窑建功立业，而且工诗、善画、能书、能篆刻，还会制瓷，于戏曲也有贡献。唐英平生最快乐之事，大概是悬赏征诗。他在九

---

〔1〕《唐英督陶文档·内务府查核唐英乾隆七年分瓷务用度折》，第80页。
〔2〕《唐英督陶文档·恭进御制诗瓶及自拟新样瓷器奏折》，第66页。

江任职时，捐俸重修纪念白居易之琵琶亭。史载：

> 乾隆中，唐蜗寄英，榷九江，置纸笔于亭上，令过客赋诗，开列姓名，交关吏投进。唐读其诗，分高下以酬之。投赠无虚日，坐是亏累，变产以偿，怡然绝不介意。去官后，过客思之，为建白太傅祠，肖唐像祀其旁。[1]

文人骚客，纷至沓来，真是"一角琵琶亭，千秋翰墨丛。公今既往矣，何人继高风？"[2]。著名文人袁枚曾躬逢其盛，多年后旧地重游，对于当日置酒高会、琴歌酒赋的盛况，仍然记忆犹新："贱子当年系短桡，也曾援笔赋鶺鸰。"记曰：

> 一纸诗投两手迎，敲残铜钵几多声。
>
> 姓名分向牙牌记，宾主重申缟纻情。
>
> 酒赋琴歌听不足，风警晨乌夜秉烛。
>
> 才子高擎鹦鹉杯，侍儿争进防风粥。[3]

可叹的是，这种乐趣对唐英来说极为奢侈。从文人雅趣之中回到现实，唐英又变得风尘仆仆，甚至灰头土脸。俗雅之间，纠结不已。

所谓冠盖陶人，唐英的艺术成就与高尚品格，在陶人中是翘楚者、佼佼者。他体恤民苦与私免额银，[4]在景德镇，受到

---

〔1〕 梁绍壬《两般秋雨盦随笔》，上海古籍出版社，1982年，第293页。

〔2〕 冯询《子良诗存》卷二一，清刻本。

〔3〕 袁枚《小仓山房诗文集》，清刻本。

〔4〕 《清高宗实录》卷一八六，乾隆八年三月乙丑，中华书局影印本，1985年。

敬重。他从粤海关调回九江关，首次巡视御窑厂，民众诚朴，夹道欢迎："抵镇日，渡昌江，阖镇士民工贾，群迓于两岸，靡不咨嗟指点，叹余之龙钟老惫者，且欢腾鼓舞，颇有故旧远归之意。"[1]唐英感泣万分，赋诗说："青丝染霜回故地，何劳镇民夹道迎。衰翁有负众家恩，关外孑身吾陶人。"[2]

百姓的热情，令唐英感动，却未必惬意。从唐英《陶人心语》来看，他并不甘心终生埋首陶务，却怀有治平天下的宏愿。唐英曾努力证明陶务的重要，发出"孰谓陶为细务"之问。到了晚年，唐英经常有壮志未酬之叹："矍铄宁忘老，生成报未伸。"[3]

既然自己的人生已经定局，唐英就把希望寄托在后辈身上，指盼儿子考功名、走正途、立奇功、成重臣。唐英长子文保，继承父职，在内务府造办处当直供奉。次子寅保，先中举人，寻中进士，仕途一片光明。唐英欣喜万状，以为后辈从此可以摆脱包衣身份，不料乾隆帝却让寅保学习陶务，准备接班。眼看两个儿子都走上自己的老路，唐英黯然神伤。他去世以后，二子寅保任内务府郎中，官至江宁织造，还负责过福建关务，也和唐英一样工诗，人生轨迹确与乃父相似。《八旗通志》谓其诗清思清雅，又工书画。有《秀钟堂诗钞》传世。其《盘山漫兴》诗云：

盘中到处六朝松，天娇离奇翠盖浓。

---

〔1〕《重临镇厂感赋志事》，《唐英集》，辽沈书社，1991年，第103页。
〔2〕《陶人心语续选》，清乾隆古柏堂刻本，第8页。
〔3〕《陶人心语》续卷二《书怀》，《唐英全集》。

只恐夜阑风雨疾，破空飞处尽成龙。[1]

唐英一生，酷爱读书。他说："予性喜读书，每漏下四五，披阅不休。"所留诗文，今人编入《唐英全集》。其诗作，据一种版本统计，达590首，实际有600余首。

唐英终其一生，脱不掉包衣旗分，洗不掉俗务风尘，换不掉陶人身份，忘不掉心灵宏愿。雅趣不常有，冠盖实卑微，鸿志未能酬，如寄蜗壳中。他乾隆十四年（1749）大年初一的《元旦试笔》诗曰："白发青衫兴宛然，江湖时序任推迁。读书人笑寒酸性，教子天成翰墨缘。"白发、青衫、人笑、寒酸，多么悲凉，多么凄苦！

唐英心身如寄于蜗牛壳中，其内心矛盾与情愫郁结，一个自然吐露是他在友人汪南桥所雕石像座后石壁上题写的33个字："官耶？民耶？陶耶？榷耶？山林耶？城市耶？痴耶？慧耶？贵耶？贱耶？或曰：蜗寄耶？余曰：否，否，石也。"[2]正是这种内心的纠结和潜隐的心痛，才凝化成《陶人心语》，也铸成为瓷艺大师的内动力。

人心有郁结，不得通其道，振奋神志，发愤而为。司马迁《史记·太史公自序》曰："昔西伯拘羑里，演《周易》；孔子厄陈、蔡，作《春秋》；屈原放逐，著《离骚》；左丘失明，厥有《国语》；孙子膑脚，而论兵法；不韦迁蜀，世传《吕览》；韩非囚秦，《说难》《孤愤》；《诗》三百篇，大抵贤圣发愤之所为作

---

〔1〕　寅保《秀钟堂诗钞》，清家刻本。
〔2〕　《唐英心语手稿·题石镌小照小序》，《唐英全集》，第653—654页。其原本由国家图书馆藏。

也。"唐英何尝不是如此？唐英困于包衣身份，内心郁结，发愿砥砺，终成一代瓷艺大家。

"真清真白阶前雪，奇富奇贫架上书。"[1]唐英为官："浮梁城下水，清照使臣心"，"未能随俗惟求己，除却读书都让人"。[2]唐英为人：品正行正，心正器正。[3]唐英功业，灿烂辉煌。在帝制时代的宋元明清时期，纵观瓷器千年史，瓷人优于、胜于、高于、超于唐英者，分解而论——诗书大家有之，绘画大家有之，瓷胎大家有之，色釉大家有之，烧造大家有之，瓷艺大家有之，清廉陶官有之，能干佐贰有之；然而，唐英既有论著又有剧作、既通文史又通艺术、既能画样又能篆刻、既懂管理又懂窑火、既做官员又做工匠、既诚于人又敏于事、既会设计又会烧造、既能仿古又能创今，其高尚精神，其正直品格，其勤慎敬业，其知行合一，其清廉情操，其顽强毅力，其高超瓷艺，其文化涵养，总合而论——"御窑千年史，唐英第一人。"[4]

总而言之，北宋、辽、南宋、金、西夏、元、明、清，八朝千年历史，向世人表明：唐英——千年一瓷人。

---

[1]《唐英督陶文档·唐英去世》，第209页。
[2]《陶人心语续选》卷五《暮秋独坐口占其二》，清乾隆古柏堂刻本，第10页。
[3]《陶人心语·李纨序》云："公之陶政，即公之心为之也，心正则器亦正矣。"
[4] 阎崇年《御窑千年》，第255页。

蒋良骐及其《东华录》

蒋良骐，字千之，一字嬴川，又作螺川，广西全州升乡石冈（今全县才湾乡才湾村）人。他撰修的《东华录》，是一部传世之作。

蒋良骐于清康熙六十一年（1722）正月十五日[1]，出生在"诗书之乡"的升乡石冈。广西素有"全州人文，甲于一省"之誉。全州的升乡，明、清以来，文风昌盛。明崇祯朝全州乡试五科94人，其中升乡54人，占全州举人总数的58%；而蒋氏独领23人，占升乡举人总数的42%[2]。清朝定鼎之后，升乡文风尤著。据乾隆三十年（1765）重修《全州志》统计，清初以来全州进士25人，其中升乡10人[3]，占其总数的40%。

蒋良骐不仅出生于"诗书之乡"，而且生长在"书香门第"。其父蒋林，字元楚，一字介庵，幼聪慧，愤攻读，"年二十一，举于乡，明年成进士，选庶吉士"[4]。又授"翰林院检讨，入

---

〔1〕《蒋良骐神道碑铭》抄本。

〔2〕 康熙《全州志》卷六《选举上》。

〔3〕 乾隆《全州志》卷六《选举上》。

〔4〕 乾隆《全州志》卷八《人物上》。

直南书房"[1]。其故居门额为康熙帝御书"以静为用，是以永年"；大厅楹联为"三世选词林箕裘迭绍，五传襄国政阀阅宏开"。蒋林为人耿介，雍正初，大将军年羹尧贵宠倾朝，重其名，欲延其为幕府。但"公遽请归省，人皆指为迂。未几，羹尧败。在幕下者，多访党籍，人始服公先见。顷之还朝，调户部郎"[2]。乾隆元年（1736），晋长芦盐运使，著有《介庵诗稿》四卷。林季叔肇，康熙四十二年（1703）成进士，为侍讲学士。蒋良骐的伯叔兄弟子侄等，先后有 10 人中举人，4 人成进士[3]。而良骐与父林、兄良翊一门三进士，时传为全州佳话。

蒋良骐出身于书香宦门，奋励笃学，聪敏过人，"才思宏富，倚马千言，为西粤文人之冠"[4]。乾隆十二年（1747），与伯兄良翊丁卯同科乡试中举，时称蒋门"双俊"。乾隆十六年（1751），成辛未科吴鸿榜二甲第六十二名进士[5]。以文学书法殊异，被选为翰林院庶吉士。三年期满御试，又以文义优异被授为翰林院编修[6]。

蒋良骐任翰林院编修后，以弟良骥死，归里省亲。他兄弟五人，长兄良翊，字廷勷，一字补堂，乾隆十九年（1754）成进士，任直隶万全县令[7]，远离故里。仲弟良骥，字德甫，乾隆十五年（1750），乡试中举。良骥性虔孝，传记说他"以侍

---

〔1〕《蒋林神道碑铭》抄件。

〔2〕陈黄中《中大夫直隶长芦都转盐运使蒋公林墓志铭》，《碑传集》卷八二。

〔3〕嘉庆《全州志》卷六《选举上》。

〔4〕嘉庆《全州志》卷八《人物上》。

〔5〕《清进士题名碑记》乾隆辛未科，首都博物馆藏。

〔6〕《清词林典故馆选题名》。

〔7〕民国《全县志》，第 776 页。

父母重疾，哀劳过度，羸症而卒"[1]。幼弟良驷、良骃，居于乡里。蒋良骐归里终养老母，训课二弟，抚育孤侄，使其"皆列胶庠"。

蒋良骐在定省之暇，纂修乾隆《全州志》。先是，康熙二十八年（1689），州牧黄志璋等修纂《全州志》，"其纲有八，其目六十有三"[2]，凡八卷。到乾隆二十七年（1762），黄德星任全州知州。他以旧志简陋，时移事迁，议延人开局，撰修新志。黄德星自任总裁，邀揽曾为翰林院庶吉士、原任山西吉州知州谢庭瑜和时任翰林院编修蒋良骐为修纂。他们对康熙《全州志》"删其繁芜，补其缺漏"[3]，并搜集近年史事，采录荒碑断碣，"据实征调，依类而附"，历时半年，全书告竣。重修的《全州志》较旧志体例整严，内容详具，取材精核，文字简赅。乾隆《全州志》不仅承上启下，而且在现存康熙、乾隆、嘉庆和民国四种《全州（县）志》中，是最好的一种。乾隆《全州志》十二卷，实为蒋良骐总纂。志书卷首开列重修《全州志》纂修、采访、编辑、校勘者姓名，尽出蒋氏家族，可见蒋良骐撰志桑梓之劳。

乾隆三十年（1765）十月，清廷为重修国史列传，又在紫禁城东华门内重开国史馆。蒋良骐返里终养和续修州志事毕，赴京复职，充国史馆纂修官，"著《名臣列传》，经手者居多"[4]。他在国史馆，遍览典籍，随时摘录，累月经年，积材宏富。据《东华录·自序》载：

---

[1] 乾隆《全州志》卷八《人物上》。

[2] 康熙《全州志》卷首。

[3] 乾隆《全州志·李序》。

[4] 嘉庆《全州志》卷八《人物上》。

乾隆三十年十月，重开国史馆于东华门内稍北，骐以谫陋，滥竽纂修。天拟管窥，事凭珠记。谨按馆例，凡私家著述，但考爵里，不采事实，惟以实录、红本及各种官修之书为主，遇阄分列传事迹及朝章国典、兵礼大政，与列传有关合者，则以片纸录之，以备遗忘。[1]

蒋良骐在国史馆撮抄实录、红本、官书、文集等，为编撰《东华录》做了资料准备。

蒋良骐在翰林院国史馆，勤敏敬慎，耿介正直，被晋日讲，擢侍御。日讲，即日讲起居注官。先是，清顺治帝设满、汉词臣八人为日讲官，每日为其讲解经书。康熙帝又定满、汉词臣数员备顾问，记起居。雍正朝的记注官，仍兼日讲衔。乾隆时其职重在起居注。蒋良骐任日讲起居注官，逢乾隆帝坐朝及举行典礼时，常要按班随侍左右，为皇帝记言行，载档案，以备编纂起居注册时查考。他性严肃，陈时弊，深受乾隆帝的"恩遇"。

蒋良骐于乾隆四十二年（1777），升为鸿胪寺少卿。后以府丞视学奉天[2]，提督学政。在奉四年，整饬学弊，丕振文风。乾隆四十八年（1783）十一月，以奉天府丞升为太仆寺卿[3]，又受命稽查京师右翼宗学。乾隆五十年（1785）正月，赴"千叟宴"，嘉庆《全州志》载有其《千叟宴恭纪七律四首》[4]。后乾隆帝临辟雍讲学，蒋良骐进呈《辟雍颂》八章，帝览有喜。乾隆五十一年（1786）二月，由太仆寺卿升为通政使司通政

〔1〕 蒋良骐《东华录·序》。

〔2〕 民国《奉天通志》卷一三三《职官十二》。

〔3〕 《清高宗实录》卷一一一九三，乾隆四十八年十一月乙巳。

〔4〕 嘉庆《全州志》卷一〇《艺文上》。

使[1]，位列九卿。至乾隆五十三年（1788）罢[2]。同年二月初一日，卒于京师[3]，年六十七。后驿传归榇乡里。

蒋良骐生逢"盛世"，居官勤慎，恪守清正，毁誉不及。他的官绩虽不足称道，但其所撰《东华录》，却为一部史学名著。

《东华录》是一部清代编年体史料长编。它起明万历十一年（1583），迄雍正十三年（1735），记载清入关前后五帝（太祖、太宗、世祖、圣祖、世宗）六朝（天命、天聪、崇德、顺治、康熙、雍正）之史事，计32卷。蒋良骐开创了东华录体清代史料编年长编的先河。光绪间王先谦仿蒋录体例，续抄乾隆、嘉庆、道光三朝实录，并将蒋录增补加详，为《九朝东华录》。而后，王先谦等又辑抄咸丰、同治两朝《东华录》，总称《十一朝东华录》。再后朱寿朋辑录光绪朝史料，成《光绪朝东华录》。共凡845卷。

《东华录》一书，不但具有重要的史料价值，而且反映了蒋良骐的进步社会历史观。他并不像司马光那样，在编年体史书《资治通鉴》中，以"臣光曰"来表述自己的社会历史见解。这是因为乾隆朝文网严酷。但是，透过他对史料颇具匠心的采录与详略、取舍与剪裁，仍可洞见其社会政治观的一斑。例如：

第一，申扬忠直。顺治元年（1644）九月，史可法答多尔衮书，《清世祖实录》不载。蒋良骐据内阁册库原札，全文录取，并附载乾隆帝《御制书明臣史可法复书睿亲王事》云："幼

---

〔1〕《清高宗实录》卷二四八，乾隆五十一年二月己卯。

〔2〕《清高宗实录》卷一三〇一，乾隆五十三年三月辛巳。

〔3〕蒋良骐之卒年，据《蒋良骐神道碑铭》。其死在乾隆五十三年二月初一日；其罢通政使在同年三月十九日，是为其死报闻后，由太仆寺卿吉梦熊补通政使之旨授日期。故其死日在先，罢职在后，史籍所载，并无抵牾。

年即羡闻我摄政睿亲王致书明臣史可法事，而未见其文。……而所云可法遣人报书，语多不屈，固未尝载其书语也。夫可法，明臣也；其不屈，正也！不载其语，不有失忠臣之心乎？且其语不载，则后世之人，将不知其何所谓，必有疑恶其语而去之者，是大不可也。因命儒臣物色之书市及藏书家，则亦不可得；复命索之于内阁册库，乃始得焉。卒读一再，惜可法之孤忠，叹福王之不慧，有如此臣而不能信用，使权奸掣其肘，而卒至伦亡也。"[1] 通过载录御书，以伸张史可法之正气。又如康熙二十七年（1688），御史参劾权相明珠事，郭琇疏稿，实录未载。蒋良骐遍寻内阁红本无有，便从《华野集》中，全文录取，赞其耿直。

第二，省官宁民。蒋良骐辑录康熙二十一年（1682）八月，右都御史徐旭龄疏言：

国家省事，莫如省官。康熙元年以各省监司浮于郡守，酌议冗官尽去。自十三年变乱，添设巡守道二十七员。今天下承平，多一衙门，即多一供应。请将十三年后所添道员，或裁巡归守，或并守归巡，或守巡全裁，亦息事宁人之道也。[2]

他借徐旭龄疏言，敕九卿议行事，指出增设衙署，即增多供应，增加滋扰。因此，要精简机构，裁汰冗员，官吏尽职，息事宁民。

---

[1] 蒋良骐《东华录》卷四，顺治元年七月。
[2] 《东华录》卷一二，康熙二十一年八月。

第三，吏治清廉。蒋良骐的父、兄均为清官。《全州志》载乡贤蒋林，历官杭、严、金华三府，课农桑、办学校、平冤狱、赈饥民，"岁饥，檄长吏开仓，不俟报可，又出俸钱籴米他境，设粥厂，四野饲之。老、疾更给钱、帛、医、药，全活者无算"。《全州志》又载其兄良翊政绩说："仕万全县令，县为极边通衢。君在任七年，席不暇暖。时连年荒旱，残黎孑然。君尽心抚循，每预请资给籽种，及奏请赈恤。且亲历村堡，按户支发，不使中饱，全活无算。……以讹误去职，士民扳辕卧辙者数里不绝。"

上述乾隆和嘉庆《全州志》所载蒋林及其长子良翊克己恤民，赈灾济贫，平反冤狱，劝农兴学，反映了蒋良骐心目中清官的形象。他在《东华录》里记述康熙帝谕大学士等浙江布政使赵申乔"居官甚清"后，特辑赵申乔陛辞奏言："到任不做好官，请置重典。"[1]做官要做好官，做清官，是蒋良骐在《东华录》中反复阐述的一个社会政治观点。

第四，注重经济。蒋良骐的《东华录》，对兴水利、奖垦殖、劝农桑、革苛派、弛海禁、通贸易、平粮价、禁私铸等，均较王录记载为详。如援引河南巡抚兼理河道佟凤彩条陈长达一千二百余言，记载靳辅和于成龙关于治河方略的辩论等都是例证。

第五，隐砭弊政。蒋良骐在《东华录》中，对顺治间言官论圈地、逃人等弊政而获谴者，康熙间陆清献论捐纳不可开而受斥者等均录之，但王录缺载[2]。

---

〔1〕 《东华录》卷一八，康熙四十一年八月。

〔2〕 孟森《读清实录商榷》，《明清史论著集刊》下册，第620页。

逃人法是清初一大弊政。蒋良骐冒罹文狱之厄，辑录给事中李裀抨击逃人法七弊。疏言："逃人一事，立法过重，株连太多，使海内无贫富、无良贱、无官民，皆惴惴焉莫保其身家，可为痛心者一也。法立而犯者重，势必有以逃人为奇货，纵令索诈，则富家立破，祸起奴婢，则名分荡然，可为痛心者二也。犯法不贷，牵引不原，即大逆不道，无以过此，且破一家即耗朝廷一家之供赋，杀一人即伤朝廷一家之培养，古人十年生之，十年教之，今乃以逃人一事戕之乎？可为痛心者三也。人情安居，何苦相率而逃至三万之多，不以恩义维系其心，而但以法穷其所往，可为痛心者四也。即曰捕获以后，起解质审，道途骚扰，冤陷实烦，滋蔓不已，生齿凋蔽，可为痛心者五也。且饥民流离，地方官以挨查逃人，故闭关不纳，嗟此穷黎，朝廷日捐租煮赈，衣而食之，奈何以酷法苛令迫而毙之乎？可为痛心者六也。妇女彳亍于原野，老稚僵仆于沟渠，强有力者势必铤而走险，今寇孽未靖，何为复驱赤子作贼乎？可为痛心者七也。"[1]旨令会议。未几，将李裀流徙尚阳堡。

《东华录》直书清初酷法苛令，表现出蒋良骐不顾当权者文网，而秉董狐之笔以修史的可贵精神。

第六，重辑桂史。蒋良骐在《东华录》中，尤重广西地方史事的辑录，且多为王录所无。试举二例：

其一，"广西抚金鉷疏言：'桂林府属涝江等处各矿，请召募本地殷实商民，自备资本开采，所得矿砂，以三归公，以七给商。其梧州府之芋英山，产有金砂，请令委员办理。粤西铜器稀少，不足以资鼓铸，如开采得铜，并请价买，以供鼓铸。'

---

[1]《东华录》卷七，顺治十二年正月。

从之"[1]。

其二，"户部议覆广东巡抚范时崇言：'广西全州、灌阳、兴安三州县盐引易销，灵川、旸朔、义宁三县盐引难销，应拨灵川等三县额引于全州等三州县。'从之"[2]。

以上说明蒋良骐对广西、全州的生计、民瘼至为关切，特加书录。而载录鼓励当地商民开矿，则反映出蒋良骐同顽固派力阻采矿相左，具有开明的政治态度。虽然蒋良骐在《东华录》中也表现了他对一些事件的唯心史观，但那是由于历史的局限性，不可苛求。

蒋良骐撰修《东华录》外，还著有《逆臣传》四卷。此外，倘有"《下学录》《京门草》《覆釜纪游》诸集"[3]，未行于世。在《全州志》中载录其七言古诗《登书堂山》和《登白云庵后山绝顶》以及七律四首、七绝八首、五绝三首。他博通经史，学识渊洽，"尤工小楷，至于青鸟、岐黄，悉精其术"。

蒋良骐在文学、书法、史学诸方面造诣精深，尤于史学留下《东华录》，成为清代著名的历史编纂学家。

附记：嘉庆《全州志》载蒋良骐传记，全文不足六百字；全县才湾今存其神道碑，碑文八百余字，均不易见。尤于后者，手中抄本复经李笑先生转请才湾村蒋云龙、蒋福姚二同志与原碑校核。兹将两文附录于后。

---

[1] 《东华录》卷二九，雍正六年十二月。
[2] 《东华录》卷二一，康熙四十八年五月。
[3] 梁章钜辑《三管英灵集》卷一五。

嘉庆《全州志·蒋良骐传》

蒋良骐，字千之，一字赢川，升乡石冈人，长芦盐运使林次子。才思宏富，倚马千言，为西粤文人之冠。年二十五，与伯兄良翊同领乾隆丁卯乡荐。辛未，成进士。选庶常，授编修。既而伯兄捷南宫，令万全。仲弟孝廉良骥卒于家，乃以母老终养归。定省之暇，训课幼弟良、良，皆列胶庠。故良伟志晞颜，文章人品，已为公后劲。其抚育孤侄一节，尤为时所称。虽年未老成，大发声望，公之教也。终养事毕，封都复职，充国史馆纂官。著《名臣列传》，经手者居多。晋日讲，擢侍御。性益严肃，问典朝仪，恪恭无失。奏请严拔贡、朝考四条，切中时弊。丁酉，护送太皇太后梓宫，亲行扶掖。升鸿胪寺少卿。旋以府丞，视学奉天，本经义以造士者四年，文风丕振。翠华东巡，分校八旗汉军生员，每得佳卷，辄为奖异，锡予者甚厚。迁太仆寺卿，召见热河，天语温褒。复以学问渊邃，稽察右翼宗学。乙巳，与千叟宴，分韵赓飓，赏赐自御制诗章外，其寿杖、如意、朝珠、蟒缎并珍具至三十余色。是年，举行辟雍盛典，进《辟雍颂》八章，授通政使司通政使。公益循分供职，夙夜匪懈，其间乡、会试总裁磨勘，与夫前此之稽察京仓，历署兵科，一皆秉公别弊，盟之幽独，期无负于朝廷。所以通籍四十余年，独能镇定从容，发抒抱负，毁誉不及，特见风采，其事实载诸国史者甚详。著有《下学录》《京门草》《伤神杂咏》《覆釜纪游》，藏于家。尤工隶书、小楷，至于青鸟、岐黄，悉精其术。年六十七，卒于京。驿传归梓焉。

诰授通奉大夫螺川府君诰封夫人母赵太君墓志

府君讳良骐，字千之，号螺川，行二，直隶长芦盐运使司王父介庵次子。王母周太夫人出。元配母赵氏，系宜乡丕喆公女。府君生而颖异，弱冠举茂才，肄业省城秀峰书院。中丞杨清江先生见而奇之。乾隆丁卯，与伯父补堂公同领乡荐，均出东山李公门下。人曰："东山门下，收双俊矣。"遂偕公车北上，将入都，即闻讣。丁王父艰，匍匐抵里。服阕，复北上。辛未，成进士。选庶常，授编修。次科甲戌，伯父补堂公即捷南宫，令万全。三叔认斋公，领庚午乡荐，未几溘逝。四叔鲁作公、五叔东园公，俱幼。以先祖妣周太夫人侍养乏人，府君乃乞假南归。定省之暇，教同许武，是以两叔均列胶庠，大发声望。终养事毕，赴都供职。晋日讲，擢侍御，转鸿胪寺少卿。视学奉天，提督学政，本经术以造士者四年，文风丕振。翠华东幸，选太仆寺卿。召见热河，赏赐。是年，举行辟雍盛典，得与皤皤元老其间，进呈《辟雍颂》八章，天颜有喜，升通政使司通政使。循分尽职，勤慎倍加。自通籍以来，坐镇从容，发抒抱负，有如此。母赵氏，德容贞静，与府君眉案相庄。当府君家居，奉养鸡鸣盥漱，佐滫瀡栉沐之劳。及府君供职京师，家政悉母掌焉。宗族称其贤能。三十余年致府君无内顾忧者，皆母勤之力也。生子一善承，中乾隆庚寅恩科举人，任陕西襄城令；女一，适乾隆丁卯孝廉陈学校公长子州彦，生锡瑀。继娶生母许氏生子四：善启、善同、善瑶暨不肖善陈；女一，适临桂孝廉同安人王仁修公次子，名诒珏。庶母周氏，生子一善殖，早殇。又庶母唐氏，生女一，适临桂孝廉郁林州学正陈兰蒨公长子建殿。鸣呼，府君弃不肖已四十年矣，母赵氏去世已四十七年矣，而陈尚未立石。姐丈陈锡璃，半子情殷，竭勤助，而陈汗颜无地，能不命工镌石，以乞志表于二大人之墓成。顾念畴昔之时，诸兄为政，陈以季子，未敢主专。无何，伯兄承卒于官，仲兄启、同、瑶暨六弟殖，均相继殒逝，痛惟我府君有子六人，仅存不肖，迄今六十有五。不孝之道通于天，虽殁喘之苟延，实攫发之难数。谨泣大概，以垂奕祀云。

公生于康熙壬寅年正月十五日子时，殁于乾隆戊申年二月初一日辰时，享寿六十七岁，卜葬本村沙帽岭，与妻赵氏合墓。

道光五年岁次乙酉，季春月，吉日。

（原载莫乃群主编《广西历史人物传》第4辑，1983年）

附录 20世纪的满族历史研究

满族历史的研究，自辛亥革命，历宣统退位，至世纪末，沧桑百年。纵观20世纪的满族历史研究，按其时代背景与自身流变，可以分作四个时期：20世纪上半叶，前25年为发轫期，后25年为发展期；20世纪下半叶，前25年为沉寂期，后25年为繁盛期。回顾满族历史研究的学术成果，略加总结，分析评述，既有利于满族历史研究自身发展，也有利于推促学术进步。

一

满族历史研究的发轫期。20世纪上半叶的前25年，辛亥革命与宣统退位，是中国这一时期最重要的历史事件，对满族历史研究，产生了重大影响。

此期，重大历史事件有：光绪二十七年（1901）签订《辛丑条约》，三十一年（1905）成立中国同盟会，宣统三年（1911）爆发辛亥革命，民国十三年（1924）溥仪迁出宫城。本来在清朝，满洲历史著作，由朝廷钦定，不容学者讨论，《钦定满洲源流考》《钦定皇朝开国方略》就是两例。但是，清朝覆亡，辛亥兴起，满族历史研究开启了一个崭新的阶段。当时出于政治的需要，民族的偏见，不少书文，见解偏颇，野史稗乘，驳杂猥书，弇陋伪著，充斥书肆。这一时期，满洲历史研究的特点是：

其一，重新审视满洲历史。"驱除鞑虏，恢复中华，平均地权，建立民国"的纲领，其正面意义是推翻清朝统治，结束君主专制，取消满洲特权；其负面影响是以"驱除鞑虏"来"恢复中华"，在取消满族特权时出现对满族的歧视。这个口号带有狭隘民族主义的色彩。在辛亥革命前后的满洲历史研究中，出现两种倾向：一种是否定清开国初的历史，如甦民《满夷猾夏始末记》以及"扬州十日""嘉定三屠"的表述等，多被扩大化、政治化。这些著作的一个不幸后果是，满族历史研究中出现民族偏见的倾向。另一种是怀疑清前的历史，主要表现是撩开清帝先世神秘的外衣，还其本来面目。因此，重新审视与客观诠释满洲的历史，正确评价其历史地位，就成为当时清史专家的一个时代学术责任。

其二，廓清满洲先世历史。清朝入主中原后，讳言建州女真臣服明朝史实真相，也讳言满洲先世史实真相，顺治、康熙、雍正三朝忌讳的史事，至乾隆朝则更为讳莫如深。辛亥鼎革，文网解禁，正义学者，著书立说，"胪列发扬，以成正史"，力求辨明清朝皇室先世的历史原貌。此期代表作有章太炎的《清建国别记》，孟森的《清朝前纪》。前书，主要记述自满洲开国至吞并南关哈达的史事。其史料有明朝人严从简《殊域周咨录》、王在晋《三朝辽事实录》、茅瑞征《东夷考》、海滨野史《建州私志》以及日本藏本《清前三朝实录》、朝鲜《李朝实录》等。作者实地考察三姓、黑龙江、赫图阿拉等地，纠正清朝"官书悠谬"。后书，鉴于满洲先世历史，或没有满文记载，或故意隐瞒遮饰，于其早期史迹，原貌已然全非。且清朝文网严密，凡有碍其前代之记载，无不严加焚毁，藏者罪同叛逆。作者收罗明朝、朝鲜、日本、清代的官私载述，爬梳史料，辨伪求真，对满洲先世历史做出开拓性的贡献。此外，还有唐邦治纂辑的《清先世事迹考》、吉里斯的英文著作《满与汉》等。

　　其三，翻译日人清史著作。清末民初，没有一本可读可信的清朝通史。日本大正三年（1914），稻叶岩吉（号君山）著《清朝全史》，首次阐述满洲历史中的重大问题——女真之迁移、满洲之兴起、清帝之祖先、金国之创业等。此书被誉为"记载有清一代史事为最早之书，且为最有系统之书"。此书在日本问世后，但焘即将其翻译成汉文，由中华书局出版。翌年，杨成能又将稻叶岩吉的《满洲发达史》翻译付梓。这对于民国初年满族史的研究起了一定的催促作用。

　　其四，扬汉抑满著作问世。有清一代，没有学者为袁督师崇焕撰写专著。为袁崇焕专门立传者，当推梁启超。光绪二十九年（1903），梁启超得世纪之先风，在日本撰著《明季第一重要人物袁崇焕传》，该书分为时代、守宁远、守宁锦、再督师、卫京师、遭冤死等十一节。是书高屋建瓴，大气磅礴，抑满人之意气，扬汉人之精神，有人评其"亦为鼓吹革命而作也"。尔后，光绪三十四年（1908）何寿谦著《袁崇焕督师事略》刊出。再后，学风一变，"纠正清代官书之讳饰"著作不断问世。有人指出："清帝逊国以后，国人以习知清世禁网之密，清记载之难信，于是妄造瞽说，流传失实，多诬蔑清室之谈。其灼然诬罔者，因考索及一一加以辩证，总使史书为征信而作，不容造言生事之小说家。"这就出现"史书为征信而作"的新学风。

其五，学人研究之纂述。从民国三年（1914）设立清史馆，始纂修清史，至民国十七年（1928）《清史稿》关内本见书，一些学者值纂修清史在馆期间，利用难得一见的清宫档案，进行满洲历史之研究。唐邦治的《清皇室四谱》是为一例。是书乃作者在清史馆时所辑，分列帝、后妃、皇子、皇女四篇。其史料除《玉牒》《实录》等官书外，还采录《秘档》《官报》《官抄》等。吴昌绶《清帝系后妃皇子皇女四考》，其《自序》称："昌绶与纂清史，仅依《玉牒》《实录》《会典》《通考》诸书，参以列朝御集，略师谈（迁）义例，辑成《清帝系后妃皇子皇女四考》各一卷，附年表一卷。"这又是一例。

其六，清人日积月累之作。如曾在清宗人府供事者牟其汶，熟悉清代掌故，了解皇室世系，编纂《宗室王公与章京爵秩袭次全表》（十卷），此书的价值在于：第一，原有《王公表传》于宗室封爵仅录功封，而于恩封、追封、考封等，一概阙如，此书补之；第二，是书编自光绪二十四年（1898）至二十六年（1900），时"库存陈案，尚属完全"；而后庚子变起，迨经兵燹，册籍散乱，或毁或失，无从查核。史料保存，此书赖之。

其七，学人研究之著述。此期出现一些研究满族历史的学术论集。其中以孟森先生民国五年（1916）六月《心史丛刊》一集、民国六年（1917）九月《心史丛刊》二集和同年十一月《心史丛刊》三集为代表作。其《序》曰："有清易代之后，史无成书。谈故事者，乐数清代事实。又以清世禁网太密，乾隆间更假四库馆为名，术取威胁、焚毁、改窜，甚于焚书、坑儒之祸。弛禁以后，其反动之力，遂成无数不经诬蔑之谈。吾曹于清一代，原无所加甚其爱憎，特传疑传信为操觚者之责，不欲随波逐流，辄于谈清故者有所辩正。偶举一事，不惮罗列旧说，稍稍详其原委，非敢务博贪多，冀折衷少得真相耳。"论集中的《孔四贞考》、《董小宛考》、《丁香花》（叙奕绘贝勒与顾太清之事）等文，称颂一时，久传不衰。

其八，满洲秘档公之于世。清末民初，没有一位学者探求清宫的大库秘档。《无圈点老档》（又称《旧满洲档》《老满文原档》《满文老档》）及其乾隆朝抄本，清代属于宫廷秘档，外人难得涉览。光绪三十一年（1905），日人内藤虎次郎到盛京崇谟阁，看到了《加圈点字档》（崇谟阁本）"太祖、太宗二代的满文记录二百余卷"。民国元年（1912），内藤虎次郎同羽田亨重到盛京崇谟阁内，将《加圈点字档》（崇谟阁本），全部进行翻拍，并著文《清朝开国期之史料》加以介绍。各册的册脊都书写有白色汉、满两种文字："满文老档/Tongki fuka sindaha hergen i dangse"。从此，由内藤虎次郎定名《满文老档》之称谓，逐渐作为通用的书名通行。内藤虎次郎先生的历史贡献在于：他是20世纪宫廷之外见到并介绍《加圈点字档》（崇谟阁本）的第一人；他阐述《加圈点字档》（崇谟阁本）这一新鲜、珍贵的史料，是清史研究所不可或缺的，应给研究者以自由利用。

此期，《加圈点字档》（崇谟阁本）的解禁，金梁先生亦在盛京开始。《加圈点字档》（崇谟阁本）的汉译，中国早于东瀛。金梁联络一些学者专家，对盛京珍藏《无圈点字档》（崇谟阁本）和《加圈点字档》（崇谟阁本），进行查验，着手翻译。他在《满洲老档秘录·序》中写道：盛京故宫旧藏《满洲老档》，分纪天命、天聪、崇德朝事，见所未见，闻所未闻，诚三百年来之秘史也。经满、汉文学士十余人之手，费时二载，今始脱稿，当分编百卷。以卷帙过多，校刊非易，遂择要摘录，名曰

《满洲老档秘录》，分上下两编，先付缮印。后以《满洲秘档》重印，全一册。后又以《汉译满洲老档拾零》为总题，连载在于《故宫周刊》（见后文）。

总之，在20世纪的第一个25年间，满族历史研究摆脱"钦定"桎梏，重新进行探索，出现一批论著。其中，《加圈点字档》（崇谟阁本）之拂去封尘和公开介绍、进行汉译及广泛流布，是《无圈点老档》及其乾隆抄本演变史，也是满族历史和清朝史研究破天荒的事件，它为满族历史、清史、民族史、民族语文研究带来突破性的进展，也是满族历史研究发轫期的一个重要标志。

二

满族历史研究的发展期。20世纪上半叶的后25年，日本侵华，第二次世界大战爆发，中国内战爆发是这个时期最重要的历史事件，产生了重大影响。

其一，《无圈点老档》之重现。1925年10月，故宫博物院成立，其下设图书馆文献部，后改组为掌故部，1929年成立文献馆。故宫博物院文献馆从1931年1月，开始整理内阁大库档案。2月，文献馆"于内阁大库档案发见清未入关时的《满文老档》"，就是见到了《无圈点老档》即《旧满洲档》《老满文原档》。《文献丛编》最早刊印其书影两幅，并著文简介。《无圈点老档》先重现37册，继重现3册，共40册。至是，始有《无圈点老档》40册之说。《无圈点老档》40册，自乾隆以降二百多年之缺，终于完整重现。其时，又看到《无圈点字档》（内阁本）和《加圈点字档》（内阁本）、《无圈点字档》（草本）和

《加圈点字档》（草本）以及此前重现的《无圈点字档》（崇谟阁本）和《加圈点字档》（崇谟阁本）各52函180册，引起国内外学术界的震动。后因时局变化，故宫博物院珍贵文物南迁，《无圈点老档》几经辗转，1948年冬至1949年春，运到台湾。现藏台北故宫博物院图书文献处。

其二，《加圈点字档》之翻译。先是，日本国内藤虎次郎最早开始翻译《加圈点字档》（崇谟阁本）。他将《加圈点字档》（崇谟阁本）各册满文封面题签及其部分摘要内容加以翻译。神田信夫教授指出：虽其文字简略，却是"第一次把《满文老档》译成日语"，但未竟而止。藤冈胜二从1920年开始，利用东洋文库所藏《加圈点字档》（崇谟阁本）照片上的满文，用拉丁字转写，再译成日语。至1935年2月病逝而止，以未定稿留给后人。其遗稿由他的弟子服部四郎等编辑，以《满文老档译稿》做书名，1939年由岩波书店以原稿胶印三册出版。这是《加圈点字档》（崇谟阁本）的第一部比较完整的日文译本，推动了日本的满族史研究。同期内藤虎次郎教授之女婿鸳渊一及其弟子户田茂喜的《满文老档邦文译稿》，在1937年问世。再后为京都大学羽田亨教授门下今西春秋的《满和对照满文老档》，其特点是：根据之底本为故宫博物院文献馆所藏《加圈点字档》（内阁本），译本首附满文原文拉丁字转写，在日译文后附加注释，对《加圈点字档》（内阁本）书中的黄签也做出翻译。但因时局变化，也是未完之作。此期，日本利用《加圈点字档》资料进行研究，取得一批成果。《舒尔哈齐之死》《褚英之死》等是用《加圈点字档》（崇谟阁本）史料，研究清初满族历史的重要成果。

其三，内阁大库档案之整理。故宫文献馆整理内阁大库档案时，在典籍厅、满本堂发现清代所编书档旧目数十种，组织人员对其进行检点。即所谓"凭藉（借）旧档之轮郭，以援溯库藏之历史"。方甦生因作《清内阁库贮旧档辑刊叙录》，内载库物总说，概述清代内阁大库职掌、应收、已收、焚毁档案等情状，并述其初步整理结果。整理、核查并著录部分典籍厅典藏的红本目录、图籍目录，满本堂典藏的目录共六编。第一编刊录"六科缴送红本"1616册目录、光绪二十五年（1899）"北厅清查光绪间红本档"、宣统元年（1909）"拟焚红本名件总数档"、宣统二年（1910）"调查红本、史书送馆档"四旧目，辑"残存六科缴本册中著录红本件数表"。第二编图籍目录，刊录清代旧目八种（一为典籍厅自编，七为修书各馆收存书目）、存目未刊二种，辑"校勘本书籍表章目录"。第三编为"实录""圣训"目录，存目未刊清代旧目九种，据以辑"实录存佚卷数表"。第四编载"起居注"目录，存目未刊清代旧目五种，据以辑成"起居注存佚册数表"。第五编载六种史书目录，刊录"国史馆调取史书档"旧目一种，存目未刊旧目六种，辑"六科史书存佚对照表"。第六编载杂项目录，刊录清嘉庆十一年（1806）至同治六年（1867）旧目五种，辑"校勘本四柜库贮目录"。"叙录"虽为初步整理之总结，仍为今日推见其时情况之原始材料。鲍奉宽也著《清理红本记》四卷。在清查大库档案基础上，文献馆拟定出《整理内阁大库满文老档之缘起与计划》，纂辑《满文无圈点字典补编》，先影印《无圈点字书》，再以原档与其抄本，逐字校对，抄写卡片，补充缺漏，统一体例，对乾隆朝《无圈点字书》做出补充；编辑《满文老档总目》，编修《满文老档细目》，编纂《选译满文老档》。但因局变，文献南运，上述四项成果，未见公开出版。

其四，《加圈点字档》（崇谟阁本）之汉译。金梁等将《加圈点字档》（崇谟阁本）组织学人进行汉译，以《满洲老档秘录》为书名，于1929年分两册铅印。1933年，他又以《满洲秘档》为书名再印。1933年至1935年，在《故宫周刊》上，复以《汉译满洲老档拾零》为题，分期连载。尽管金梁主持汉译的《满洲老档秘录》或《满洲秘档》和《汉译满洲老档拾零》，存在着缺憾和错误，但《加圈点字档》（崇谟阁本）的汉译与传播，其历史功绩是应当肯定的。第一，金梁是20世纪除宫廷之外亲眼见到并公开介绍《加圈点字档》（崇谟阁本）的中国第一人。第二，金梁及其组织的十余位学人，是将部分《加圈点字档》（崇谟阁本）汉译并出版的第一批学者。第三，金梁给《加圈点字档》（崇谟阁本），定名为《满洲老档秘录》或《满洲秘档》，成为中华史籍中的一个文献版本。第四，金梁等《加圈点字档》（崇谟阁本）汉译稿，后在《故宫周刊》上连载，成为《加圈点字档》（崇谟阁本）第一个较为完整的汉文译本。还有文□汉译、金毓黻移录的《盛京崇谟阁满文老档译本》等。《盛京崇谟阁满文老档译本》的内容，起丁未年（1607）"东海瓦尔喀部费攸城主策穆特黑来谒"，迄天命四年（1619）夺取铁岭。这是一个既颇为简略又很不完整的汉文译本。此外，在美国哈佛大学燕京学社存有满文本的太祖朝"tongki fuka sindaha hergen i dangse"，即《加圈点字档》抄本10册，每半叶7行；并存有其汉文译本的太祖朝《满文老档》10册，每半叶8行。总之，在20世纪的第二个25年间，《无圈点老档》及其贮藏在原内阁大库的四部乾隆抄本，拂去封尘和公开介绍，《加圈点字档》（崇谟阁本）日译本和汉译本的出版，是《无圈点老档》及其抄本演变史、也是满族史和清朝史研究上的大事件，它为满族史、清史研究带来重要的发展契机。同期对《无圈点老档》

及其6种抄本翻译、利用和研究，中国与日本，各有优长。中国对《无圈点老档》及其乾隆抄本做了大量工作。但是，由于时局变化，北平沦陷，南京失守，文物播迁，学人南下，这项研究工作停了下来。中国对《无圈点老档》及其乾隆抄本做了大量工作。

其五，满洲历史研究之深入。研究满族历史，开始理性思考。此期满族历史研究成果较丰，以孟森学术成果为代表。孟森（1869—1937），字莼孙，号心史，江苏武进人，曾任北京大学历史系教授。主要著作有《满洲开国史》、《明元清系通纪》、《心史丛刊》（三集）、《清初三大疑案考实》、《八旗制度考实》等。商鸿逵教授于1959年将其汇成《明清史论著集刊》，1986年又辑成《明清史论著集刊》（续编），均由中华书局出版。《明清史论著集刊》上下册，收文44篇。其中满族史方面《清太祖起兵为父祖复仇事详考》《清太祖杀弟事考实》《清太祖由明封龙虎将军考》《清太祖所聘叶赫老女事详考》《清太祖告天七大恨之真本研究》《八旗制度考实》《清代堂子所祀邓将军考》《清世宗入承大统考实》《建州卫考辨》等。《明清史论著集刊》（续编），收文41篇。其中满族历史方面有《满洲名义考》《女真源流考》《建州卫地址变迁考》《清始祖布库里英雄考》《清太祖死于宁远之战不确》《关于刘爱塔事迹之研究》《太后下嫁考实》《董小宛考》《世祖出家考实》《香妃考实》《海宁陈家》等15篇。商鸿逵教授评论孟森先生道："综观心史师治史之方向及途径，其所专在于明、清两朝，而尤专于满洲开国史，对满洲先世勃兴建国事迹，为其一生精力所注。"其满洲史研究的论著，广征史料，考订史实，爬梳分析，剪裁精当，深入分析，细心论证，受到学界推崇，博得世人好评，实为民国以来满洲史研究的开拓者、奠基者。

其六，建州女真史之研究。明代女真史是清朝兴起史研究的一个焦点，也是一个学术空白。有三部日本学者著作值得一提。第一是园田一龟的《明代建州女直史研究》及续编，本书首开日本研究明代建州女真史的先河，为此间建州女真史研究的重要成果。全书爬梳筛选《明实录》和《李朝实录》中女真史的资料，从永乐年间建州卫的设立叙起，到万历年间建州新兴势力王杲崛兴，以及哈达、叶赫盛衰而发生的南北关之变局。叙述女真各部族的迁徙过程，各部与明及朝鲜关系之演变等。这就使得清崛起之初的建州、海西女真的状况变得清晰，并能够和清朝开国史相衔接。第二是江岛寿雄的《明代清初女真史研究》。这是作者40—60年代发表的24篇论文的结集。第三是后来河内良弘的《明代女真史研究》（1992）。本书以明代女真人为基点，将其置于辽东多极民族—政治—经济关系的中心，考察并说明了女真人的经济生活。作者集中阐述了14世纪元明更替和17世纪明清更替两个历史关节点，并联系此期东亚国际秩序发生的重大转折。书中对此间女真人的政治、外交、贸易、经济、社会的诸多基本问题及其时代背景和社会环境，运用史料，着笔论述。此外，日本对满文资料进行翻译整理，今西春秋《满和蒙和对译满洲实录》便是一例。

其七，清代宫廷史之研究。清代宫廷是清朝帝后治居之所，列为禁地，外人难入。民国以来，宫禁开放，故宫学者，得以著述。除早先官修《日下旧闻考》和《国朝宫史》外，此期重要著作为《清宫史略》《清宫述闻》和《清列朝后妃传稿》。《清宫史略》一书，详述清宫的宫殿、礼仪、宫规、官制、典籍、书画等史事251条，约40万字。《清宫述闻》（正续合编本）一书，章乃炜、王霭人编纂，他们曾在故宫博物院任事，留意宫廷掌故、宫殿建筑、国宝文物、典章制度、宫廷历史等，取清代官修史志、谕旨、奏疏、实录、起居注、御制诗文、典籍档册，以及出入内廷王公师傅、南斋词臣与久居枢密闻见所记，其余私家记载，考校采择而辑成此书。书中所列参考书目达 456 种，可谓博采宫内秘籍、前贤集记、缁流语录、外使纪闻。本书是依《日下旧闻考》体例，以紫禁城宫殿为脉络，叙述清代帝后起居、宫殿苑囿、内廷机构、典章制度、清宫掌故之作。如武英殿之西有浴德堂，堂内有浴室，俗传为香妃洗浴处，比之为华清池。作者考订，其为故物，早于乾隆，事不足信。初编为三册，1941 年 5 月，由故宫博物院铅印。后将正编与续编合编出版，成为了解与研究清宫历史文化必读之作。《清列朝后妃传稿》一书，张尔田撰，尔田与修《清史稿》，阅览宫中档案，掌握资料，著书多种。其同里同馆吴伯宛"修后妃传辑长编未半，以属君。既削稿，复增吴辑未备者十之三四，归而删定成此书"（陈序）。书中首叙清宫制度，太祖"尚淳朴"，设"福金"，并考证"福金一作福晋，盖'哈屯'二字转音。'哈屯'，契丹语'可敦'，译言'后'也"。太宗乃有东西中宫之建。世祖"官惟求旧，独鉴往败，罢设女司"。顺治十五年（1658）十一月，议定宫闱制度、宫女名数、品级。撰者考案："此制仅见实录，后未实行。"全书分为上下两卷。上卷追叙清肇祖、兴祖、景祖、显祖四代，次叙太祖、太宗、世祖、圣祖、世宗五朝后妃传，下卷叙述高宗、仁宗、宣宗、文宗、穆宗、德宗六朝后妃传。此书特点，人评之曰："叙事独详，尤多考证。"如孝庄太后下嫁之说，撰者认为："张煌言《建夷宫词》'春官昨进新仪注，大礼恭逢太后婚'，实启其端。实则是时摄政王以皇叔父纳继妃,世俗或有太后之称。"全书以朝为纲,序列清朝十五代后妃纪传,眉目清晰,常有新见,未考档案,疏误亦多。

此期,战火连绵,硝烟弥漫,难得静心,研讨学术。到20世纪下半叶,时局方有改观,研究成果亦多。

三

满族历史研究的沉寂期。20世纪下半叶的前25年,中华人民共和国成立与十年"文革",是这一时期最重要的历史事件,对满族历史研究,产生了重大影响。

其一,满族社会历史之调查。中国大陆统一,中原没有战争,社会相对安定,各个民族平等。研究满洲历史的学者,摆脱了清纪"首崇满洲"和民元"驱除鞑虏"的两种民族偏见,满族历史研究可以放在客观的位置上。1949年以后,中国满族历史与文化研究,开始逐步走上科学的、求实的轨道。在这段时期里,开展满族历史的社会调查,编写《满族简史》和《满族简志》,整理编目尘封多年的满文档案,发表许多研究满族历史的论文,出版一批研究专著等。满族历史研究打破前50年的姗缓状态,开始新的学术启动,并出现了一点生机。但是,满族历史研究像其他社会科学的诸多学科一样,它也受到当时社会上"左"的思潮之干扰,甚至某些研究领域被视为禁区。满族历史的发展轨迹,经过"正题—反题—合题"的历程。就是说清朝八旗满洲在各民族中处于特权的地位,而辛亥之后,已如上述,发生了巨变。在清朝肯定的正题、民国否定的反题之后,整合到新中国既否定又肯定的合题。所谓否定,就是否定清朝的皇权专制，否定民国的"驱除鞑虏"，而实行新的民族政策——中华各民族一律平等。所谓肯定，就是肯定满族应有的民族平等地位，反对民族歧视，实行民族平等。

其二，《无圈点老档》译注。此期，《无圈点老档》及其乾隆抄本，先后在东京和台北进行译注、研究，取得重大学术成果。在日本，第二次世界大战结束不久，成立了"满文老档研究会"，荟萃了一批青年满族历史专家学者，开始对《满文老档》进行日文译注。该会主要成员有神田信夫、松村润、冈田英弘、石桥秀雄、冈本敬二、岛田襄平、本田实信等。《满文老档译注》是以内藤博士《加圈点字档》（崇谟阁本）之照片为底本，将满文用拉丁字转写，译成日文，进行注解。《满文老档译注》全书，每页分两栏：上栏是满文拉丁字转写、日文逐句对译；下栏是日文意译。全书共7册，第一至第三册为清太祖卷，第四至第五册为清太宗天聪卷，第六至第七册为清太宗崇德卷，第三册之后和第七册之后各附《注》和《人名索引》《地名索引》《满汉对照表》。自1955年至1963年，先后分7册出版。以神田信夫教授为译注者代表的、"满文老档研究会"的集体学术成果——《满文老档译注》的出版，其重要价值在于：第一，《满文老档译注》是世界上第一部《加圈点字档》（崇谟阁本）用拉丁字转写的、含对译意译的、完整规范的日文译注本；第二，《满文老档译注》是在内藤、羽田、藤冈、鸳渊、今西等先生成就的基础上的一部权威严谨的学术之作；第三，《满文老档译注》使《加圈点字档》（崇谟阁本），被世界众多满族历史家、清史学家、语言学家所了解；第四，《满文老档译注》为战后几代满族历史、清史学者，掌握清入关前史料提供了锁钥；第五，《满文老档译注》的出版，推动满族历史、清史研究出现新的进展；第六，《满文老档译注》的完成，是日本国满族历史、清史群英俊彦锐进合作的结晶。它是日本国满族历史、清史研究发展中的一块学术里程碑。此期，印出羽田亨的《太祖老档译注》和神田信夫、松村润、冈田英弘合作译注的《旧满洲档——天聪九年》二书，今西春秋的《〈满文老档〉乾隆附注译解》和《对校清太祖实录》以及《镶红旗档·雍正朝》等译注性与研究性的著述。

其三，中国台湾的《旧满洲档》影印与译注。由于《无圈点老档》即《旧满洲档》或《老满文原档》庋藏于台北故宫博物院，且台湾在60年代实行开放措施，故此期台湾学术界对于《无圈点老档》即《旧满洲档》或《老满文原档》的译注与研究，其启动时间较大陆略早一些。广禄教授和李学智先生于1962年9月，在台中雾峰北沟故宫博物院的地库里，重新看到《无圈点老档》即《旧满洲档》或《老满文原档》。李先生等于匆忙间仅看到三五册即北返。同年12月，李学智等又到台中，会同有关人士，将其拍摄缩微胶卷，于翌年元月完成，后洗印成放大照片。广禄和李学智将其定名为《老满文原档》，并先后发表多篇论文加以介绍与评价。随之，在台北掀起一股《无圈点老档》即《旧满洲档》或《老满文原档》译注、利用和研究的学术热浪。其主要成果有：第一，出版《旧满洲档》。台北故宫博物院于1969年8月，将珍藏《无圈点老档》即《旧满洲档》或《老满文原档》，以《旧满洲档》为书名，分成十册，影印出版。书前有陈捷先教授撰写的长篇论文——《〈旧满洲档〉述略》，对其做了全面、精辟的论述。李光涛和李学智合编的《明清档案存真选辑》第二辑，检选珍贵满文史料，影印出版。第二，出版汉文译注。1970年3月，广禄、李学智以《清太祖朝老满文原档》为书名，由"中研院"历史语言研究所出版了其"荒"字档的译注，作为第一册。1971 年 9 月，又出版了其"昃"字档的译注，作为第二册。该书将满文用拉丁字转写，逐句对译成汉文，并进行了意译。书末附录有"老满文注释""注""人名索引""地名索引"和"满汉人名对译索引"。这是第一次《无圈点老档》的汉文译注本，体现了译注者的辛劳和学问。李学智还撰印《老满文原档论辑》。总之，在 20 世纪的第三个 25 年间，东京《满文老档译注》的出版，台北《无圈点老档》即《旧满洲档》或《老满文原档》的再现，《旧满洲档》的影印出版，《清太祖朝老满文原档》（部分）译注和《旧满洲档译注》（部分）的出版，是满族史也是清史研究上的大事件，它促进了满族史、清史研究的发展。

其四，满族社会变迁史的研究。有关满族古代社会变迁的研究，从 50 年代后期开始，学术界展开了清军入关前满族社会性质的大讨论。前后时断时续地进行了三十余年，在报刊上发表了大量的论文。郑天挺先生的《清入关前满洲族的社会性质》及其《续探》等收入《探微集》，王锺翰先生的《满族在努尔哈齐时代的社会经济形态》《皇太极时代向封建制的过渡》等收入《清史杂考》。郑先生的《清代皇室之氏族与血系》、《清史语解》（18 则）、《满族的统一》等后收入《清史探微》，王先生的《清初八旗蒙古考》《雍正夺嫡考实》等后收入《王锺翰学术论著自选集》。虽然至今仍见仁见智，但通过这场论辩加深了对早期满洲社会的认识。其后，顺、康、雍、乾、嘉、道六朝，满族社会的结构与变迁、经济与生活，都有多篇论文做过探述。满族近现代社会的变迁，尤要述及满族社会历史调查。1956 年，全国人大常委会民族委员会和国务院民族事务委员会，决定组织若干调查组，对各少数民族的社会与历史进行调查研究。尔后，对满族社会与历史展开调查研究。它涉及北京、辽宁、黑龙江、内蒙古、陕西、甘肃、宁夏、新疆、四川、广东、山东、河北12个省（自治区、直辖市），沈阳、西安、银川、成都、广州、哈尔滨、旅大、抚顺8个地级市，新宾、爱辉、凤城、益都、青龙、易县、兴城7个县以及5个乡村，对其族源、历史、演变、现状和生计、语言、宗教、习俗等做了较详细的调查，并写出19篇调查报告，最后汇编为《满族社会历史调查》一书。至于个人进行的满族社会历史调查，金启孮《满族的历史与生活——三家子屯调查报告》，是群体调查中个体成果的例证。

其五，海外的满洲史研究。此期，同中国大陆满族历史研究沉寂相反，在中国台湾，在日本、美国，满族历史研究出现很多成果，在宏观层面呈现出新兴局面。在中国台湾，陈捷先教授的《满洲丛考》论集，开台湾满洲历史研究之先河。此书共收录《说"满洲"》《清国姓爱新觉罗考》《清景显二祖死难考》《清太祖推刃胞弟考》等10篇论文。本书最大的特点是，运用满文资料，特别是利用《满文老档》（当时还没有找到《旧满洲档》即《无圈点老档》），以及朝鲜资料，参酌汉文文献，进行分析、考证、论述、诠释与阐发，提出并论证诸多新的见解。《满洲丛考》一书，开创台湾学者运用满洲文献研究满学、清史的局面，当时独着先鞭。还有刘家驹著《清朝初期的八旗圈地》等。在日本，和田清教授著《东亚史研究·满洲篇》为日本国满洲史研究领域的代表作。本书是从作者多达250余篇的论文当中挑选出来的18篇有关满洲即东北地区史的论文汇集而成的一部论文集。其《明初之满洲经略》《清太祖之顾问龚正陆》、《建州女真的历史地理及努尔哈赤兴起之初的若干史事》，至今仍为有价值之作。本书以其史料丰富、考证缜密、全面论述、阐发新见，为后来治满洲史地者之必读文献。还有三田村泰助的《清朝前史研究》以及《明清之决战》等。在美国，史景迁教授的《康熙自传》，独具匠意，排列史料，论述康熙大帝个人的生命历程。作者另一部《曹寅与康熙——包衣与主子》，从包衣与主子的特殊角度，分析并论述了曹寅与康熙的关系。

前述满族历史与文化研究大陆的沉寂状态与海外的新兴状态，盖缘于其时之文化氛围。这种文化氛围不改变，它虽可以取得某些成果，但不能出现活跃局面。到20世纪下半叶的后25年，中国文化氛围有了大的改观，故而研究成果有了新的收获。

四

满族历史研究的发展期。20世纪下半叶的后25年，中国拨乱反正与改革开放，是这一时期最重要的历史事件，对满族历史研究，产生了重大影响。

满族历史的研究，此期取得了突破性的进展。这主要表现在满族的源流、人物、八旗、宫苑、社会、宗教、民族、文献等八个方面。

其一，满族的历史源流，是此期满族史研究的一个重点。从60年代初期，满族的源流与历史的研究，被列为国家重点课题，集中大量学者，诸多单位协作，发表和出版了一批学术论著。《沙俄侵华史》一书，对满族源流做了系统的考述。此期出版的《满族通史》是在《满族简史》之后，第一部观点公允、内容系统、资料翔实的鸿篇巨制。近年出版的中国学者所著《女真史》《满族从部落到国家的发展》《清朝开国史研究》《清入关前法律制度史》《清朝开国史略》《清朝通史·太祖朝》《清朝通史·太宗朝》，美国学者魏斐德《洪业——清朝开国史》、日本学者阿南惟敬《清初军事考》等，对满洲先世和早期历史进行了深入的研究。此期还出版多部满族历史论集，《满族史论丛》、《满族史研究集》、《满学研究》（一至七辑）、《满族研究文集》、《满族论丛》、《清前历史文化》等。还有美国弗朗兹·米歇尔的《满族在中国统治的起源》、苏联学者的《满洲人在东北》等。在清史的论文集中，也载有许多研究满族历史的论文。同时，以满学为书名的个人论文集，有金启孮的《爱新觉罗氏三代满学论集》、阎崇年的《满学论集》和日本神田信夫的《满学五十年》等。

台湾彭国栋的《清史开国前记》出书较早。陈捷先是一位研究满族历史的著名学者。在1977—1987年的10年间，先后出版了《清史杂笔》八辑，收录论文49篇，其中多为专论满洲历史、语言和文化的论文。他在1988年，用英文出版了 *Manchu Archival Materials* 即《满洲档案资料概述》一书。这是第一部用英文论述满洲档案及《旧满洲档》价值的专著。美国司徒琳《明清冲突（1619—1683）——史料编纂及其资料导引》一书，用英文介绍明清之际中国文献特别是满洲文献。美国白彬菊以八年档案功力著《君主与大臣：清朝中期的军机处》一书。《满文清本纪研究》和《满文清实录研究》，为满族历史、清史研究做出了开拓性的贡献。李光涛的《明清档案论文集》主要论述清前史及其相关诸问题。

其二，满族的历史人物，是近25年来满族史研究的一个热点。满族历史人物的研究，为学术目光之所聚，其所展现成果之丰硕，自20世纪以来是空前的。已出版满族历史人物的学术著作有《努尔哈赤传》（阎崇年著）、《清太宗全传》（孙文良、李治亭著）、《皇父摄政王多尔衮全传》（周远廉、赵世瑜著）、《康熙评传》（孟昭信著）、《康熙帝本传》（郭松义、杨珍著）、《康熙思想研究》（宋德宣著）、《雍正传》（冯尔康著）、《乾隆全传》（周远廉著）、《乾隆传》（白新良著）、《乾隆帝及其时代》（戴逸著）、《乾隆皇帝全传》（郭成康等著）、《嘉庆传》（关文发著）、《嘉庆道光评传》（张玉芬著）、《光绪评传》（孙孝恩著）、《慈禧大传》（徐彻著）、《康雍乾三帝统治思想研究》（高翔著），以及《我的前半生》《溥杰自传》等。海外则有《康熙自传》（史景迁著）、《揭开雍正皇帝的隐秘面纱》《杨启樵著》、《慈禧外纪》（英国濮兰德、白克好司著）。吉林文史出版社的《清帝列传丛书》共 14 册，是近年清代皇帝传记的集中体现。在"光明杯优秀哲学社会科学著作"获奖书目中，满族历史人物传记竟占 4 部，约占清史获奖著作总数之半。这从一个侧面反映了满族历史人物学术园地里的金色秋实。满族人物传记还有《恭亲王奕䜣大传》《纳兰性德传》等。王思治、张捷夫等主编的《清代人物传稿》，载记了大量满族历史人物。以上编十卷为例，入传者（含合传）608 人，其中满族历史人物（含汉军）208 人，占其总数的 30%。在台湾有庄吉发的《清高宗十全武功研究》、赖福顺的《清高宗十全武功军需之研究》、罗运治的《高宗统治新疆政策的探讨》等。美国柯娇燕《孤军——满洲三代家族与清世界之灭亡》用新的角度，以清开国五大臣之一费英东后裔观成—凤瑞—金梁三代家族的荣辱与沉浮为经，复以其时社会文化环境为纬，阐述了清朝从盛转衰、由危而亡的历程。本书运用多种文字资料（英、汉、满、日、德、俄、法、意），选择广阔历史视角，透过八旗满洲金梁三代家族的动态分析，阐释清朝必然灭亡的历史结局。

其三,《满文老档》的汉译, 出现大的突破。"文革"尚未结束, 辽宁大学历史系便着手《满文老档》的重译工作。李林等从1974年开始, 到1979年, 历时五年, 初获成果:《重译满文老档》(太祖朝), 于1978年由辽宁大学历史系刊印。近年来, 国内史学、语言学研究工作进一步深入开展, 学术界皆视《满文老档》为重要史料, 迫切要求准确译成汉文发行。为此, 1978年由中国第一历史档案馆与中国社会科学院历史研究所合作, 成立了《满文老档》译注工作组。《满文老档》的汉译, 以中国第一历史档案馆收藏的《加圈点字档》(内阁本)为底本, 集中十余人, 历时12年, 以《满文老档》为书名, 于1990年由中华书局出版。《满文老档》汉文译注本的价值在于: 第一, 它是《加圈点字档》(内阁本)之第一个完整的汉文译注本; 第二, 它的译注反映了满族历史、清史研究的最新成果; 第三, 它集中满文俊彦, 共译同磋, 聚众所长, 是集体合译的一次尝试; 第四, 它参考有关史料, 吸取前人经验教训, 纠正了各种《满文老档》译注本中出现的错误与不妥之处; 第五, 它为研究清初历史提供了重要的原始性汉文翻译资料; 第六, 它的出版标志着中国大陆对《无圈点老档》及其乾隆朝抄本的译注和研究, 达到了新的水平。此外,《天聪九年档》也于1987年出版。

中国学者对《无圈点老档》及其乾隆朝抄本的研究, 有新的建树。这主要表现在: 搞清《无圈点老档》和《加圈点字档》乾隆朝所办理抄本的实数为7部: 即《无圈点字档》(草本)和《加圈点字档》(草本)、《无圈点字档》(内阁本)和《加圈点字档》(内阁本)、《无圈点字档》(崇谟阁本)和《加圈点字档》(崇谟阁本)以及《加圈点字档》(上书房本)。同时搞清乾隆朝《无圈点老档》办理抄本的具体实情。阎崇年《〈无圈点老档〉

乾隆朝办理抄本始末》一文，就其办理之准备、过程、组织、规程等，做出详细的论述，并搞清现存 6 种抄本的细节。阎崇年《〈无圈点老档〉及乾隆抄本名称诠释》、关孝廉的《〈满文老档〉原本与重抄本比较研究》、佟永功的《〈满文老档〉收藏、翻译研究与价值述评》等，均详细地论述照写与音写的内阁本和崇谟阁本之名称、版本、特点、收藏与价值。刘厚生的《旧满洲档研究》，是经过长期积累而对《无圈点老档》研究的一部学术专著。

中国台湾张葳等《旧满洲档译注·清太宗朝（一）》和《旧满洲档译注·清太宗朝（二）》分别出版。日本国神田信夫、松村润、冈田英弘率先推出《旧满洲档天聪九年》译注。德国魏弥贤于 1987 年发表了《〈旧满洲档〉与〈加圈点字档〉索校》（1620—1630），对两者间之差异做出对校。这是欧洲学者研究《无圈点老档》及其抄本的首创之著。

总之，在 20 世纪的第四个 25 年间，《加圈点字档》（内阁本）的全文汉译和广泛流布，《无圈点老档》及其乾隆朝 7 种抄本的全面考察与分析研究，日本、韩国、美国、德国等对《无圈点老档》的利用和《无圈点老档》与《加圈点字档》的比对索校，是《无圈点老档》及其乾隆朝抄本研究，也是满族历史和清朝史研究的大事件，它为满族历史研究带来突破性的进展。

其四，清代的八旗制度，也是此期满族史研究的重要课题。自孟森《八旗制度考实》问世以来，50 年代这方面的研究较为冷清。自 60 年代尤其是 80 年代以来，先后出版 16 部有关八旗的著作，在报刊上也发表了相当数量关于八旗研究的文章，都从不同角度，参用八旗驻防志书，查阅满族家谱，进行实地考察，于八旗的源起、衍变、兵额、职官、衙署、旗地、满城、驻防、营房、俸饷等，做出新的探讨，亦有所前进。但是总的说来，没有大的突破。《清代八旗王公贵族兴衰史》则分析与研究了八旗王公贵族兴起、发展和衰落的历史过程，是清代八旗研究中的一项重要成果。还有《清代八旗驻防制度研究》《满族八旗制国家初探》等著作的出版。此外，韩国任桂淳的《清朝八旗驻防兴衰史》、美国欧立德的《满洲之路——八旗与中华帝国晚期的种族认同》是外国学者有关八旗制度研究的代表作。在八旗制度的史料整理方面，有《八旗通志初集》和《钦定八旗通志》的校注问世、日本《八旗通志列传索引》和《镶红旗档》等书的出版。近年先后举行相关的学术研讨会，一次是在沈阳举行的"八旗制度与满族文化"学术研讨会，会后出版《八旗制度与满族文化》论文集；另一次是在北京举行的"国际八旗学术研讨会"，会后结集出版《满学研究》第七辑。就总体而言，国内外学者对八旗制度，就个案研究是有成绩的，而总体研究是较薄弱的。

其五，清代的宫苑，是近25年来满族史研究中新出现的课题。因清代宫廷是帝后治居之所，在一个特定时期内被视为研究的禁区。但是，近25年来清宫文化研究大有改观，出现新的学术局面。《清代宫廷史》《清代宫廷生活》《清皇族与国政关系研究》《清代皇权与中外文化——满汉融合与中西交流的时代》相继问世。清代宫史研究会近年连续举行六次学术研讨会，出版六本论文集。中国紫禁城学会成立并举行三次学术研讨会，出版了三本论文集。于帝后生活研究，有《康熙皇帝一家》《慈禧光绪医方选议》《清宫医案研究》等。于皇家园林研究，《颐和园文化研究》（第一辑）和《颐和园建园250周年纪念文集》，圆明园论文集（五集）、资料集两部和美国霍普·丹比的《圆明园——圆明园及居住在那里的皇帝的历史》；有关承德避暑山庄的论著，木兰围场的著作如台湾罗运治的《清代木兰围场的探讨》、毕雪梅和侯锦郎合著的《木兰图与乾隆秋季大猎之研究》等，有关盛京皇宫、清关外三陵、清东陵与西陵的研究著作，如万依主编的《故宫辞典》等，都是近年来宫廷、苑囿、陵寝研究的集大成之作。此外，李中清和郭松义主编的《清代皇族人口行为和社会环境》一书，用清代皇族宗谱即《玉牒》的有关记载，建立了 8 万多人的资料库，根据资料库的数据，对其婚姻、生育、死亡等情况进行分析与研究，撰写并出版的论文集。书中作者采用定量分析的方法，注意把微观分析与宏观考察相结合，并力求将皇族人口行为放到所处的社会环境中进行探索。论文集的作者分别来自中国大陆、中国台湾以及美国。此外，香港旅美学者余少华的《十八世纪满洲宫廷非汉族音乐的意义和文化功能》，则是一篇宫廷音乐文化研究的补白之作。

其六，满族的宗教，是近 25 年来满族文化研究中的一个热门课题。早在 50 年代，莫东寅的《清初满族的萨满教》（载《满族史论丛》）一文，是 20 世纪第一篇系统阐述满族早期宗教——萨满教的论文。萨满教是阿尔泰语系诸民族普遍信仰的一种原始宗教。满族因在 16 世纪已创制文字，故对"萨满神谕""祭祀仪规"有文字记载，甚至有《满洲祭神祭天典礼》钦定文献。因此，探讨满族萨满教对整个东北亚诸族萨满教研究有着特殊的价值。近年在我国举行了萨满教的学术研讨会，报刊上发表了一批研究萨满教的文章。近些年同满族萨满文化有关的著作有 38 部，其中如《萨满教研究》《神秘的萨满世界》《满族萨满教研究》《满族文化与宗教研究》《满族萨满跳神研究》《满族萨满神歌译注》《〈尼山萨满〉研究》《萨满教与神话》《萨满教与东北民族》，特别是 2000 年出版的《萨满论》《原始活态文化——萨满教透视》以及《中国北方民族萨满教》三书，是我国学者近年研究萨满教的重要学术成果。吉林省民族研究所编《萨满教文化研究》两辑，是我国近年对满族萨满教研究的新收获。还有《尼山萨满传》原书是满文书写的手稿本，它不仅是探讨北亚民俗和宗教信仰的罕见作品，也是研究满洲语言的珍贵资料。1974 年，韩国成百仁教授将满文的《尼山萨满传》的第三手稿本译成韩文，书名题为《满洲萨满神歌》。在《满洲萨满神歌》的序文中，成百仁教授对《尼山萨满传》手稿本发现经过，做了详细的叙述，并将满文原稿影印本附录于书中。庄吉发译注的《尼山萨蛮传》就根据该影印本译成中文。中国大陆赵展亦据此译注《尼山萨满传》。在欧洲，斯达里将其用西文出版，并做了介绍。

　　其七，满族社会的研究，取得多领域、多层次的成果。有关满族区域史的研究，如《广州满族简史》《内蒙古的满族》《呼和浩特满族简史》《本溪县满族史》《北镇满族史》《广东满族志》《沈阳满族志》等。有关满洲族谱的研究，如李林等著《本溪县满族家谱研究》及其所辑《满族家谱选编》等。有关满洲史迹的考察，稻叶岩吉等的《兴京二道河子旧老城》，抚顺社会科学院的《抚顺清前史迹与人物考察》，都有独到之处。有关满蒙关系的研究，杜家骥的《清朝满蒙联姻研究》、达力扎布的《明代漠南蒙古历史研究》、美国威廉姆·罗兹克的《满洲中的蒙古成分》、保罗·赫伯特的《满蒙关系：一项关于政治结合的研究》以及《汉人在蒙古地区的定居：满洲对内蒙古的政策》等。有关社会生活之研究，有美国韩书瑞的《北京的寺庙与城市生活（1400—1900）》等。此期还出版一些研究满族历史的资料书和工具书。满族入关前之史料，中国人民大学清史研究所编的《清入关前史料选辑》（三辑），辽宁大学历史系编的《清初史料丛刊》（14 种），以及《明代辽东档案汇编》、《长白丛书》中的《先清史料》和《海西女真史料》、齐木德道尔吉和巴根那编的《清朝太祖太宗世祖朝实录蒙古史料抄》等，都为满族史的研究付出了值得嘉许的辛劳，亦有力地促进了满族历史研究的深入开展。另有黄润华和屈六生主编的《全国满文图书资料联合目录》、意大利斯达里编纂的《满洲研究——世界联合论著目录》，是两部目前收集最为详尽的满文图书资料目录总集。此外还有《蒙古国乌兰巴托国家图书馆所藏满文书目》等。以上资料、文摘和目录，都成为满族历史之研究资料的载体与信息传播的媒体。

其八，满文档案的译编，近 25 年来取得很多成果。在 60年代，对军机处等重要满文档案七千余件进行了整理。继而翻译和出版了大量满文档案。《清初内国史院满文档案译编》、《满文老档》（译注）、《康熙朝满文朱批奏折全译》、《雍正朝满文朱批奏折全译》、《清代边疆满文档案目录》，这是五部译文数量大、史料价值高的译编巨作。还有《清代内阁大库散佚档案选编》《雍乾两朝镶红旗档》《清雍正朝镶红旗档》《清代中俄关系档案史料编》等。于东北，有《天聪九年档》《崇德三年满文档案译编》《盛京刑部原档》《珲春副都统衙门档案选编》《三姓副都统衙门满文档案译编》《清代鄂伦春族满汉文档案汇编》；于西北，有《满文土尔扈特档案译编》《清代西迁新疆察哈尔蒙古满文档案译编》和《锡伯族档案史料》；于东南，有《康熙统一台湾档案史料选辑》（其中 25 件选译自满文密本档）、《郑成功档案史料选辑》（其中 13 件选译自满文秘本档）等；于西南，有《清初五世达赖喇嘛档案史料选编》《六世班禅朝觐档案选编》《中国第一历史档案馆所存西藏和藏事档案目录》。在台北故宫博物院，将宫中档满文或满汉合璧奏折出版，有《宫中档康熙朝奏折》《宫中档雍正朝奏折》《宫中档乾隆朝奏折》《宫中档光绪朝奏折》等。庄吉发译著的《清代准噶尔史料初编》《孙文成奏折》《清语老乞大》《满汉异域录校注》《雍正朝满汉合璧奏折校注》等先后由文史哲出版社等问世。以上满文档案与满文书籍的翻译出版，提供了新鲜史料，扩大了学术视野，为满族历史和清代历史之研究提供了可贵的资料。日本松村润的《清太祖努尔哈赤实录之研究》一书，因《清实录》是清朝的基本史料，使用了满、蒙、汉文等不同文字记录，故而形成满文本、蒙文本、汉文本等多种版本。其中又以清初三朝的史事因曾反复遭到修改，故而版本格外繁杂。作者学术生涯的重点之一放在了对《太祖实录》的潜心研究上，本书即其多年研究所得之荟萃。

总之，在20世纪，第一个25年，清朝灭亡，满族历史研究摆脱"钦定"桎梏，勃发一派生机，出现一批成果。第二个25年，日本侵华战争，二次世界大战，满族历史研究，受到极大影响。第三个25年，国内的极左文化环境，海外有利的学术氛围，形成"沉寂"与"新兴"的极大反差，学术成果，有所不同。第四个25年，中国大陆"拨乱反正"激发新的活力，海外经过战后二十余年学术积累，故而此期形成大量学术成果，出现满学研究世纪高峰。回首过去，展望未来，满族历史、满学研究，将会出现一个崭新的局面。

后　记

　　早在 30 年前，即 1988 年的一天，北京燕山出版社新成立不久，刘珂理社长找我，要给我出一本学术论文集。他说："经过反复研究，计划第一批出三位先生的学术著作：一位是北京大学侯仁之教授，一位是故宫博物院单士元副院长，再一位就是您。"我立马说："还是出侯老和单老二位的吧！"他干脆回答："已经商定，您准备吧。"在侯、单二老面前，我是后学，心存仰慕，想拖拖再说。珂理先生非常认真，过些日子就催一遍，过些日子再催一遍，三催四催，盛情难却，即翻检已发论文，做筛选修订，把稿子交了。出版社决定由历史编辑室赵珩主任做责编。书名叫什么？恩师白寿彝先生曾送我一本他的论文集《学步集》。先生"学步"，学生"跟步"，又因在燕京读书、研究，就定名为《燕步集》。赵珩先生请其家父、著名历史学家、中华书局副总编辑赵守俨先生题签。是为我的第一本学术论文集。1989 年《燕步集》刚出版，恰逢我应邀到美国讲学，便带上《燕步集》作为与美国同行交流的"见面礼"。在美国耶鲁大学历史学系，应系主任、时任美国历史学会会长史景迁教授之邀，在该校做学术演讲。史景迁教授在台上主持报告会时，有一段开场白："当年钱穆教授就是在这个讲台上做演讲，今天阎崇年教授也是在这个讲台上做演讲。他们不同的是，钱教授穿着长袍、布鞋，阎教授穿着西服、革履。好，现在欢迎阎教授给我们做《清史研究的新资料》的学术演讲。"演讲结束之后，我郑重地将签名本《燕步集》赠给史景迁教授。他高兴地说："我们美国教授以能出版个人学术论文集而骄傲！"

1994年，我的《袁崇焕研究论集》，应台湾文史哲出版社彭正雄社长邀请，在该社出版。是为我的第二本学术论文集。1997年，北京燕山出版社陈文良社长到我家，约我再出一本关于北京史的学术论文集，由赵珩副总编做责编。这样，就有了《燕史集》的出版。是为我的第三本学术论文集。1999年，值满文创制四百周年、举行国际满学大会，我的《满学论集》由民族出版社出版。是为我的第四本学术论文集。2014年，《清史论集》，由中国友谊出版公司出版。是为我的第五本学术论文集。2016年《阎崇年自选集》，由九州出版社李勇副社长策划并出版。是为我的第六本学术论文集。这是零敲碎打地分卷出版论文集阶段。

2014年，一些热心朋友要出版25卷本《阎崇年集》，作为我80年人生著述的一个节点。《燕步集》《燕史集》《满学论集》《清史论集》和《袁崇焕研究论集》列在《阎崇年集》中，使我的学术论文集得以整体出版。于史学研究者而言，能够出版学术论文集，既是学术幸运，也是学术幸福，而能够连续地、集中地出版自己的五卷本学术论文集，我作为历史科学研究者的感受是：始在其难，苦在其中，乐在其后。

最后，感谢关心、支持和鼓励我的生活·读书·新知三联书店，感谢全国政协学习和文史委员会副主任、中国版权协会理事长阎晓宏先生，感谢中国紫檀博物馆陈丽华馆长，感谢我的夫人帮助查核史料、审读书稿和儿子阎天参与策划、讨论，感谢所有的良师益友，谨致敬诚谢意。

谨以上文，作为后记。